Original illisible
NF Z 43-120-10

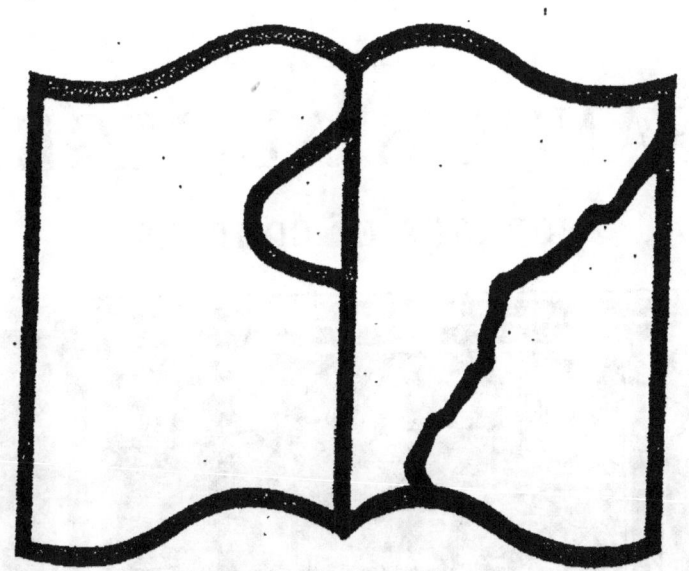

Texte détérioré — reliure défectueuse
NF Z 43-120-11

"VALABLE POUR TOUT OU PARTIE DU DOCUMENT REPRODUIT".

LE CAPITAINE PIETRI

LES

FRANÇAIS AU NIGER

VOYAGES ET COMBATS

LES
FRANÇAIS AU NIGER

Coulommiers. — Typ. PAUL BRODARD et GALLOIS.

LES
FRANÇAIS AU NIGER

VOYAGES ET COMBATS

PAR

LE CAPITAINE PIETRI
de l'artillerie de marine.

Ouvrage contenant 28 gravures et une carte

PARIS
LIBRAIRIE HACHETTE ET Cie
79, BOULEVARD SAINT-GERMAIN, 79
—
1885
Droits de propriété et de traduction réservés

A

Monsieur le Général FAIDHERBE

Sénateur,
Grand chancelier de la Légion d'honneur,
Ancien gouverneur du Sénégal, membre de l'Institut.

Mon Général,

Après avoir fait du Sénégal une colonie digne de la France et posé les premiers jalons de notre marche au Niger, vous n'avez cessé de porter le plus vif intérêt aux questions qui touchent à ce pays.

Votre haute bienveillance s'étend encore à tous ceux qui, dans la mesure de leurs forces, ont coopéré à l'œuvre dont vous avez été l'initiateur.

C'est pourquoi j'ai l'honneur de vous offrir la dédicace de ce volume.

J'ose espérer, mon Général, que vous voudrez bien l'agréer, en même temps que l'hommage de mon plus profond respect.

C. PIETRI.

A

Monsieur le Capitaine PIETRI

Mon cher capitaine,

Je vous remercie de me dédier vos attachants récits sur le Soudan Sénégalais. Leur lecture m'a procuré quelques heureux moments en me reportant à trente ans en arrière, lorsque, capitaine comme vous, je visitais ou créais les postes avancés de notre colonie. Mais que de choses ont progressé depuis ! Tandis qu'alors un voyage à Bakel était regardé comme un événement et presque comme une prouesse, aujourd'hui c'est sur les bords mêmes du Niger que vous avez été faire reconnaître la souveraineté bienfaisante de la France.

Puisse le gouvernement, bientôt débarrassé de quelques préoccupations actuelles, faire le nécessaire pour ne pas laisser perdre le fruit de tant de peines si vaillamment supportées par nos officiers et nos soldats depuis quatre ans, et de leur dévouement pour cette grande œuvre de civilisation!

Général Faidherbe.

INTRODUCTION

J'ai entrepris dans ce volume de raconter les principaux épisodes de notre pénétration au Soudan occidental, depuis la période de préparation, qui commence pendant le gouvernement du général Faidherbe, en 1855, jusqu'à notre prise de possession du Niger supérieur, sous la direction du colonel Borgnis-Desbordes en 1883. J'ai dû esquisser dans quelques récits l'état social et politique du pays, afin de mieux faire saisir la portée et le caractère de notre intervention dans les luttes incessantes au milieu desquelles se débattent ces peuplades décimées et appauvries.

Le premier bienfait que nous leur avons apporté, c'est la paix. La conséquence immédiate en a été une augmentation frappante de la production agricole, et la naissance d'une voie commerciale passant par-dessus la ligne de faîte qu'on appelle monts de Kong. Cette région n'a guère été parcourue par les explorateurs qu'en des points très éloignés les uns des autres. On sait que le pays est sain, puisqu'on y fait l'élève des chevaux et que ces animaux résistent moins bien au climat que les Européens. On sait de plus que tout cet exhaussement du sol qui forme comme une ceinture demi-circulaire autour du bassin du Niger passant par le Ouassoulou jusqu'à l'Achanti, contient, des mines d'or exploitées par les indigènes, qui exportent sur la côte une certaine quantité de ce métal dont le nom est resté à une partie de la côte, la *Côte d'Or*.

On voit donc que le pays ne manque pas des éléments nécessaires pour provoquer et entretenir le mouvement colonisateur du début.

Enfin qu'il me soit permis d'ajouter, que tout en développant son commerce et sa puissance coloniale, la France accomplira une œuvre d'humanité et de civilisation en appelant à la vie laborieuse et à la liberté des peuples qui sont aujourd'hui à la merci de quelques aventuriers sauvages. Et ce n'est pas là un thème sur lequel je cherche à développer quelques banalités morales. Je ferai seulement appel à tous ceux qui ont pu contempler, comme moi, le triste spectacle d'une caravane d'esclaves. C'est hideux! A voir de pareilles souffrances sans pouvoir les soulager, on a honte comme si on était complice soi-même du forfait; on détourne les yeux et on baisse la tête. Et cette plaie, ce honteux trafic existe partout au Soudan!

J'ai essayé, dans ce livre, de montrer le pays et ses habitants tels que je les ai vus ; tout mon souci a été d'être vrai. Rien n'est inventé dans les détails des mœurs, ni dans le récit des événements.

Les personnages dont je parle ont existé ou existent encore : j'aime à croire que mes camarades les retrouveront ici avec leurs traits de caractère connus, ou tels que les indigènes nous les dépeignaient dans leurs récits que nous écoutions le soir, en respirant la fraîcheur, si douce après les heures torrides de la journée.

J'aurais pu porter mes notes à un écrivain de profession qui aurait su en tirer, mieux que moi, de séduisants récits. Mais j'ai voulu d'abord éviter toute ingérence de la fantaisie dans ces tableaux de mœurs. Des exemples célèbres et dont j'ai cité quelques-uns (*Voyages antérieurs à 1880*) m'ont fait voir le danger d'une pareille collaboration. Le lecteur devra donc se résigner si la forme n'est pas brillante : le tableau, j'espère, n'en est que plus vrai.

Je dois ajouter que le colonel Borgnis-Desbordes a bien voulu lire mon manuscrit, l'annoter, le corriger même et que, grâce à lui, j'ai pu relever certains faits et citer certains détails caractéristiques qui m'avaient échappé d'abord ou que je ne connaissais pas.

APERÇU HISTORIQUE

SUR LES RACES
ET LES PEUPLES DU SOUDAN OCCIDENTAL

APERÇU HISTORIQUE

SUR LES RACES
ET LES PEUPLES DU SOUDAN OCCIDENTAL

Uniformité des mœurs chez toutes les peuplades sédentaires de la Sénégambie et du Niger. — Race des Phouls [1]. — Race mandingue, empire de Malli. — Métis Mandingo-Phouls. — Migrations des Phouls. — Wolofs, Sérères et Torodos. — Empire de Soni. — Dispersion des Soni-nkés. — Conquête du Fouta par les Phouls Déniankés. — Les Phouls se répandent dans le bassin du Haut-Niger et en Sénégambie. — Les Bamanas. — Empires musulmans fondés par les Mandingo-Phouls. — Situation actuelle des peuplades sénégambiennes.

Les peuplades de la Sénégambie et du Niger n'ont pas écrit leur histoire et n'ont laissé nulle part aucun monument durable qui soit parvenu jusqu'à nous. Il est donc impossible d'étudier leur passé autrement

---

1. Les Phouls portent autant et plus de noms qu'il n'y a de peuples avec qui ils ont été en relations. On les appelle Foulas, Fourbas chez les Mandingues, Foulis vers la côte occidentale, Fellans, Fellatas chez les Maures, Pouls, Alpoulars et même Peuhls au Sénégal.

Eux-mêmes se donnent le nom de *Foulbé*, mot pluriel dont le singulier est *Poullo*, d'après les règles de leur grammaire. Il est naturel de leur donner le nom même qu'ils portent dans leur langue. *Bé* et *lo* sont deux terminaisons qui indiquent le nombre. Reste donc comme racine Poul ou Foul. J'adopterai la

que dans des traditions toujours incomplètes, souvent contradictoires, et dans les récits très incomplets de quelques voyageurs. La chronologie et la géographie, même celle de leur pays, sont des choses tout à fait inconnues aux nègres : il semble qu'en dehors du cercle étroit qui les touche, dans l'espace comme dans le temps, tout se confond pour eux dans une obscurité qu'ils n'ont jamais essayé de pénétrer, étant très peu curieux et très insouciants de leur naturel.

Quand on regarde attentivement une carte du Soudan occidental, on y trouve une foule de noms de peuples, un enchevêtrement désordonné de races et de nationalités dont la mémoire ne peut se charger à la simple lecture. Il y a eu, en effet, dans cette partie du monde comme dans les autres, de grands mouvements de peuples, des migrations, de nombreux croisements de races, des formations et des chutes d'empires dont on peut à peine aujourd'hui retrouver la trace.

Je laisse de côté les Maures qui occupent la rive droite du Sénégal et les petites peuplades qui bordent les côtes de l'océan Atlantique au sud de la Gambie jusqu'aux bouches du Niger. La région dont je m'occupe est située à l'ouest de ce grand fleuve entre les monts Kong au sud, le Sahara au nord et, à l'ouest, les embouchures du Sénégal et de la Gambie.

---

forme du pluriel que, grammaticalement, et par analogie avec d'autres mots de la même langue, on peut considérer comme la vraie racine du mot. Je l'écris *Phoul* pour rendre visible dans l'écriture cette curieuse règle d'après laquelle le PH initial se change en P, en passant du singulier au pluriel. La lettre F serait réservée aux mots où cette consonne initiale est invariable dans les deux nombres.

Une remarque faite pour surprendre ceux qui ont comparé les récits des voyageurs et vu les outils et les instruments qu'ils ont rapportés du Soudan occidental, c'est que, malgré tant de variétés de races et de noms, on retrouve partout, à très peu près, les mêmes usages, les mêmes superstitions, la même organisation de la société en castes. Ainsi, la circoncision pour les garçons vers l'âge de quinze ans et l'excision pour les filles sont pratiquées chez les musulmans comme chez les fétichistes. Chez les premiers, l'islamisme semble s'être seulement superposé aux anciennes croyances, très vagues du reste, à des génies malfaisants qu'on apaise par des sacrifices d'animaux ou dont on détourne la colère au moyen d'amulettes. Les sacrifices ne se font plus chez les musulmans, mais les amulettes et les superstitions ont subsisté, identiques à celles des fétichistes. Ceux-ci, avec leur sentiment très vague du surnaturel, ne semblent pas ennemis de l'islamisme comme doctrine. Ils en repoussent seulement les apôtres et se refusent à certaines pratiques, telles que l'abstention absolue de toute liqueur fermentée. A part cela, dans les pays où ils sont les maîtres, ils ne trouvent pas incompatibles Mahomet et leurs fétiches; ils portent volontiers les gris-gris des marabouts, et leur histoire montre quelquefois leurs chefs également pleins de foi dans les prières des musulmans et dans les maléfices de leurs sorciers.

Le trait caractéristique général à toute cette partie du Soudan, c'est la division de la société en castes identiques chez toutes les nations, sous des noms différents. Chez les Wolofs, les Toucouleurs et toutes les nations mandingues, on trouve une caste de nobles au-dessus du commun du peuple; ensuite viennent les Forgerons, les Cordonniers ou Corroyeurs et les Griots qui se décomposent en Chanteurs et en Tisserands. Au-dessous de ceux-ci est une caste diversement composée et dont les membres sont nommés *Dom-i-diambour* chez les Wolofs, *Finankés* chez les Toucouleurs et les Mandingues, hommes méprisés dont le contact peut quelquefois porter malheur. Ce ne sont pas là des corps de métiers, des corporations où l'on admet de nouveaux membres après une épreuve et dont on peut sortir à volonté. Par exemple, un indigène né de forgerons reste, quoi qu'il fasse, forgeron toute sa vie, et il ne peut être autre chose, quand même il n'aurait jamais forgé une pièce ou touché un marteau. Les noms de ces castes dans les diverses langues, nous les avons traduits par des mots français qui donnent une idée des occupations de la plupart de leurs membres.

Voilà un grand caractère commun à toutes les peuplades sédentaires du Soudan occidental. Il n'en est pas de même chez les Phouls nomades, peuple pasteur de race bien distincte, très probablement étranger au pays et qui n'y est arrivé que par voie de migrations à des époques encore peu déterminées. Seul le Phoul se distingue par ses mœurs, ses travaux, son organisation sociale, non seulement de toutes les nations mandingues, mais aussi des métis qui se rapprochent le plus de sa race. En effet chez les Phouls, d'après le docteur Tautain, on ne trouverait comme castes, outre les hommes libres, que les griots chanteurs *Bambabés* et les *Laobés*, ouvriers à bois, qu'on ne voit chez aucune peuplade sédentaire. On conçoit en effet qu'il ne puisse exister de forgerons chez des nomades, ni des tisserands chez un peuple qui ne cultive pas le coton.

Le docteur Tautain insiste avec raison sur ces différences qui donnent à la race phoul son caractère particulier. Je reviendrai plus loin sur ce sujet.

L'étude des langues parlées dans cette vaste région est loin d'être complète, je dirai même qu'elle est à peine commencée. Pourtant ce que l'on sait déjà peut permettre de donner un aperçu général, qui confirme ce que nous avons vu pour les mœurs. Ce sont des dialectes franchement mandingues, ou bien des idiomes comme le soni-nké qui est d'espèce mandingue avec un vocabulaire contenant un grand nombre de mots phouls, ou comme le wolof qui est d'espèce phoul et qui contient un certain nombre de mots mandingues.

Les mélanges de races ont été considérables, favorisés par le trafic des esclaves encore plus que par les migrations des peuples. Il est rare que la langue et l'ethnographie d'une nation aient conservé à la fois des traces concordantes des bouleversements antérieurs. Chez plusieurs d'entre elles, comme les Wolofs, toute trace de sang phoul semble avoir disparu; la langue seule [1] conserve le témoignage irrécusable des relations qui ont existé à une époque reculée

---

1. Voir la note 1 à la fin du volume.

entre les deux peuples. Les habitants du Fouladougou sont complètement mandingues de langue; on y trouve pourtant quelques individus de type phoul nettement accusé. Ils témoignent par leur existence du séjour que les Phouls y ont fait à l'époque où ils ont donné leur nom au pays.

Il semble que l'on peut conclure de cette comparaison que les aborigènes de cette partie du Soudan étaient tous de même race et mandingues. C'est d'eux que viennent ces divisions en castes partout identiques, ces pratiques superstitieuses si générales qui survivent à côté de l'islamisme; en un mot, il n'y a qu'une seule race qui ait pu donner cette uniformité de fond malgré tant d'apparences variables de noms et de forme dans des contrées si diverses.

Répandue sur une si vaste étendue de territoire, la race primitive présentait sans doute quelque variété dans le type physiologique, mais la conformation générale devait être celle du Malli-nké actuel. Peau noire, quelquefois terreuse, cheveux laineux, nez écrasé, pommettes saillantes, lèvres épaisses, les membres souvent d'une longueur disproportionnée avec le buste.

La population, divisée en castes, comme je l'ai dit, se composait d'un certain nombre de grandes familles ou tribus, dont le nom a toujours été scrupuleusement conservé par les générations successives. Ces tribus ne sont pas en grand nombre, et leur nom caractérise non seulement la nation à laquelle appartiennent leurs membres, mais encore leur rang dans la hiérarchie sociale. Ainsi les *Kourbari* forment la première famille des Bamanas chez qui viennent par ordre de considération : les *Diara*, les *Konéré*, les *Dambélé*, etc. Chez les Malli-nkés, les plus respectés sont les *Keïta;* chez les Soni-nkés, les *Sissé* et parmi ces derniers les *Sempéré* ou *Bakiri*.

Les noms de famille ainsi fidèlement conservés fournissent le meilleur moyen, d'après le docteur Quintin, de reconnaître la véritable nation d'un indigène, malgré les croisements sans nombre qui peuvent avoir altéré son type originel. Ce procédé serait en effet infaillible, s'il n'était arrivé parfois que des captifs n'eussent pris à la suite de migrations et de révolutions le nom de leurs maîtres. Il n'en reste pas moins le meilleur moyen d'investigation et celui qui est d'une application facile et très générale quand on a eu soin d'abord de recueillir tous les noms des familles de chaque race.

Les Mandingues comprennent plusieurs peuples dont chacun a son histoire : les Malli-nkés, les Bamanas, les Soussous ou Sossés, de race à peu près pure; les Soni-nkés, les Khasso-nkés, de race mélangée; enfin, en suivant la gradation, les Wolofs, les Sérères, les Torodos, les Toucouleurs nous mènent jusqu'aux Phouls nomades, la deuxième race bien distincte qui ait coopéré avec les Mandingues à la création des nations sénégambiennes.

Les premiers qui aient formé une agglomération puissante dont on ait encore le souvenir, sont les Malli-nkés. A la fin du XIV° siècle, ils étaient encore réunis en un vaste empire qui s'étendait dans toute la vallée du Niger avec ce fleuve pour limite à l'est, l'océan Atlantique à l'ouest et le Sahara au nord. Au moins, si tout ce grand pays n'était pas soumis à un même homme, il semble à peu près avéré que les Mandingues seuls l'occupaient. Leur capitale, Malli ou Melli, était située, d'après Ibn-Batoutah, à dix milles au sud du Niger entre le lac Débo et Tombouctou [1].

C'est du nom de leur capitale que serait venu celui des Malli-nkés. Assertion d'une vérité douteuse, si l'on en croit les indigènes eux-mêmes, qui prétendent que *Malli-nké* est le même mot que *Mandi-nké* (homme du Manding). Cette altération de *Mandi* en *Malli* est un adoucissement commun dans les langues du pays, comme il est possible de s'en assurer en comparant les divers dialectes. Quoi qu'il en soit, les Malli-nkés avaient la suprématie sur les bords du Niger au

---

1. « Après avoir voyagé dix jours de Ioualaten (Walata), nous arrivâmes au village de Zagari........ Nous partîmes de Zagari et arrivâmes au grand fleuve qui est le Nil ou Niger, dans le voisinage duquel se trouve la ville de Carsakhou. Ce fleuve descend d'ici à Kabarah, puis à Zogha, Tombouctou, etc., dont les sultans font acte de soumission au roi de Malli.

« Nous quittâmes Carsakhou et voyageâmes vers la rivière Sansara qui est environ à dix milles de Malli. » (Ibn-Batoutah, 1352.)

A une journée de marche de Malli vers Tombouctou, il trouve un canal profond, un pays marécageux, etc.

D'après ces renseignements et sachant que le voyageur ne néglige quelquefois de donner la longueur de ses étapes que lorsqu'il s'agit d'un faible parcours, il est à croire que Zagari et Carsakhou étaient deux villes voisines. La rivière Sansara ne devait être autre chose qu'un des bras que le Niger forme dans le Massina actuel. Les autres caractères topographiques s'appliquent également à cette région ; d'où il est permis de conclure, contrairement à ce qui a été dit quelquefois, que Malli était dans les environs du lac Débo.

xivᵉ siècle et dans la première moitié au moins du xvᵉ. C'est à cette dernière époque que leur empire fut dissous par les Soni-nkés.

A côté des Mandingues, au nord et à l'est, vivait une race d'hommes bien différente de ces nègres et dont le pays d'origine est inconnu : c'étaient ces Phouls dont nous avons déjà parlé.

On leur cherche pour berceau un autre pays que le Soudan occidental, parce qu'à leur conformation physique, à leurs mœurs, à leur langue, on voit du premier coup d'œil qu'ils sont tout à fait étrangers aux peuplades mandingues parmi lesquelles ils vivent. Eux-mêmes se prétendent originaires d'un pays de l'est dont ils ne savent pas préciser la situation. Il est certain qu'on trouve encore quelques-unes de leurs tribus au *Darfour*[1] qui a gardé leur nom comme le *Fouladougou*. D'après Trémaux et Lejean, il existe sur le Nil Bleu une nation, les *Fouraïas*, dont les caractères physiques sont ceux des Phouls du Sénégal. Ces Fouraïas, d'après Dejean, sont divisés en plusieurs tribus qui portent les noms de *Touroudj, Four-kandjara, Foun* ou *Foundj, Peuhls*, etc. Les mêmes noms se retrouvent à peu de chose près sur les bords du Sénégal et du Niger. Enfin, d'après le général Faidherbe, ce seraient les Phouls qui auraient importé dans le Soudan occidental le bœuf à bosse de l'Inde, bétail qui ne peut être venu que par l'Égypte.

Le Phoul a la peau d'un rouge brun, les traits fins, le visage allongé, les cheveux plus que bouclés, mais

---

1. El-Tounsin (Voyage au Darfour en 1836).

à peine crêpés et plus longs que ceux des Mandingues, le nez et les lèvres minces, les membres maigres, les extrémités fines : il est velu sur la poitrine et sur les jambes, et ce caractère doit avoir son importance, car les indigènes le donnent comme un signe de race quand ils veulent prouver péremptoirement qu'ils sont d'origine phoule.

Au point de vue intellectuel, le Phoul est de beaucoup supérieur au Mandingue. Quelques voyageurs disent qu'il se prétend de même race que nous ; il doit y avoir là une erreur d'interprétation. Le Phoul s'appelle, par opposition aux noirs, *homme rouge ;* or dans le pays, c'est le même qualificatif qui sert à nous désigner, et non pas celui de *blanc* que les indigènes ne trouvent pas suffisamment justifié pour nous : ce qui n'est pas étonnant à cause de la couleur basanée que prend la peau de l'Européen sous les tropiques. Dans ces conditions, il est naturel que le Phoul lui dise : « Je suis rouge comme toi. » Mais ce mot n'implique pas une question de race.

Les Phouls sont un peuple de pasteurs essentiellement nomades, qui ne deviennent sédentaires qu'après croisement avec les indigènes. Aussi ne voit-on guère que des nomades qui présentent le type phoul dans toute sa pureté. Ils ont été représentés comme conquérants et animés de l'esprit de prosélytisme qui a fait triompher l'islamisme dans le Soudan. Je crois que c'est une erreur ou, pour mieux dire, qu'il y a malentendu.

Le Phoul de race pure n'est le maître nulle part, et la tradition montre qu'il ne l'a jamais été dans aucun pays du Soudan occidental avant de s'être croisé avec la race sédentaire : ce serait donc un singulier con-

Type phoul.

quérant. Non seulement il n'est pas le maître, mais en beaucoup d'endroits il est esclave des nations issues de sa race et quelquefois même des Mandingues, chez qui il lui arrive d'oublier sa langue. On peut citer des *Fourbabés*, esclaves et bergers des anciens rois de Ségou, présentant le type phoul dans toute sa pureté, et qui ne parlent que bambara. Ce fait provoqua l'étonnement des Européens et les plus vives exclamations de leurs serviteurs et de leurs interprètes qui le constatèrent à Nango.

Le Phoul est tout aussi peu capable d'avoir importé l'islamisme au Soudan que de l'avoir conquis, car il faudrait pour cela qu'il fût lui-même musulman. Or, si dans certains pays il se laisse imposer docilement par ses maîtres les pratiques de cette religion, on peut affirmer que dans ceux où il est libre, comme au Sénégal, il n'est nullement adepte du Coran. On ne dira pas qu'il peut avoir oublié sa religion ou y avoir renoncé, car on sait que chez ces peuples primitifs la foi religieuse, même imposée d'abord par la force, non seulement n'est jamais abandonnée, mais encore devient tous les jours plus ardente et plus indéracinable. D'ailleurs les Torodos et les Déniankés, qui sont incontestablement issus des Phouls, n'étaient pas musulmans à l'origine et ne le sont devenus qu'au contact des Maures. Les Phouls ne l'étaient donc pas non plus.

Ils ont acquis cette réputation de musulmans et de convertisseurs grâce aux peuples qui sont nés de leurs croisements avec les indigènes. Cette distinction des Phouls pasteurs, de race pure, d'avec leurs métis, est nécessaire si l'on veut jeter quelque lumière sur l'histoire de ces nations et démêler une idée générale dans cette série confuse d'événements. La confusion que l'on a faite, il faut le dire, a pour auteurs les indigènes eux-mêmes qui, tout en détestant le vrai Phoul, lui imposant quelquefois l'esclavage, se font gloire d'être issus de sa race. Il n'est pas rare de rencontrer des Ouassoulounkés, par exemple, du plus pur type mandingue, qui se disent Phouls et qui portent, en effet, un nom de cette race. Quant aux Toucouleurs du Sénégal, ils se disent Phouls avec d'autant plus de conviction qu'ils parlent la langue de leurs pères et que, dans leur pays, comme dans tous les autres, c'est le père seul qui donne la race à l'enfant, la mère ne comptant pour rien.

La langue des Phouls, le poular, est sonore et harmonieuse; elle n'a aucune aspiration forte ou désagréable; les *a* et les *ô* abondent; elle est à peu près accentuée comme l'italien, sacrifie encore plus que cet idiome à l'euphonie, fait souvent les accords des mots par des rimes et, presque autant que l'italien, termine ses mots par des voyelles qui reposent la voix.

Tout autre est la phonétique des Mandingues, dont la langue est du reste bien plus rudimentaire et plus pauvre que le poular.

J'ai dit que le Phoul est essentiellement nomade. Mais les fils qu'il a eus de ses femmes mandingues ne semblent avoir hérité nulle part de son humeur vagabonde, excepté peut-être les Laobés. Les mulâtres devenus sédentaires, plus ambitieux que leurs pères et plus intelligents que leurs voisins mandingues, ont cherché à les dominer. Ils ont réussi à fonder plusieurs empires qu'ils ont appelés phouls et qui sont en réalité *mandingo-phouls*. Ils n'ont souvent gardé de la race paternelle ni le type, ni même la langue, à cause de la forte proportion de sang mandingue qui augmentait à chaque génération. Ils ont adopté les mêmes castes, les mêmes usages que les Mandingues. Le nom de famille phoul est seul resté.

La différence entre les Phouls et leurs métis est aussi très visible dans la manière dont ils se sont introduits chez des peuples voisins.

Lorsque les Phouls pasteurs arrivaient dans un pays, même en grand nombre, ils le parcouraient en tous sens, ne s'occupant que de leurs troupeaux, peu soucieux d'acquérir une autorité quelconque sur leurs hôtes. Ils ne vivaient là, du reste, que du consentement de la population sédentaire, à laquelle ils rendaient des services en la faisant profiter de leurs ressources en bétail. Cependant des croisements s'opéraient, une nouvelle race naissait qui ne tardait pas à chasser les anciens maîtres du sol et à prendre place.

C'est ainsi que furent fondés les royaumes phouls du Khasso, du Fouta-Diallon dans la Sénégambie et, sur le Niger, ceux de Gando et du Massina.

Lorsque, dans un empire déjà soumis de cette façon aux Mandingo-Phouls, il éclatait des dissensions intestines, ou qu'une guerre malheureuse en chassait les usurpateurs, une partie ou la totalité des métis phouls émigraient en masse et allaient chercher ailleurs des terres à occuper. Mais ceux-ci ne voyageaient pas pacifiquement comme leurs pères nomades. Ils marchaient comme les hordes de barbares qui sont arrivées en Europe au temps de l'empire romain, pénétraient de gré ou de force sur le territoire convoité et en chassaient les maîtres ou les refoulaient plus loin.

C'est de cette manière que les Wolofs et les Sérères arrivèrent aux bords de l'océan Atlantique, que les Torodos s'emparèrent d'une partie du Toukourol (Fouta actuel), que les Deniankés, un peu plus tard, chassèrent les Torodos, et qu'enfin de nos jours les Toucouleurs s'imposèrent aux Bambaras du Kaarta et du Ségou.

Je compte les Wolofs et les Sérères parmi les descendants des métis phouls ; j'expliquerai plus loin quelles sont mes raisons pour cela.

Du VIIe au XVe siècle, on cite le grand empire de Ghana qui s'étendait au nord de celui de Malli et qui fut souvent en lutte avec celui-ci. D'après Léon l'Africain, cet empire avait été fondé par des hommes d'origine libyenne, du nom de *Sa*. Qui étaient ces hommes ? Des Phouls probablement, si l'on en juge d'après la langue des Soni-nkés, leurs descendants. En effet le soni-nké est une langue de l'espèce mandingue et contient, comme il est dit plus haut, des mots phouls en forte proportion et même des mots très caractéristiques. Ce nom de *Sa* est bien voisin de celui de *So* sous lequel est connue la plus nombreuse et la plus considérée des tribus phoules [1]. Je ferai remarquer, de plus, que les maîtres de cet em-

---

1. Ajoutons que *Soni*, nom attribué à quelques-uns de leurs chefs qui l'ont laissé à la race, peut être décomposé en *So*, nom de la tribu, et *ni*, particule diminutive en mandingue. Dans cette langue on dit : *mousso*, femme ; *moussoni*, petite femme.

pire, jusqu'au xɪᵉ siècle, n'étaient pas musulmans, et qu'ils eurent souvent à lutter avec les Berbères, ce qui prouverait qu'ils n'étaient pas de cette race. Comme, d'après l'ancien voyageur que je cite, ils étaient étrangers au pays, c'est-à-dire aux Mandingues, il semble qu'ils ne pouvaient être que Phouls.

Leur empire se développa, devint puissant, mais fut souvent troublé par des guerres intérieures ou étrangères qui eurent des fortunes diverses.

C'est probablement pendant cette période de temps qu'émigrèrent les Torodos, qui avaient été précédés à une époque beaucoup plus reculée par les Wolofs et les Sérères.

Pour les Torodos, le doute sur leur origine phoule n'est pas possible; outre que l'on trouve chez eux de nombreuses traces du type originel, ils parlent encore à très peu près le poular, et ils sont reconnus par tous les indigènes comme étant de race phoule. Pour les Wolofs et les Sérères, la question est plus douteuse. Pourtant l'hypothèse que j'ai avancée sur leur origine se trouve dans Ahmet Baba (Barth). Le type wolof s'éloigne considérablement du phoul et se rapproche bien plus du mandingue; il n'existe, je crois, chez ces peuples, qu'une tradition assez vague d'après laquelle les Wolofs seraient les descendants d'esclaves révoltés des Phouls, comme le furent plus tard les Déniankés.

Mais voici deux faits qu'il serait difficile d'expliquer sans cette hypothèse :

1° Le wolof est une langue d'espèce phoule, un peu plus rudimentaire, et contenant, outre quelques mots arabes ou berbères, un très grand nombre de racines communes avec le poular et un bien plus petit nombre de mots mandingues. Je ne puis pas dire exactement dans quelle proportion ce mélange existe.

2° Les noms de famille wolofs sont exactement, d'après le docteur Quintin, ceux des Torodos, et ce caractère lui semble si essentiel qu'il a émis l'opinion que les Torodos sont des Wolofs. Ces nations ont donc une parenté évidente entre elles.

Pour Barth, elle était si claire qu'il n'hésita pas à leur donner le même pays d'origine, et, par suite, comme la parenté des Torodos avec les Phouls est indéniable, il crut pouvoir attribuer à ceux-ci, pour berceau, le Fouta sénégalais. La conséquence qu'en tirait l'illustre voyageur, c'est que toutes les migrations des Phouls s'étaient faites de l'ouest à l'est. Or ceci est absolument contraire à toutes les traditions des nations sénégambiennes. Je retiendrai de l'opinion de Barth le fait physiologique qui est la parenté de ces trois familles et la conclusion immédiate qu'elles ont un pays commun d'origine : et ce pays, pour être en accord avec la tradition des Torodos (Raffenel) qui le place dans le Fouladougou, on doit le supposer plus éloigné vers l'est, car, à l'époque de l'émigration des Wolofs (avant le XIV° siècle), le Fouladougou appartenait aux Mandingues.

Ce fut donc avant la formation de l'empire de Soni que les Wolofs durent arriver sur les bords du Sénégal. En 1455, Ca da Mosto, navigateur vénitien, en parle comme d'un peuple maître sans conteste du pays depuis longtemps. Un peu plus tard, les Torodos vinrent s'établir dans le Fouta occidental. D'après une tradition citée par le général Faidherbe [1], ils seraient venus du côté de la Gambie et se seraient emparés d'une partie du pays avec l'aide des Sérères.

L'empire des *Sa*, qu'un de ses chefs, Soni, avait porté au plus haut degré de puissance, changea de maîtres vers 1450. Une nouvelle famille, celle des Askia, musulmane, s'empara du pouvoir et chassa du pays toute celle de Soni, qui prit la route de l'ouest avec tous ses esclaves et ses richesses. Cette famille était nombreuse et encore puissante. Elle formait une véritable horde qui remonta le Niger et dut porter les derniers coups au vieil empire de Malli. Les Soninkés occupèrent le long du fleuve tout le pays qu'ils voulurent, puis s'avancèrent dans le Kaarta et descendirent le Sénégal jusqu'au delà de Bakel. Les peuples de race malli-nké qui y vivaient devinrent leurs sujets.

Quant aux provinces de Malli situées vers l'ouest et jusqu'à la Gambie (Ca da Mosto cite les noms de leurs chefs), elles durent vivre chacune d'une manière indépendante, car, depuis, on ne cite plus jusqu'à notre époque d'autre empire malli-nké.

La révolution qui donna le pouvoir aux Askia dans l'empire des Sa semble bien plutôt religieuse que politique. Les Sa avaient persécuté les musulmans; les Askia, au contraire, devinrent les propagateurs fanatiques de l'islamisme (vers 1500).

---

1. Faidherbe, *Essai sur la langue poul.*

Faut-il attribuer à ces persécutions la cause des nouvelles émigrations qui se firent vers l'ouest? Elles s'ajoutèrent peut-être aux guerres suscitées par les invasions des Touaregs : en tout cas, dès cette époque les Phouls furent refoulés dans le Bakhounou et le Fouladougou, où ils habitèrent assez longtemps pour donner leur nom au pays. C'est de là, dit-on, que partit une nouvelle horde de Mandingo-Phouls, les Déniankés, qui étaient, d'après la tradition, des esclaves révoltés des Phouls et non musulmans.

Ils étaient un peu mélangés de Maures Tadjacants [1], mais ils devaient l'être surtout de Mandingues, si l'on en juge d'après la physionomie de leur nom et d'après le titre de *silatighi* ou *silatic*, que prenait leur chef Koli : *silatighi* en mandingue veut dire « maître du chemin, guide ».

Les Phouls Déniankés traversèrent le Bondou, arrivèrent dans le Fouta sénégalais, en chassèrent les Mandingues Soussous qui y étaient encore, ainsi que les Torodos, et se répandirent sur l'une et l'autre rive du Sénégal. Les Soussous se réfugièrent vers le sud au bord de la mer, où ils sont encore; quant aux Torodos, ils devaient bientôt revenir dans leur pays (1500 à 1600).

A la même époque, les Soni-nkés achevaient la conquête du Galam. Les Phouls nomades continuaient leur marche en même temps vers l'ouest et le sud-ouest. Ils se répandaient pacifiquement dans le Ouassoulou, où ils ont laissé des traces nombreuses de leur pas-

---

[1]. Faidherbe, *Essai sur la langue poul.*

sage, et poussaient jusqu'au Fouta-Diallon. Un peu plus au nord, ils pénétrèrent dans le royaume de Khasso, où ils furent accueillis en amis, ou plutôt en tributaires. Mais dans ces deux pays les fils des nouveaux venus ne tardèrent pas à s'emparer du pouvoir et fondèrent ainsi deux royaumes mandingo-phouls.

A la fin du XVIIe siècle, une révolution survenue sur les bords du Niger eut son contre-coup sur les rives du Sénégal.

Une tribu mandingue, les Bamanas, partie du pays de Torong, situé vers les monts Kong, arriva sur le Niger dans le Ségou, qui était alors gouverné par les Soni-nkés. Les Bamanas y furent d'abord reçus en amis et en auxiliaires chargés de faire la guerre pour le compte des maîtres du pays. Ils ne tardèrent pas à s'emparer du pouvoir, sans lutte, et fondèrent un empire bamana sur les deux rives du fleuve. La discorde se mit plus tard entre les vainqueurs, et, un siècle après, une partie d'entre eux, conduite par un Kourbari, émigra vers le Kaarta, dont elle s'empara (1750). Les nouveaux venus refoulèrent peu à peu les Khasso-nkés à l'ouest, et vers 1840 ils les avaient complètement chassés de la rive droite du Sénégal.

Pendant que les Bamanas émigraient vers le nord du Soudan, une révolution religieuse s'opérait dans le Fouta sénégalais. Nous avons vu les Torodos chassés par les Phouls Déniankés. Les vaincus se réfugièrent en masse sur la rive droite du Sénégal, chez les Maures, où ils se convertirent à l'islamisme. Ils se hasardèrent ensuite à rentrer peu à peu dans leur ancien pays, non en conquérants, mais en apôtres. Pleins d'enthousiasme pour la foi nouvelle, ils subirent d'abord toutes les humiliations que leur imposaient leurs anciens vainqueurs, sans se décourager dans leur œuvre de propagande religieuse. Quand ils eurent fait assez de prosélytes et qu'ils se sentirent assez forts, ils se révoltèrent contre les Déniankés encore infidèles, une longue lutte s'engagea entre les deux partis. Les Déniankés furent vaincus après vingt ans de combats, et, vers le milieu du XVIIIe siècle, l'islamisme fut proclamé religion d'État dans le Fouta, sous le gouvernement d'un *almamy* électif dans la caste des Torodos (Émir almoumenin, Commandeur des croyants).

Ce premier empire musulman était suivi à bref délai de plusieurs autres qui tous étaient l'œuvre de Mandingo-Phouls.

Voici, d'après le général Faidherbe, le résumé de cette révolution religieuse et politique qui changea en un siècle la face du Soudan :

« Au XVIIIe siècle. — 1° Abdou-el-Kader fonde l'État théocratique du Fouta sénégalais;

« 2° Sidi, le Fouta-Diallon;

« 3° Ibrahima, le Bondou musulman.

« Au XIXe siècle. — 4° Othman Fodia, Torodo, fonde l'empire du Soudan central (royaumes de Sokoto et de Gando);

« 5° Ahmadou-Labbo, un autre empire le long du Niger (Massina);

« 6° Al-Hadj-Oumar, Torodo, rejeté par nous vers l'est, fonde l'empire de Ségou, de Médine au Massina;

« 7° Ahmadou-Cheikou, Torodo, essaye de fonder un nouveau royaume musulman aux dépens des pays wolofs.

(Ce dernier royaume ne subsiste plus, le fondateur ayant été vaincu et tué par les Français à Coki (1875.)

« De sorte qu'aujourd'hui les Phouls sont maîtres presque partout, du cap Vert au lac Tchad, sur 30 degrés de longitude entre les latitudes de 10 à 15° nord. »

Ajoutons pour mémoire que nous assistons en ce moment à la fondation d'un empire musulman dans le Haut-Niger, par un prophète soni-nké nommé Samory.

Ce résumé historique nous permettra de comprendre facilement les tendances de chaque peuple, d'expliquer ses relations avec ses voisins, et de deviner quelle peut être notre action sur eux.

Il ne reste plus maintenant beaucoup à dire pour faire la description de l'état actuel de la Sénégambie et du Niger.

Les Phouls pasteurs restés nomades sont répandus dans tout le Soudan; on en trouve depuis l'océan jusqu'au lac Tchad, partout les mêmes, parlant la même langue, soumis aux mêmes usages, s'abritant sous la même case ronde en forme de nid renversé, disent-ils. Il en est de même des Laobés qui forment une de leurs castes, espèce de bohémiens, renommés pour leur malpropreté, et s'occupant exclusivement à travailler le bois, avec lequel ils font des calebasses, des mortiers à couscous, des bancs, etc. Ils sont de race plus mélangée que les Phouls So,

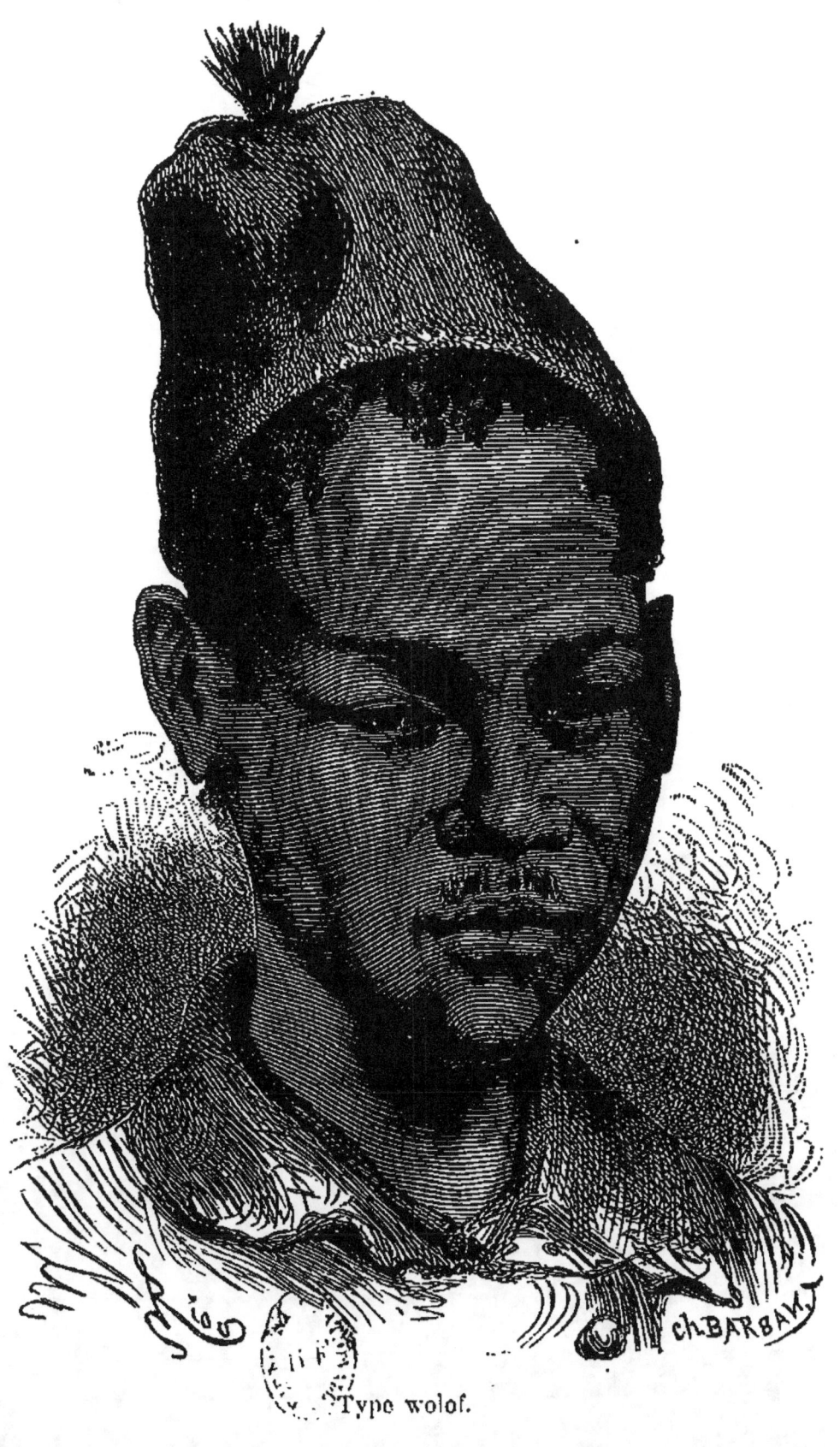

Type wolof.

leur teint est plus noir, leur physionomie en général se rapproche un peu de celle du nègre.

En remontant le cours du Sénégal, on trouve les peuplades sédentaires dont je viens d'esquisser les migrations dans l'ordre suivant :

D'abord les Wolofs, qui occupent le cours inférieur du fleuve jusqu'à la mer, sur la rive gauche.

« Les Wolofs ont, en général, la peau très noire, luisante. Ils sont d'une belle taille, d'une forte constitution. Bien qu'ils aient le nez un peu aplati et les lèvres épaisses, il n'est pas rare d'en rencontrer, surtout chez les femmes, dont les traits soient fins et réguliers. » (Quintin.)

Les Wolofs de l'intérieur sont cultivateurs; ceux de la côte ou des bords du Sénégal s'adonnent souvent au commerce dans nos escales, sont pêcheurs ou marins (laptots). L'islamisme gagne beaucoup chez eux, une grande partie sont déjà musulmans.

En amont de Podor, sur la rive gauche, commence le Fouta sénégalais, qui s'étend jusqu'au Guoy, près de Bakel. Les habitants du Fouta sont un mélange de Torodos et de Déniankés, ils parlent le poular à peu près pur; ils sont surtout cultivateurs; leur pays est très fertile et peut donner deux récoltes par an. On en trouve beaucoup à Saint-Louis qui s'occupent à divers métiers sur le port, notamment à celui de portefaix. On les appelle *Toucouleurs*. Ce nom, qu'ils ont chez les Wolofs, leur vient peut-être de l'ancien nom du Fouta qui était *Toukourol* ou mieux, d'après le général Faidherbe, du mot *Tekrouri* qui, chez les écrivains arabes, veut dire Soudanien musulman. Ces emprunts des Wolofs aux Arabes ne sont pas rares. C'est peut-être ainsi qu'ils nous ont dénommés *Toubabs*, d'un mot arabe *tebib*, par lequel les Maures du nord de l'Afrique désignent les voyageurs européens qu'ils prennent pour des médecins. Mais chez les noirs ce mot de Toubab a pris une certaine extension, et dans l'intérieur du Kayor on appelle ainsi tous les habitants de Saint-Louis. Chez les peuples mandingues du Haut-Niger, le même nom nous a été conservé, et la Sénégambie même est appelée par eux *Toubaboudougou* (pays des blancs).

Pour se désigner eux-mêmes, les Toucouleurs emploient le nom de Phouls, et quelquefois celui de *Alpoular*, mot de physionomie arabe, ou qui, peut-être, voudrait seulement dire : *de langue poular (mi hali poular*, je parle la langue des Phouls).

Les Toucouleurs qui vont à Saint-Louis s'y fixent rarement : ils n'y restent que le temps de gagner quelque argent, d'acheter un fusil et quelques pièces de guinée, puis ils reviennent dans leur pays. Il y en a un certain nombre qui sont marins sur nos avisos ou qui s'engagent tirailleurs ; mais ce sont très souvent d'anciens esclaves, ou bien ils appartiennent aux castes les moins honorées de leur nation. Les Toucouleurs dressés par nos officiers font de très bons soldats.

Le Guoy et le Kaméra (Galam) sont habités par les Soni-nkés, qui y vivent en peuple indépendant et sont gouvernés par des hommes de leur race.

« Ce sont de beaux hommes, de taille moyenne et bien musclés. Ils ont en général la peau noire, mais sous ce rapport on observe de grandes variétés. Ils ont les cheveux crépus, le nez large, les narines ouvertes; dans beaucoup de grandes familles on en

Type soni-nké.

trouve qui ont les traits fins et la peau seulement basanée. » (Quintin.)

Les Mandingues les appellent Markankés; eux-mêmes se donnent le nom de *Séré-Khoullé*, qui dans leur langue veut dire « hommes rouges ». On se souvient que c'est la même qualification que se donnent les Phouls, et peut-être cette dénomination qu'ils ont conservée est-elle encore une trace de leur origine. Ce nom est prononcé *Saracolé* par les Européens.

Depuis la chute de l'empire de Soni, les Saracolés se sont répandus dans tout le Soudan occidental, dans la Sénégambie et les pays du sud. Tantôt ils forment dans certaines provinces l'élément principal de la population, tantôt ils habitent des villages épars et sans lien politique entre eux, au milieu d'une nation de race différente à laquelle ils sont soumis. Ils sont souvent agriculteurs; mais leur trait de caractère le plus remarquable, c'est leur goût pour le commerce et leur hardiesse à braver tous les dangers pour aller trafiquer d'un bout à l'autre du Soudan à travers des populations souvent agitées par la guerre ou sur des routes peu sûres. Ce sont eux qui forment la plus grande partie de ces caravanes qui sillonnent tout le bassin du Niger, portant du sel au sud, et ramenant vers le nord de l'or et des esclaves. Ils parlent partout la même langue qui leur sert de lien commun avec leurs congénères dans les pays les plus lointains où les mène leur humeur aventureuse.

Ils sont intelligents et très rusés; obligés par leur genre de commerce de voir beaucoup de pays, ils en connaissent les dialectes, et il est rare de trouver un Saracolé qui n'en sache deux ou trois. Musulmans très tièdes, ils nous connaissent mieux que les autres nations du Soudan, et apprécient mieux qu'elles les avantages que le pays retire de notre présence. Leur sympathie nous est acquise jusqu'au jour où nous pourrons interdire absolument la traite des esclaves dans le bassin du Haut-Niger. Il est douteux que nous gardions leur amitié à partir de ce moment.

Les Khasso-nkés habitent à l'est du Kaméra la rive gauche du Sénégal; leur pays comprend la province du Logo à l'est et s'étend ainsi jusqu'au Natiaga. Ils parlent un dialecte mandingue; nous avons vu comment leur nation s'est mélangée d'élément phoul, aujourd'hui visible seulement dans la famille du chef ou chez ses parents. Les femmes khasso-nkés sont renommées pour leur galanterie encore plus que pour leur beauté qui est assez remarquée au Sénégal. Quant aux hommes, ils ont une réputation de voleurs qui, dit-on, n'est pas imméritée.

Les Khasso-nkés ne sont pas musulmans; ils forment un peuple faible et très réduit à la suite des longues luttes qu'il a eues à soutenir avec le Kaarta. Ils sont nos alliés depuis longtemps. C'est pour les protéger contre les Toucouleurs que le général Faidherbe construisit un poste à Médine, leur capitale (1855).

Au delà du Khasso, dans le Natiaga, sur les rives du Ba-fing et du Ba-khoy, et plus au sud, vers le Haut-Niger, habitent les Malli-nkés, qui sont de race mandingue pure. La population est presque partout groupée en petits cantons composés de quelques villages et gouvernés par des chefs héréditaires faibles et peu obéis. Ils étaient tous fétichistes jusqu'à ces derniers temps. Depuis cinq ou six ans, un prophète, né sur les bords du Niger, appelé *Samory*, tente de créer à son profit dans ces régions un empire malli-nké musulman. C'est lui que le colonel Desbordes a eu à combattre dans deux campagnes successives. Malgré tout, sa puissance devient tous les jours plus redoutable, et il est probable que, repoussé par nous de la rive gauche du Niger, il portera ses efforts vers l'est contre les Toucouleurs de Ségou.

A l'est du Ba-khoy et jusqu'au Ba-oulé, s'étend le Fouladougou, pays que les Phouls ont autrefois habité et auquel ils ont laissé leur nom. On y trouve encore quelques familles de nom phoul, et il n'est pas rare d'y rencontrer des indigènes qui ont encore très nettement le type de cette race. Mais la langue des hommes rouges a été complètement oubliée, les habitants ne parlent plus que le malli-nké.

Le Fouladougou a été presque entièrement dépeuplé à la suite des longues guerres dont il a été le théâtre. La dernière invasion des Toucouleurs lui a été particulièrement funeste et il lui faudra une bien longue période de paix pour qu'il puisse réparer ses désastres et se relever de ses ruines. Les habitants sont d'un caractère très doux, mais faible; ils sont peu intelligents et peu courageux; ils ont auprès de leurs voisins une grande réputation d'ivrognes très méritée, car, certains jours, on peut voir des villages entiers ivres de *dolo* (bière du pays). On y trouve des chefs et des notables qui le sont presque tous les jours, et les cas d'alcoolisme n'y sont pas rares.

Le Fouladougou est entouré au nord et à l'est de pays *Bambaras* ou *Bamanas* (ce dernier est le nom qu'ils se donnent eux-mêmes). Ces indigènes sont plus

Type bambara.

forts, plus braves et plus laborieux que les Malli-nkés. Ils sont de race mandingue et parlent un dialecte très voisin du malli-nké. C'est peut-être le même, à la prononciation près, qui est plus dure et plus brève.

Le Bélédougou a énergiquement résisté à la dernière invasion des Toucouleurs et n'a subi le joug des musulmans que pendant deux ou trois ans à peine. Aujourd'hui il coupe toutes les communications entre les deux tronçons de l'empire d'Al-Hadj Oumar, de Nioro et de Ségou. Le roi Ahmadou, fils du prophète, a renoncé à s'ouvrir un passage par la force, tous les ans, à la belle saison. Mais ce sont les Bambaras qui sont devenus assaillants à leur tour et qui tous les ans font des incursions dans les États toucouleurs, soit au delà du Niger vers Bammako, soit en deçà du fleuve vers Niamina, que le roi est souvent obligé de protéger par l'envoi d'une forte colonne.

Dans le Kaarta, les populations bambaras et autres sont maintenant soumises aux musulmans, mais il est douteux que ceux-ci y soient solidement implantés. On peut dire en tout cas que, chez tous les Bambaras du Kaarta comme du Bélédougou, la passion dominante et générale est la haine du Toucouleur. Bien souvent leurs envoyés ont répété aux Français : « Nous serons les alliés et toujours les amis de ceux qui nous débarrasseront des Toucouleurs. »

Cette haine est très forte, puisqu'elle leur fait oublier toutes leurs querelles particulières, nombreuses pourtant et qui ont dégénéré en guerres quelquefois sanglantes. Cet oubli étonnant de leurs dissensions, cette union de tant d'intérêts divers contre l'islamisme peuvent réellement compter pour le miracle le plus réel accompli par Al-Hadj Oumar et par son fils.

Telles sont les peuplades que nous avons rencontrées dans notre marche au Niger. Elles ont été visitées depuis la fin du siècle dernier par de nombreux voyageurs : dans le chapitre suivant, je donnerai un exposé succinct de leurs travaux.

VOYAGES

ANTÉRIEURS A 1880

VOYAGES
ANTÉRIEURS A 1880

Mungo-Park. — Premier et second voyage. — Sa mort. — René Caillié. — Son apprentissage chez les Maures du Sénégal. — Voyage à travers le bassin du Niger. — Tombouctou. — Raffenel. — Le Kaarta. — Retour forcé. — Ses idées sur la colonisation de l'Afrique. — Le général Faidherbe, gouverneur du Sénégal. — Premiers travaux. — Mage et Quintin sur le Niger. — Leur séjour à Ségou. — L'empire toucouleur.

En 1799, le major Rennel, en rendant compte du premier voyage de Mungo-Park, concluait ainsi :

« Je ne puis mieux terminer ce rapport qu'en observant que nos connaissances sur l'intérieur de l'Afrique sont arrivées au même point où celles des anciens étaient parvenues, il y a environ vingt-deux siècles. »

Depuis le jour où le major anglais faisait cet aveu, bien des travaux ont été accomplis pour dissiper l'obscurité qui nous cachait l'Afrique. La lumière se fait sur ces pays mystérieux. Ils ont été abordés par beaucoup de points, le continent entier a été traversé ; pourtant il reste encore de vastes régions inconnues. Je ne m'occuperai ici que du Soudan occidental. Sur ce théâtre restreint, on pourra voir au prix de combien d'efforts et de souffrances des hommes qui s'étaient voués d'avance à tous les sacrifices sont parvenus à recueillir quelques notions certaines et à nous ouvrir la voie. Plusieurs ont payé de leur vie leurs tentatives.

En 1792, ce fut le major Houghton ; en 1805, Mungo-Park et ses quarante compagnons ; plus tard Beaufort, le major Laing, etc., et de nos jours enfin, Flatters et toute sa mission. Je ne pourrai citer les travaux de tous. Les voyageurs obscurs ne sont souvent ni les moins méritants ni ceux qui ont le moins souffert ; mais dans le cadre de ce chapitre je dois me borner aux explorations les plus remarquables et aux travaux les plus connus.

Le premier en date est Mungo-Park. C'était un jeune médecin écossais que la mort encore récente de Houghton ne fit pas reculer. En 1795, il avait à peine vingt-quatre ans, il partit pour la Sénégambie, remonta la Gambie jusqu'à Pisania, et de là, seul avec un interprète et un domestique, il s'engagea vers l'est. Il traversa le Sénégal à Kaye et arriva à Kouniakary, à cette époque capitale du Khasso. De ce village il se rendit à Kemmou, capitale du royaume bambara des Kourbaris, où on lui fit bon accueil. Son but était d'arriver au Niger, qu'aucun Européen n'avait encore vu. Mais la guerre qui existait alors entre les Kourbaris et le roi bambara de Ségou, Mansong, l'obligea de faire un détour à l'est et de traverser le pays appelé maintenant Bakhounou, soumis aux Maures nomades. Là il fut arrêté, dépouillé de tout, emprisonné, et subit pendant plusieurs mois les privations les plus dures et les traitements les plus inhumains : souvent c'étaient les femmes qui trouvaient plaisir à s'acharner contre lui. Ce fut pourtant une d'elles qui le sauva : Les malheurs et peut-être les compliments de l'Européen l'avaient touchée, et grâce à elle (c'était une princesse de haut rang) on lui rendit son cheval, afin qu'il pût suivre la retraite de la tribu qui reculait devant les Bambaras de Mansong. Au milieu du désordre, le voyageur s'échappa, erra de longues journées dans le désert, souffrant de la faim et de la soif, secouru parfois par des bergers phouls plus hospitaliers que les Maures. Enfin il parvint au Niger, en face de Ségou, malade et à peu près nu. Le roi était ce Mansong, ennemi des Maures et des Kourbaris du Kaarta. Il ne voulut pas lui permettre d'entrer dans sa capitale, et Mungo-Park, grelottant de la fièvre, trempé par la pluie, car on était à la mauvaise saison, se réfugia sous un arbre en face du village, ne sachant que devenir et désespérant peut-être cette fois de jamais revoir sa patrie.

Par bonheur, une vieille femme le recueillit, lui donna à manger, le soigna et même, quelques jours après, Mansong, adoucissant sa première décision, lui donna cinq mille cauris [1] avec l'ordre de quitter le pays. Mungo-Park continua sa route vers l'est et

---

1. Coquille univalve marine qui sert de monnaie au Soudan. Actuellement à Ségou trois mille cauris valent cinq francs en argent.

arriva à Sansandig. Là de nouveaux malheurs l'attendaient. Sansandig contenait beaucoup de Maures qui, reconnaissant un Européen, voulurent d'abord le mettre à mort. Le chef du village, le *Dougoutighi*, défendit son hôte, mais, pour donner satisfaction à la foule ameutée, il le fit exposer pendant de longues heures au milieu de la place publique, sur un échafaudage élevé, où le voyageur subit les moqueries, les insultes et les mauvais traitements de ces féroces curieux.

D'après tous les voyageurs qui les ont vus dans leur pays, aussi bien que de l'avis de tous ceux qui les ont vus dans nos escales, il n'y a pas de race au monde plus sauvage, plus profondément perverse que ces Maures, nos voisins du Sénégal. Ce sont sans contredit les voleurs les plus effrontés et les assassins les plus impitoyables de l'Afrique : on ne saurait trouver chez eux l'ombre d'un sentiment généreux. Ils avaient laissé Houghton mourir de faim et de soif à deux pas de leur camp, après l'avoir dépouillé : Mungo-Park leur prisonnier à Benoum avait failli avoir le même sort; pour ce dernier même, ils lui avaient fait la repoussante plaisanterie de l'asperger d'urine quand il demandait à boire. A Sansandig, heureusement, ils n'étaient pas les maîtres. Le voyageur put s'enfuir la nuit et continuer à descendre le fleuve. Bientôt son cheval n'eut plus la force de le porter ni de le suivre; il arriva, malgré les difficultés toujours croissantes, jusqu'à deux journées de marche de Djenné; mais il était à bout de forces, il ne pouvait pas aller plus loin. Il désespéra de traverser cette ville quand on lui apprit que les Maures y étaient encore plus nombreux qu'à Sansandig et qu'ils étaient maîtres du pays jusqu'à Tombouctou. Il revint donc sur ses pas.

Mansong, irrité, voulut le faire arrêter quand il repassa près de Ségou; mais le voyageur sut faire un long détour et, dès qu'il fût à l'abri des poursuites du roi, remonta péniblement le Niger jusqu'à Bammako, d'où il alla à Kamalia, sur les frontières du Bélédougou et du Manding.

Il fut obligé de s'arrêter dans ce village pendant plusieurs mois, malade et n'osant pas s'aventurer seul à travers un pays où existait entre les Malli-nkés et les Phouls du Fouta-Diallon, une guerre de razzias très active. A Kamalia, du moins, il fut logé et convenablement traité par un Saracolé, Carfa Taoura, qui, en outre, se chargea de le reconduire en Gambie avec une caravane dès qu'elle serait prête à faire ce voyage.

C'est grâce à cet homme que Mungo-Park revit Pisania et l'Angleterre après plus de deux ans d'absence.

Il avait pu voir de près les mœurs des habitants et apprécier leur état social : ses observations n'ont pas perdu de leur justesse après quatre-vingt-dix ans.

« La guerre est la plus générale comme la plus féconde des causes de l'esclavage; les désastres qu'elle entraîne produisent souvent la seconde cause de la servitude, qui est la famine, pendant laquelle un homme libre embrasse l'esclavage pour ne pas mourir de faim. »

Après un séjour de quelques années dans son pays,

le jeune voyageur repartit pour l'Afrique. Les voyages sont comme certains fruits des tropiques, d'abord désagréables, même répugnants au goût et pour lesquels l'étranger se passionne après les premiers déboires. Malgré tant de souffrances et de dangers auxquels il n'avait échappé que par miracle, Mungo-Park voulait revoir ce Niger mystérieux dont, chose bizarre, on connaissait à peu près les sources, mais dont personne ne savait marquer l'embouchure. Déjà il était démontré que ce ne pouvait être une branche du Nil d'Égypte. Le voyageur se proposait, cette fois, de l'aborder au point le plus proche de la Sénégambie et de descendre son cours jusqu'au bout.

Le gouvernement anglais avait fait (1804) de grands frais pour cette entreprise; Park était accompagné d'une quarantaine d'Européens et d'un grand nombre de nègres. Il prit encore pour point de départ Pisania sur la Gambie au mois d'avril 1805. Il parcourut le Bambouk, le Gangaran, le Fouladougou, le Bélédougou, à peu près par la route que suivirent la mission Gallieni en 1880 et la colonne Borgnis-Desbordes trois ans après. Le voyageur anglais était parti au commencement de la nouvelle saison; on ne connaissait pas la quinine à cette époque, et la fièvre décima l'expédition. Sept seulement, parmi les Européens, virent le Niger à Bammako. Les maladies et la mort continuèrent leur œuvre, et à Ségou, où Mansong le reçut amicalement cette fois, Mungo-Park perdit son dernier compagnon, son beau-frère Anderson. Resté seul, il ne perdit pas courage; il s'obstina avec une admirable énergie à la poursuite du but qu'il s'était proposé. Avec l'aide de quelques ouvriers nègres, il construisit une embarcation qu'il appela « Sa Majesté le Dioliba », et se lança résolument vers l'est en suivant le cours du Niger. Depuis il disparut. Toutes les recherches que l'on a faites pour retrouver ses papiers sont restées infructueuses; elles nous ont seulement appris qu'il avait réussi à dépasser Tombouctou, le Aouélimmiden et à pénétrer dans le Yaouri. Dans ce pays, il eut quelques difficultés avec le roi; il n'en continua pas moins à descendre le fleuve et périt vers Boussa sans que l'on puisse assurer s'il se noya dans les rapides ou s'il fut assassiné par les indigènes.

Le nom de Mungo-Park est resté célèbre. Il est pour les voyageurs un modèle de vigueur et d'indomptable ténacité. Le récit de son premier voyage est populaire en Angleterre, grâce à la plume élégante d'un écrivain distingué de son temps, qui le rédigea. La précision de certains détails de mœurs, la couleur locale ont souffert de cette intervention étrangère, malgré l'esprit d'observation et la sincérité qui distinguaient le voyageur.

Après Mungo-Park, de nombreuses tentatives furent faites pour arriver au Niger et traverser le Soudan. Celles de Gray et Dochard (1816-1817), de Beaufort (1824), de Gordon-Laing (1826) sont les plus connues. Aucune ne réussit jusqu'à René Caillié. Celui-ci était Français; épris de voyages, il s'embarqua pour Saint-Louis, avec le vif désir de se faire un nom en traversant le Soudan et le Sahara par Tombouctou jusqu'à la Méditerranée. Mais il avait peu d'instruction et encore moins de ressources. Il réussit néanmoins à intéresser à ses projets le gouverneur du Sénégal, le baron Roger, et d'autres fonctionnaires. L'expérience de Mungo-Park, la férocité des Maures qu'il lui fallait braver, lui inspirèrent l'idée d'un déguisement qui lui permît de traverser impunément ces contrées inhospitalières.

Il alla d'abord passer de longs mois chez les Maures Braknas, se donnant pour un chrétien qui désirait embrasser la religion musulmane. Chaudement recommandé à quelques chefs influents, il put vivre chez ces tribus ; mais ce ne fut pas sans souffrances, ni sans avoir à subir, malgré la protection des chefs, des privations et des tracasseries sauvages. Il put cependant à force de patience apprendre la langue et connaître en détail les usages des Maures.

Quand il revint à Saint-Louis, il était prêt à entreprendre son voyage, il ne lui manquait qu'une chose : l'argent. Il obtint un petit emploi, puis fit un peu de trafic à Sierra-Leone, et, quand il se trouva possesseur d'environ *deux mille francs*, il acheta une pacotille et s'embarqua pour le Rio-Nunez. Il partit de Kakandi en 1827, avec une caravane de Dioulas qui allaient dans le Ouassoulou. Il voyageait habillé comme les indigènes et se donnait pour un Arabe fait autrefois prisonnier en Égypte par les Français et qui essayait maintenant de rejoindre son pays. Cette fable grossière trompa à peu près les nègres à qui il eut affaire. Il traversa facilement le Fouta-Diallon et le Sankaran que dépeuple aujourd'hui Samory ; mais dans le Ouassoulou la fièvre, les ulcérations des jambes et enfin le scorbut l'arrêtèrent pendant cinq ou six mois à

Sambatikila. Lui aussi, comme Mungo-Park, ce fut une femme qui le sauva. Une bonne vieille le garda dans sa case, le nourrit, le soigna de son mieux jusqu'à ce qu'il guérit. A peine convalescent, il se remit en route, toujours à la suite de caravanes, assez bien traité des indigènes à qui sa qualité de Maure imposait. En février 1828, il arriva à Djenné, d'où, peu de temps après, grâce à la protection de quelques notables commerçants maures, il partit pour Tombouctou par le fleuve. Malgré les ordres de ses protecteurs, la navigation lui fut très pénible. Il voyageait à bord d'une pirogue pontée faisant eau de toutes parts et que l'on était obligé de vider constamment. De plus, elle était des plus fragiles; trop chargée de marchandises, la moindre agitation des eaux l'arrêtait ainsi que la flottille dont elle faisait partie, et causait souvent des désastres. Les navigateurs avaient encore à surmonter des embarras plus graves : les bords du Niger étaient infestés de Touaregs qui suivaient les pirogues et les arrêtaient pour leur imposer des contributions de tout genre. Notamment il était d'usage de nourrir tous ces faméliques, et les chefs de pirogue avaient emporté des sacs de riz de Djenné en vue de ces réquisitions.

Et c'était encore peu de chose au prix de ce qu'ils craignaient. Ils forçaient Caillié à se tenir caché tout le jour au fond du bateau, dans une atmosphère infecte et étouffante, afin que les Touaregs ne pussent pas le voir, parce que, si les pillards s'étaient doutés qu'ils avaient un Maure à bord, ils auraient été bien plus exigeants; à leurs yeux, en effet, tous les Maures sont riches et doivent payer gros pour passer. Le malheureux voyageur, suffoquant au fond de son étroite prison, ne pouvait en sortir que la nuit pour respirer un peu d'air frais.

C'est après une vingtaine de journées de souffrances et de dangers de toute sorte qu'il arriva à Kabra, le port de Tombouctou sur le Niger.

« Vers une heure de l'après-midi, on vint m'avertir que je pouvais sortir de ma prison, les Touaregs étaient restés derrière. Je m'empressai de monter sur le pont. Je n'aperçus autour de moi que des marais inondés et couverts d'oiseaux aquatiques.

« De ces immenses marais, la vue se porte sur le village de Kabra, situé sur une petite montagne qui le préserve de l'inondation....

« Je remarquai dans les rues un assez grand concours de peuple et de marchands; les uns se promenaient, les autres cherchaient à vendre leurs marchandises, consistant en poissons, lait, noix de colas, pistaches, etc. Je vis beaucoup de marchandes, et j'achetai à l'une d'elles un peu de lait et un pain fait de farine de froment, qui me coûta vingt cauris. Je fis avec cela un bon déjeuner, car je n'avais rien pris de tout le jour. La marchande de lait ne me parut pas d'une très grande probité, car elle voulut me faire payer deux fois sa marchandise; j'avais eu la maladresse de la payer d'avance, et il est d'usage dans le pays de mettre la valeur de ce qu'on achète sur la corbeille où sont posées les marchandises, et la marchande ne ramasse sa monnaie qu'après avoir délivré ce qu'elle vend. »

Voilà avec quelle simplicité tout le récit devrait être écrit. Malheureusement Caillié, pas plus que Mungo-Park, n'a rédigé ses notes lui-même. Ce fut Jomard qui se chargea de ce soin; bien des passages portent la marque de l'écrivain qui n'a pas vu ce qu'il décrit.

Le jour même de son arrivée à Kabra, le voyageur partit pour Tombouctou, qui est distant du fleuve de huit milles au nord.

« Enfin nous arrivâmes heureusement à Tombouctou au moment où le soleil touchait à l'horizon. Je voyais donc cette capitale du Soudan qui depuis si longtemps était le but de tous mes désirs. En entrant dans cette cité mystérieuse, je fus saisi d'un sentiment inexprimable de satisfaction. (Ici quelques banalités morales de Jomard.)

« Je trouvai que le spectacle que j'avais sous les yeux ne répondait pas à mon attente; je m'étais fait de la grandeur et de la richesse de cette ville une tout autre idée. Elle n'offre au premier aspect qu'un amas de maisons en terre, mal construites; dans toutes les directions, on ne voit que des plaines immenses de sable mouvant, d'un blanc tirant sur le jaune et de la plus grande aridité. Le ciel à l'horizon est d'un rouge pâle; tout est triste dans la nature, le plus grand silence y règne, on n'entend pas le chant d'un oiseau..... » (Encore du Jomard.)

Remarquez que ces réflexions sont faites en entrant dans la ville, le soir, à l'heure où, d'après ce qui est dit plus loin, les habitants, la chaleur du jour passée, sortent dans les rues et vont se promener aux environs de la ville.

Ces défauts, bien que choquants, n'enlèvent rien au mérite de l'intrépide voyageur; du reste, il n'en est pas responsable.

Ce qui est plus fâcheux, c'est que Caillié, comme nous l'avons dit, n'était pas instruit et que ses informations présentent souvent des lacunes; il a confondu les races des pays qu'il a traversés; il en a parlé, non pas en voyageur qui possède des vues d'ensemble, qui sait comparer et saisir les traits essentiels particuliers à chacune d'elles, mais en observateur superficiel, ne portant pas la vue au delà du cercle étroit où il se meut chaque jour. D'après lui, Jomard n'a vu et n'a pu voir dans tout le bassin du Haut-Niger qu'un fouillis d'hommes sans lien commun, qu'une mêlée confuse de noms qui ne représentaient rien à son esprit.

Caillié ne séjourna que quelques jours à Tombouctou. Il y vécut assez bien, grâce à un chérif qui l'avait pris en amitié dès son arrivée et qui lui facilita les moyens de traverser le désert pour gagner le Maroc.

Il partit avec une nombreuse caravane; mais, malgré tous les soins de son protecteur pour le mettre à l'abri de la rapacité et des tracasseries des chameliers, il eut à endurer en route, de la part de ses compagnons, des souffrances auprès desquelles ses maux passés lui semblaient doux. Il voyageait avec des Maures du désert, dont la dureté et la mauvaise foi nous sont déjà connues. Et notre voyageur passait pour Maure lui-même! mais il était étranger et pauvre. Enfin il parvint au Maroc, à Tanger, d'où, grâce au consul de France, il fut rapatrié!

Une dernière amertume lui était réservée en Europe. On douta de sa véracité, on le traita d'abord d'imposteur, surtout en Angleterre, où l'insuccès funeste du major Laing troublait encore les esprits. Mais il fut vivement défendu par la Société de géographie de Paris, par Jomard, d'Avezac et d'autres bons esprits, et tout le monde rendit bientôt justice à ce héros si modeste et si persévérant.

Le brillant succès de Caillié encouragea d'autres voyageurs; on tenta de nouveaux essais de pénétration vers ce Niger encore si peu connu. L'expédition la plus intéressante fut celle de Raffenel, bien qu'elle n'ait pas abouti.

Anne Raffenel était officier du commissariat de la marine et avait fait en 1842 et 1843 une exploration remarquable du pays compris entre Bakel et la Gambie. C'était un homme instruit, énergique, plein d'ardeur et de foi, qui avait toutes les qualités pour mener à bien une entreprise de ce genre. Il était parti avec de grands projets et il comptait, non seulement visiter le bassin du Niger, mais encore pousser ses explorations jusqu'au Soudan central et même traverser l'Afrique jusqu'à la côte orientale, si ses forces ne le trahissaient pas en route (1846).

« Mais, disait-il lui-même avant de partir, on ne traverse pas l'Afrique par cela seul qu'on est résolu à le tenter. »

Il devait en faire trop tôt la dure expérience.

Après mille embarras que lui suscitèrent la mauvaise volonté et l'apathie des chefs des environs de Bakel, il aborda enfin le Kaarta. Ce pays était gouverné, comme au temps de Mungo-Park, par les Kourbaris, une famille de Bambaras. La capitale était Koghé, près de la ville actuelle de Niogoméra. Le roi Mahmadi Siré ne lui permit de continuer sa route qu'après lui avoir imposé de lourds sacrifices en marchandises de toute espèce ; puis, au moment où, sur la frontière du Kaarta, il se croyait à l'abri de ses atteintes, à la veille d'arriver au Niger, il fut arrêté, ramené de force à Foutobi, où il demeura prisonnier pendant huit mois, toujours volé et souvent malade. Délivré par un caprice du potentat nègre et ramené vers la frontière sur le Sénégal à travers des dangers sans cesse renaissants, il regagna péniblement Bakel, où il arriva exténué, hors d'état de reprendre son voyage dans une autre direction. Son insuccès l'avait fortement affecté et il s'écriait :

« Être parvenu au dernier village du Kaarta, à trois journées de marche de Ségou, à quinze de Tombouctou, et m'en retourner ainsi mystifié, bafoué, dupé par ces coquins ! Maintenant viennent les critiques, viennent les amertumes ! On dira que j'ai manqué de prudence, que j'ai eu tort de croire à la foi d'un roi sauvage ; on dira que je devais prendre une autre voie. Ah ! qu'il est facile de juger un événement accompli, et combien il est aisé de prouver... qu'une entreprise n'a pas réussi. »

Les deux volumes que Raffenel a publiés sur son dernier voyage abondent en documents intéressants, en observations variées et surtout en légendes, dont quelques-unes peuvent donner une vague idée de l'histoire du pays au dernier siècle. Son originalité propre consiste dans les grandes vues de colonisation qu'il a développées avec hardiesse et dont l'exécution est commencée aujourd'hui.

Pour lui, le but à atteindre, c'est la régénération de l'Afrique par la France, régénération coûteuse d'abord, profitable ensuite et toujours glorieuse. Les Africains eux-mêmes doivent en être les agents, instruits et dirigés par nous. La première plaie à extirper du pays est la traite des esclaves, car c'est ce trafic qui dépeuple ces régions et les laisse improductives.

Raffenel semble croire que l'exportation des esclaves sur la côte était l'unique cause du dépeuplement, des guerres et de la pauvreté du pays. Il ne parle pas de la traite des esclaves qui se fait dans l'intérieur même, d'une région à l'autre, commerce très actif qui suffit à lui seul pour accumuler sur ces malheureuses populations tous les maux dont elles souffrent, et pour entretenir les guerres qui les déciment. Maintenant que l'exportation des esclaves ne se fait plus, au moins hors du Soudan occidental, c'est à la traite intérieure qu'il faut s'attaquer. Mais, pour supprimer ce dernier trafic, les difficultés sont bien plus considérables.

Pour mettre fin à ces guerres perpétuelles et extirper l'esclavage du pays, notre voyageur propose, comme nous l'avons dit, des Africains même pour agents. Mais, connaissant les nègres, il ne se fait pas illusion sur les premiers moyens d'action que nous devons employer afin d'y arriver sûrement et rapidement.

Il expose d'abord qu'il faudra des écoles pour former les maîtres et ouvriers dont nous aurons besoin.

« Mais, dit-il ensuite, les maîtres et les ouvriers, formés à vos écoles, suffiront-ils?

— Non, il faudra aussi des soldats, parce qu'il faut nous faire craindre si nous voulons être respectés; parce qu'il faut nous faire respecter, si nous voulons être aimés, parce qu'enfin les barbares ne comprennent que la force... Et c'est à l'Afrique que je demanderai des soldats, de même que je lui demande des ouvriers. »

Raffenel voyait juste, et l'expérience de ces trois dernières années l'a prouvé amplement.

Voici des souhaits qui, après trente ans, sont en partie réalisés :

« Dans dix ans nous pouvons déployer, au milieu de l'Afrique, le pavillon de la France et montrer aux yeux ravis des nègres un bateau à vapeur, pour eux merveille et mystère, cause de terreur et d'admiration.

« Dans vingt ans nous pouvons avoir des relations permanentes entre l'Algérie et l'Afrique centrale et exercer sur cette immense contrée un protectorat salutaire pour la civilisation de ses habitants et profitable à nos intérêts commerciaux.

« Et tout cela est simple, facile, réalisable avec trois choses : de la *volonté*, de la *persévérance* et trois millions par an. »

Enfin il n'oublie pas un moyen d'action puissant dans ces contrées sauvages, le moyen le plus propre à enrayer les progrès toujours croissants de l'islamisme et à nous donner une influence morale considérable sur la population. C'est la propagande religieuse. Les missionnaires du Sénégal n'ont pas encore paru dans le Haut-Niger [1].

Ajoutons toutefois que des missionnaires européens ne pourraient pas, quand même le climat leur permettrait un long séjour dans cette contrée, avoir une grande influence sur l'esprit des nègres. A toutes les recommandations qu'ils reçoivent de nous, à tous nos enseignements, à l'expérience même, ils répondent invariablement :

« Ce qui est bon pour le blanc n'est pas bon pour le nègre. »

Ce sont donc des apôtres indigènes que la mission du Sénégal devrait s'attacher à former, pour les envoyer ensuite dans le Haut-Pays où ils pourraient convertir les peuples fétichistes. Car, pour ceux qui sont déjà musulmans, il n'y a pas à espérer qu'on pourra jamais les amener au christianisme, c'est-à-dire à l'acceptation franche et définitive de notre domination. Au Soudan, comme en Algérie, notre ennemi c'est l'islamisme.

Ces projets si hardis, ces plans si vastes, recevaient un commencement d'exécution au moment même où Raffenel en traçait l'esquisse. Le colonel Faidherbe venait d'être nommé gouverneur du Sénégal. Les mêmes idées l'avaient frappé et le même but lui semblait désirable à atteindre. Seulement l'homme d'action, limité d'ailleurs dans les moyens dont il disposait, en modifiait l'application suivant

---

[1]. Quelques-uns, dit-on, viennent d'y être envoyés (1884).

les lieux et les circonstances. Avant que notre influence s'étendît sur le Soudan occidental, comme le demandait Raffenel, il fallait l'affermir au point de départ, aux environs de Saint-Louis et sur le Sénégal : il fallait d'abord imposer la paix et le respect de nos alliés aux Maures de la rive droite et à quelques princes wolofs. Ce furent les premiers travaux du nouveau *gouverneur* : pendant ce temps les explorateurs parcouraient la Sénégambie, des écoles se fondaient à Saint-Louis, notamment une école dite des otages, où les fils des chefs nègres et quelques jeunes gens intelligents de différents pays apprenaient notre langue, se faisaient à nos usages et rapportaient ensuite dans leurs villages nos idées et notre civilisation. Cette école, malheureusement supprimée depuis, nous a donné nos meilleurs interprètes ; les fils des chefs que nous y avons élevés sont devenus plus tard nos alliés les plus fidèles. Un corps de troupes indigènes fut créé et il formait aussi comme une école plus nombreuse, où les nègres, à notre contact, apprenaient à nous aimer et à apprécier tout le bien que nous pouvions faire à leur pays. Ces tirailleurs nous ont en outre rendu, au point de vue militaire, les services les plus signalés et ils nous sont maintenant devenus indispensables.

C'était là la plus sûre manière de préparer l'avenir et de faire avancer ces peuples vers la civilisation. Mais, en même temps, le gouverneur ne perdait pas de vue le Niger et cherchait les moyens d'y faire arriver peu à peu notre drapeau et notre commerce. En 1855, obligé de défendre nos établissements menacés par les Toucouleurs, il fondait le poste de Médine dans le Khasso, qui reculait notre occupation à quarante lieues au delà de Bakel. Enfin, par ses soins, le lieutenant de vaisseau Mage était chargé d'une mission importante vers le Niger.

Ce voyageur, auquel fut adjoint le docteur Quintin, médecin de la marine, devait atteindre le grand fleuve et se mettre en relation avec Al-Hadj Oumar, le prophète toucouleur qui venait de conquérir le Ségou. Mage avait déjà fait en 1857 un voyage très remarqué sur la rive droite du Sénégal, au nord de Matam. Il était digne en tout point de la confiance que le général Faidherbe avait en lui. Six ans s'étaient écoulés depuis le siège de Médine, qui avait eu à se défendre contre les troupes d'Al-Hadj Oumar; nous vivions en paix alors avec les Toucouleurs rejetés vers le Niger. Tout faisait espérer que le prophète accueillerait favorablement nos ouvertures et que, la paix solennellement faite, il permettrait à nos traitants d'aborder son nouvel empire. Munis des instructions du gouverneur, Mage et Quintin partirent de Médine à la fin de l'année 1863. Leur premier projet était de remonter le Sénégal tant qu'il serait navigable, avec un canot, et, arrivés à ce point extrême du fleuve, se diriger vers le point le plus proche du Niger, qu'ils descendraient aussi loin que possible. On ne connaissait alors que vaguement les événements militaires qui bouleversaient l'état politique du Haut-Sénégal et du Niger. On savait seulement que la guerre était à peu près générale et que les Toucouleurs avaient presque partout l'avantage.

Les deux voyageurs pénétrèrent hardiment au milieu de ces peuplades qu'agitait furieusement la tempête de l'invasion musulmane. Ils surent, à force d'énergie, aller droit leur chemin, et rien ne les arrêta, ni l'apathie des chefs, ni la méfiance des indigènes, ni même les menaces.

Ils visitèrent aussi Bafoulabé, Koundian, qui, à cette époque, était une forte place toucouleur. Puis, abandonnant le cours du Sénégal et leur canot, ils arrivèrent au pays de Kita. Rejetés vers le nord par la guerre du Bélédougou en révolte contre Al-Hadj Oumar, ils traversèrent le Kaarta-Biné, le Diangounté et arrivèrent enfin à Niamina sur le Niger.

« Je m'étais attendu, d'après Mungo-Park, dit Mage, à une nappe immense d'eau. Le Niger, aux plus hautes eaux, mesure plus de deux mille mètres de large, et maintenant, resserré entre deux berges de sable, il n'avait guère que six cents mètres. Je fus désappointé. »

Les voyageurs continuent leur chemin par eau et arrivent en face de Ségou-Sikoro.

« De là nous apercevions Ségou-Sikoro en entier. Sa haute muraille grise, élevée sur le bord de la berge, dominait une plage rocheuse, littéralement couverte de population. Il y avait là des femmes en quantité se baignant, lavant, puisant de l'eau dans des calebasses ; les unes s'en allaient isolément, les autres en file et en ordre, conduites par un chef de captifs. Mais ce qui me frappait le plus, c'était le bruit de tout ce monde que nous entendions à travers le fleuve et une animation que je n'avais jamais vue depuis mon départ de Saint-Louis et à laquelle on peut à peine, dans cette ville, comparer le quai de la pointe du nord lorsque les laveuses y viennent en foule. »

Voilà un tableau d'une vérité frappante, où rien ne détonne, parce que celui qui le traçait l'avait vu et le revoyait encore en le décrivant. Toute la relation est écrite ainsi, sans recherche et avec une sincérité frappante.

Ils traversent le Niger, entrent à Ségou et sont admis aussitôt en présence d'Ahmadou, fils d'Al-Hadj Oumar et roi de Ségou. Mage voulait arriver jusqu'au prophète et discuter avec lui-même les conditions d'un traité de paix et de commerce. Mais Ahmadou le retint à Ségou. Son père était parti depuis longtemps pour le Massina ; ce pays, d'abord soumis, venait de se révolter. Le prophète était coupé de Ségou; même il était assiégé dans Hamdallahi et il ne devait pas tarder à périr mystérieusement à la prise de la ville par les rebelles.

Nos voyageurs étaient à Ségou lorsque ces événements se passaient dans le Massina, mais ils ne les connurent que bien plus tard et par des indiscrétions de fugitifs que le roi faisait étroitement surveiller afin d'empêcher la vérité de se divulguer. La vérité était en effet terrible pour les Toucouleurs : après tant de brillantes victoires, leur empire était si fragile qu'au premier mouvement de révolte des vaincus, ils perdaient le Massina et avec lui leurs meilleurs soldats, leurs chefs les plus renommés, le prophète lui-même.

Le roi s'était donc refusé à laisser les deux officiers continuer leur voyage, mais il avait consenti à traiter lui-même avec eux. Ce ne fut pas sans de longues et douloureuses alternatives de crainte et d'espoir. A certaines époques, la route de retour leur semblait fermée, Ségou lui-même était menacé par les Bambaras toujours en armes : ils durent attendre plus de deux ans dans cette capitale que le roi voulût bien leur donner les moyens de regagner le Sénégal.

Ils eurent ainsi le temps d'étudier dans leurs détails les mœurs et la situation politique du pays qui était devenu leur prison. A part la question de retour, la bonne volonté du roi ne leur fit jamais défaut. Ils l'accompagnèrent même dans différentes expéditions et assistèrent aux combats des Toucouleurs, prenant leur part des dangers et des souffrances, celles-ci d'autant plus grandes que l'organisation militaire de ce peuple est tout à fait rudimentaire. Ils purent donc en voir de près les qualités et les vices et la juger à bon escient. La faiblesse de cet empire qui imposait si fort de loin, ses causes de décadence prochaine, Mage les a pénétrées avec une sûreté et une justesse de vue qui ont surpris ceux qui plus tard ont suivi ses traces. Le caractère même des personnages qu'il a connus, leurs procédés favoris, Gallieni et ses compagnons de voyage les ont retrouvés quinze ans plus tard tels que la relation de Mage les leur avait déjà fait connaître.

C'est le plus bel hommage que l'on puisse rendre à ces voyageurs consciencieux que leur sang-froid et leur esprit d'observation n'ont jamais abandonnés, même au milieu des plus dures épreuves. Ils ont laissé de ce pays un tableau qui reste vrai aujourd'hui encore, malgré le temps et les événements.

La question de l'occupation du Haut-Niger sembla abandonnée pendant une quinzaine d'années. Elle fut reprise par le général Brière de l'Isle, qui, à la fin de son gouvernement, en dirigea les premiers travaux. Les idées du général Faidherbe s'étaient popularisées, grâce aux études de M. Duponchel et au besoin d'extension coloniale qui s'est emparé de notre pays. Le problème de la pénétration au Soudan, discuté et abordé, fut l'objet d'un rapport de l'amiral Jauréguiberry, qui, en septembre 1879, proposait au Parlement de commencer des travaux destinés à opérer la jonction du Sénégal au Niger par une voie ferrée.

La mission Gallieni montra la route à suivre, en 1880. Le colonel Borgnis-Desbordes parvint ensuite en trois campagnes jusqu'au Niger, construisant des postes à mesure qu'il avançait, pour assurer à la fois son ravitaillement et la pacification du pays.

Aujourd'hui, les couleurs françaises sont arborées à Bammako sur les rives du grand Fleuve des Noirs [1].

1. Voir *La France dans le Soudan Occidental* (Ministère de la marine), Paris, Challamel.

MÉDINE

MÉDINE

Le prophète Al-Hadj Oumar. — Son voyage à la Mecque. — Retour dans le Fouta-Diallon. — Conquête du Kaarta. — Le Khasso est menacé. — Duranton et Sadioba. — Sambala. — Fondation du poste de Médine. — Paul Holle. — Siège entrepris par les Toucouleurs. — Prise de l'îlot. — Blocus du village et du fort. — Héroïsme des défenseurs de Médine. — Leur délivrance.

Oumar naquit à Aloar, près de Podor, vers 1797. Il appartenait, par son père, à la race des Phouls, qui, par leurs croisements avec la race indigène, ont donné naissance aux métis que nous appelons Toucouleurs [1] au Sénégal. Ils sont aujourd'hui musulmans fervents; le père d'Oumar était un marabout estimé; de bonne heure il enseigna l'arabe à son fils et lui fit connaître les livres sacrés de sa religion.

Le jeune Talibé [2] était très bien doué; il parlait avec éloquence et il était à peine arrivé à l'âge

---

1. Voir l'Aperçu historique.
2. Ce mot à l'origine s'appliquait aux élèves des marabouts; il a été étendu ensuite à tous les guerriers toucouleurs.

d'homme que sa réputation de savant s'était répandue assez loin autour de son village. On raconte même qu'un vieux marabout, à qui son père était allé rendre visite, accompagné d'Oumar, ayant interrogé le jeune homme, avait été émerveillé de ses réponses et avait dit aux assistants :

« Regardez bien cet enfant : ce sera notre maître à tous. »

Mais Oumar ne devait pas se contenter de briller sur un petit théâtre : son ambition était grande et, pour se mettre tout à fait hors de pair, il conçut le projet de faire le pèlerinage de la Mecque. Certes son énergie ne devait pas être commune pour qu'il ait seulement tenté une pareille entreprise. Il accomplit pourtant ce long voyage, semé de dangers sans nombre; il vécut d'aumônes, vendit des amulettes, obligé quelquefois de s'arrêter de longs mois pour s'assurer les moyens de continuer sa route.

Il traversa ainsi l'Afrique dans sa plus grande largeur, passa par Tombouctou, le Haoussa, le Bornou et enfin arriva en Égypte et séjourna quelque temps au Caire. Il avait été frappé pendant son voyage de l'état d'avilissement où vivaient certains peuples du Soudan, car il se plaisait à dire plus tard que, jusqu'au Bornou, il avait vu, non des hommes, mais des moutons. Après avoir fait ses dévotions à la Mecque, le retour lui fut relativement facile. Sa qualité d'Al-Hadji (pèlerin) lui attirait les faveurs des princes musulmans qui déjà, à son premier passage, avaient appris à l'estimer.

Au Bornou, au Haoussa, il fut reçu avec les plus

grandes marques de distinction, et le roi de ce dernier pays lui donna une de ses filles en mariage, espérant ainsi l'attacher à sa personne. Oumar séjourna quatre ou cinq ans près de ce chef; mais lorsque son frère, Samba Ahmadou, vint le chercher, il continua sa route vers le Sénégal.

Il était déjà riche alors : la générosité des chefs, le commerce des amulettes, l'affluence des Talibés qu'attirait son renom de science et de sainteté, lui avaient permis de monter sa maison sur un pied très honorable. Il avait dès lors acquis ces esclaves qui devaient être plus tard ses lieutenants les plus dévoués.

Oumar ne revint pas sur les bords mêmes du Sénégal, gêné peut-être par notre présence. Il s'arrêta dans le Fouta-Diallon, dont le roi l'accueillit avec beaucoup d'honneurs et lui donna à Diégunko de vastes terrains pour y établir sa demeure. De toutes parts, des prosélytes ardents accoururent, avec lesquels il chercha à se créer un noyau de partisans dévoués pour le seconder dans l'entreprise qu'il méditait. Il commença à parler de sa mission divine, de la guerre qu'il fallait faire aux infidèles, pendant que, par un commerce actif et fructueux avec les comptoirs de la côte, il amassait de grandes quantités d'armes et de munitions. Enfin, un voyage de prédications qu'il fit dans les pays de la rive gauche du Sénégal, porta le nombre de ses fidèles à celui d'une armée et il se trouva prêt (1850).

C'est dans le Fouta-Diallon qu'il remporta ses premiers succès. Il s'y établit ensuite d'une manière solide en faisant de Dinguiray une place forte capable de tenir tête à toutes les armées du pays. De là il poussa ses conquêtes dans les pays mallinkés du Haut-Sénégal, puis, franchissant le fleuve, il se jeta sur le Kaarta. Son armée se composait de la partie de la population toucouleur la plus turbulente et la plus aguerrie; chaque victoire la rendait plus nombreuse, plus ardente à la lutte et au pillage; conduite par un tel chef, elle était irrésistible. Le Kaarta, malgré sa vieille réputation guerrière, fut vaincu dans plusieurs combats, et ses villes principales, par la force ou par la ruse, tombèrent au pouvoir du prophète.

La conquête était accompagnée d'exécutions sauvages, et il est même difficile de donner le nom de guerre à une invasion de cette nature. C'était plutôt le passage d'une horde de pillards, comme l'Europe en a vu aux ve et vi^e siècles. Le plus souvent, quand les vainqueurs s'abattaient sur un village, si florissant qu'il fût, ils ne laissaient à leur départ qu'un monceau de ruines. Ils emportaient tout, jusqu'aux calebasses. Les femmes et les enfants devenaient esclaves, tous les hommes faits étaient exterminés : la région habitée, cultivée jusqu'alors, devenait un désert, et, dès l'année suivante, les hautes herbes avaient poussé, qui cachaient même les ruines. Ces terribles agents de destruction n'accomplissaient pas leur œuvre uniquement par cruauté. C'était surtout par système. Ils ne savaient régner que par la terreur et gouverner que par le pillage : les autres moyens de domination leur étaient et leur sont encore inconnus. Ils n'essayaient même pas de convertir les vaincus; ils les méprisaient trop pour cela.

Ces conquêtes si rapides et si brillantes avaient eu leur contre-coup dans le Fouta et avaient surexcité au plus haut point le fanatisme des musulmans. Les Toucouleurs n'avaient jamais été nos amis sincères; ils toléraient notre présence sur le Sénégal parce qu'ils étaient les moins forts; mais quand ils sentirent quelle puissance l'unité et l'enthousiasme religieux pouvaient leur donner, ils ne déguisèrent plus leur haine : nous étions doublement leurs ennemis, comme étrangers et comme chrétiens. Le prophète, jusqu'alors très réservé à notre égard, enivré peut-être lui-même par ses succès, rompit toutes les relations amicales qu'il avait entretenues jusqu'alors avec le gouvernement du Sénégal. Il inonda tout le pays, depuis Bakel jusqu'à Saint-Louis, de lettres pieuses et d'exhortations enthousiastes; il déclara qu'il nous combattrait jusqu'à ce que nous soyons chassés ou soumis, et proclama la guerre sainte contre les Français. Il avait même des amis à Saint-Louis et il leur écrivait :

« Je me sers de la force et je ne cesserai que lorsque la paix me sera demandée par votre tyran qui devra se soumettre à moi.

« ... Quant à vous, enfants de Ndar (Saint-Louis), Dieu vous défend de vous réunir aux infidèles. »

Podor fut menacé; Bakel, la seule grande escale que nous eussions alors dans le Haut-Sénégal, s'était révolté; la moitié du village avait fui; nos traitants étaient pillés le long du fleuve, et tout commerce était devenu impossible.

Al-Hadji était encore dans le Kaarta dont il achevait la conquête, mais déjà le Khasso était attaqué ; son roi Sambala, notre allié depuis de longues années, ne pouvait plus se défendre contre les incursions des Toucouleurs.

L'amitié qui liait les Khasso-nkés aux Français datait de plus de vingt ans, et son origine mérite d'être racontée.

Lorsque les Khasso-nkés furent rejetés par les Bambaras sur la rive gauche du Sénégal, vers 1810, Médine était devenue leur capitale. Ce choix, raisonnable au point de vue commercial, était mauvais au point de vue militaire. Le village est situé au bord du fleuve, sur la frontière, trop souvent exposé aux insultes de ses voisins ; les environs n'étaient pas sûrs, et les habitants vivaient au milieu d'alertes continuelles, car les Bambaras franchissaient facilement le Sénégal et faisaient de fréquentes razzias sous les murs mêmes du village. Le Khasso, habité par une population moins brave et moins nombreuse que ses ennemis, était destiné à disparaître comme nation dans un avenir prochain, lorsque, vers 1830, il arriva dans ce pays un homme qui sembla rendre aux indigènes une vigueur toute nouvelle et parvint à retarder, sinon à conjurer complètement, la ruine de leur nation. C'était un Français nommé Duranton, que le hasard avait conduit au Sénégal et que ses goûts aventureux avaient poussé vers l'intérieur de l'Afrique.

Duranton était un homme énergique et résolu, robuste et capable de résister, autant que peut le faire un Européen, aux pernicieuses influences du climat. De plus, il était physiquement doué de qualités propres à imposer à ces sauvages : il était d'une haute taille et d'une force musculaire peu commune. Il se trouvait à Médine au moment d'une de ces incursions de Bambaras qui effrayaient tant la population. Le Français fit honte aux chefs de leur inaction, leur montra que c'était leur lâcheté qui faisait toute la force de leurs ennemis, puis, ayant su grouper autour de lui quelques indigènes plus braves que les autres et quelques matelots noirs qui lui étaient dévoués, il se mit à la poursuite des pillards, les battit et les força de repasser le fleuve en désordre après leur avoir tué du monde.

A partir de ce jour, il devint l'ami, le conseiller indispensable du roi du Khasso, Awa Demba. De son côté, il ne songeait pas à quitter Médine. Ce qui l'y retenait, c'étaient moins les prévenances et les libéralités du roi, que l'amour qu'il avait conçu pour une de ses filles. Celle-ci s'appelait Sadioba; s'il faut en croire Raffenel, qui l'a vue lorsqu'elle était encore assez jeune, elle était très belle, réalisant dans toute sa perfection le type de la race phoule dont sa famille était issue.

« Sadioba est un exemple frappant de cette supériorité physique et morale des classes privilégiées; elle a les traits réguliers et distingués, des pieds et des mains d'une finesse remarquable; elle est mince et bien faite, extrêmement gracieuse, d'une physionomie douce et bienveillante qui séduit. Malgré son teint cuivré, sa figure présente le type caucasique. »

L'amour de Duranton pour la belle princesse fut assez puissant pour le fixer à Médine. Awa Demba s'estima heureux de garder près de lui un tel homme et lui donna sa fille en mariage. Dès lors l'étranger fut le vrai roi du Khasso. Il réprima, tant qu'il vécut, les incursions des Bambaras et mit tous ses soins à gagner, pour son pays d'adoption, l'amitié et la protection de la France. Il sut inculquer à sa nouvelle famille, à l'égard des Européens, des sentiments de sympathie et de reconnaissance qui devaient être inaltérables.

Son beau-frère Sambala, qui succéda à Awa Demba, continua, même après la mort de Duranton, à suivre cette ligne de conduite, et, malgré ses embarras politiques, ses guerres nombreuses avec les Bambaras et ses malheurs, il se montra toujours notre ami fidèle et comme notre vassal.

Il était trop faible pour résister avec ses seules forces à l'armée du prophète Oumar. Les Toucouleurs parcouraient le Khasso en maîtres sans qu'il osât protester. Mais, un jour, ils pillèrent des traitants de Saint-Louis arrivés à Médine pour y trafiquer; Sambala s'adressa au prophète pour leur faire rendre leurs marchandises; il lui offrit même de le dédommager en lui donnant cent esclaves à la place de ce qui avait été volé. Al-Hadji, impatienté, le menaça de mort s'il persistait dans ses requêtes : Sambala, réduit à l'impuissance, attendit les événements.

En présence du soulèvement général des Toucouleurs et de l'effervescence qui régnait chez toutes les peuplades nègres, le moindre signe de faiblesse de la part du gouvernement français pouvait être fatal à notre autorité, et ruiner totalement notre commerce et nos escales; le poste de Bakel, qui était au plus fort du danger, devait être renforcé. Lorsque le colonel Faidherbe apprit le pillage dont nos traitants avaient été victimes dans le Khasso, il remonta le fleuve jusqu'à Médine, s'assura du dévouement de Sambala et répondit à l'attaque des Toucouleurs par la construction d'un nouveau poste (septembre 1855). En vingt jours, six cents ouvriers élevèrent un petit fort, et le gouverneur ne rentra à Saint-Louis que lorsqu'il l'eut mis en état de défense. C'est ainsi que la nécessité de tenir tête à l'invasion musulmane, à défaut d'autres besoins, nous obligeait d'étendre notre action à 150 kilomètres plus loin que Bakel, jusqu'à la limite extrême de la navigation du Sénégal. De plus il fallait surveiller le Fouta et relier Bakel à Podor, qui en est éloigné de 250 milles environ; on construisit donc deux petits postes intermédiaires, les deux tours de Matam et de Saldé.

La guerre de razzias et d'escarmouches continua l'année suivante (1856) avec des fortunes diverses; nos alliés, soutenus et dirigés par les commandants des postes, infligèrent souvent à l'ennemi des pertes d'autant plus sensibles qu'il remportait ailleurs de brillants succès. Bientôt même, le prophète eut à craindre de se voir coupé du Fouta, où il recrutait ses meilleurs soldats. Il espérait bien, plus tard, porter la guerre sur le Niger; mais avant d'aller plus loin il résolut d'assurer sa liberté de communications avec son pays et d'enlever nos postes du Haut-Sénégal.

C'est sur le nouveau fort, élevé sous ses yeux, qu'il se décida à porter ses premiers coups, espérant peut-être que la prise en serait plus facile que celle de Bakel. Mais il sentait qu'il y avait là d'autres hommes que les Kaartans qu'il venait de subjuguer; notre réputation militaire l'inquiétait et il ne voulait pas compromettre son prestige dans une lutte aussi incertaine. Il chercha donc à se faire imposer par ses troupes mêmes un combat dont il pourrait plus tard rejeter sur elles la responsabilité en cas d'insuccès. Cette conduite était habile, car il devait, aux yeux des siens, être infaillible et invincible puisqu'il était le bras de Dieu.

Il cacha ses projets tant qu'il ne se sentit pas maître du Kaarta. Mais lorsqu'il sentit ce pays définitivement vaincu et incapable du moindre mouvement de révolte, il sembla donner à ses troupes et prendre lui-même un moment de repos. C'était pour mieux garder tout son monde autour de lui et communiquer, pour ainsi dire, à chacun de ses soldats la haine dont il était animé contre les infidèles. Il établit d'abord son camp à Diala, puis le transporta plus près de Médine, à Koniakari : tous les vendredis, il parlait en public à l'heure de la prière ; il prononçait d'ardentes allocutions dans cet idiome phoul si sonore et si harmonieux, qu'il coupait de citations du Coran, prophétisait la prochaine défaite des blancs, parlait de leurs canons qui seraient impuissants contre les serviteurs du prophète, et des richesses que recueilleraient les vainqueurs.

Dans ses entretiens privés, toutes ses paroles

Le général Faidherbe.

n'avaient aussi qu'un objet : surexciter contre nous la haine déjà ardente des Talibés, leur montrer comme une humiliation et comme une menace le drapeau français qui flottait à Médine.

Les plus exaltés vinrent bientôt lui demander de les conduire au combat. Oumar s'y refusa : Dieu ne le voulait pas encore. Mais ses prédications continuèrent et l'ardeur des guerriers devenait tous les jours plus vive; ils s'impatientaient de tant de retards. Un dernier événement porta à son comble l'exaspération des Toucouleurs et leur confiance dans le succès.

Le roi du Khasso, Sambala, avait un frère nommé Kartoum, qui, d'après l'usage, devait être son héritier. Mais, comme il arrive souvent, l'ambition, l'impatience de régner en avaient fait le plus mortel ennemi de son frère. Al-Hadji depuis longtemps avait encore attisé la haine entre ces deux hommes et s'était fait de Kartoum un partisan dévoué. Sambala ne pouvait pas garder longtemps près de lui un ennemi déclaré et, sur le conseil du commandant du poste, le chassa de Médine. Au mois de mars 1857, Kartoum, suivi de tous ses partisans, franchit le Sénégal et alla rejoindre l'armée du prophète. Son arrivée décida l'attaque. Il raconta sans doute que les Français étaient peu nombreux, les Khasso-nkés indécis, et que la seule présence des Toucouleurs suffirait pour tout soumettre. Cette fois, le courant fut irrésistible; Al-Hadji s'y opposa encore pour la forme, mais il laissa faire. Il sentait que le moment était propice de se mesurer avec les Français.

L'armée passa le fleuve en amont de Sabouciré, qui fut enlevé, puis se répandit dans tout le Khasso, où elle ne trouva aucune résistance. Restaient Médine et le fort.

Le Sénégal, après avoir franchi la chute du Félou, à deux kilomètres en amont de Médine, coule dans un lit profond et encaissé pendant la saison sèche ; pendant la saison des pluies, le niveau du fleuve s'élève d'une quinzaine de mètres, et ses eaux viennent battre le pied des cases les plus voisines. Médine n'avait pas alors le développement qu'il a aujourd'hui : il n'occupait que le terrain en pente au bord du fleuve. Il était entouré d'un mur en terre, ou tata, qui, partant de la berge même, le défendait contre les attaques de la rive gauche.

Le fort avait été construit à l'ouest du village, au sommet d'une pente d'où il le dominait. Son mur d'enceinte, en forme de rectangle, avait son côté nord sur la berge du fleuve.

Le commandant du poste en 1857 était un mulâtre de Saint-Louis, Paul Holle ; c'était un homme déjà connu au Sénégal par son énergie et son intelligence, qui, à son patriotisme éprouvé, joignait même une certaine passion religieuse très sincère, capable de s'exalter encore dans la lutte contre les musulmans.

La garnison se composait de sept Européens, vingt-deux soldats noirs et une trentaine de laptots ou marins de Saint-Louis. C'était peu, mais on verra que le courage et le dévouement peuvent suppléer au nombre.

Le village était défendu par près de deux mille Khasso-nkés de Sambala, mais il était encombré par une foule de vieillards, de femmes et d'enfants, six mille environ, qui avaient fui de tous les points du Khasso à la menace de l'invasion, pour se réfugier sous les murs du poste.

Les troupes qui venaient d'envahir ce pays composaient la plus grande et la meilleure partie de l'armée d'Al-Hadji. Elles étaient au nombre d'environ quinze mille combattants; mais ceux-ci étaient suivis d'une si grande quantité de femmes et d'esclaves non armés, qu'à voir cette foule le long des étroits sentiers du pays, elle semblait innombrable.

Paul Holle s'attendait depuis longtemps à une attaque; les préparatifs de défense les plus sérieux avaient été faits; le fort avait été relié au village par un mur en terre assez solide, renforcé d'une palissade, derrière lequel on avait construit des hangars pour abriter la foule désarmée venue du dehors.

Pendant qu'à Médine on prenait les dernières dispositions, le prophète, à Sabouciré, faisait construire des échelles de bambou, y accumulait les munitions pour ses troupes et continuait ses prédications enthousiastes, se défendait, il est vrai, de pousser son armée au combat, mais lui promettait en termes obscurs que les canons ne partiraient pas contre eux, s'il plaisait à Dieu (Ché Allaho). Lui-même ne donnait plus aucun ordre; c'étaient ses lieutenants qui préparaient l'attaque. Il ne voulut même pas y assister; il resta à Sabouciré.

Les assaillants étaient partagés en trois colonnes de force très inégale. La plus nombreuse, où se trouvaient aussi les plus braves et les plus décidés, devait attaquer le fort, la seconde donner l'assaut au village, et la troisième, composée en grande partie des Khasso-nkés de Kartoum, faire une diversion sur la face ouest du poste.

L'assaut était décidé pour le 20 avril 1857. La veille, une femme échappée de Sabouciré vint en avertir le commandant; la nuit, la marche de l'ennemi fut signalée; au point du jour, il parut.

Le village fut attaqué le premier; mais, au moment où Paul Holle dirigeait de ce côté son artillerie, il vit arriver sur le fort la colonne principale, celle du centre. Elle s'avançait en une masse profonde et silencieuse, tête baissée, comme des hommes bien décidés à ne pas reculer. En tête, un guerrier marchait avec l'étendard du prophète; derrière étaient portées des échelles pour l'escalade.

Paul Holle avait donné ordre de ne tirer que sur un signal de lui; il laissa l'ennemi s'avancer à bonne portée; puis, à son commandement, les canons et les fusils du fort partirent à la fois. L'effet sur cette masse compacte fut si sanglant que les assaillants hésitèrent un instant; malgré la prédiction du prophète, les canons partaient : mais l'hésitation ne fut pas longue, et, entraînés par la voix des chefs, les soldats poussant des cris, s'excitant eux-mêmes au bruit du combat, reprennent plus rapidement leur marche en avant, malgré le feu toujours meurtrier qui partait des créneaux.

Cette fois, l'élan est si vif qu'ils arrivent en quelques minutes au pied du mur, se répandent le long de l'enceinte, placent leurs échelles et montent à l'assaut; un moment même, leur étendard paraît sur le rempart. Les assiégés redoublent d'efforts et une lutte corps à corps s'établit sur la crête du mur. Paul Holle se multiplie ; une grêle de balles tombe du haut de la terrasse du poste sur les assaillants les plus proches; aux créneaux, derrière chaque soldat qui fait feu, deux hommes chargent les fusils dont il fait usage.

Pendant ce temps une troisième attaque se dessine à l'ouest : ce sont les Khasso-nkés de Kartoum qui viennent en aide à la colonne principale.

Enfin, le porte-drapeau est tué, les échelles renversées et l'ennemi recule lentement en subissant encore de grandes pertes, et va se placer derrière les abris naturels qu'il peut trouver à petite distance. Sambala avait résisté de son mieux et avait rejeté l'ennemi loin du tata. Le feu ne cessa pas pour cela; pendant cinq heures, le combat continua de loin, puis peu à peu les Toucouleurs se retirèrent.

Les morts qu'ils laissaient sur le terrain, autour de l'enceinte, témoignaient de leur opiniâtreté et de l'ardeur de la lutte; mais ils n'étaient pas habitués aux revers, et celui-ci ébranla leur confiance dans le prophète.

Ils semblèrent abandonner la partie et revinrent tout découragés à Sabouciré. Ils y trouvèrent Al-Hadji Oumar ferme et confiant dans le succès. La lutte engagée maintenant, bien que sans son aveu, il pouvait agir franchement et diriger lui-même ses soldats. Il les gourmandait, attribuait l'insuccès à leur manque de foi et à leur impatience, et enfin réussit peu à peu à relever leur courage et à leur rendre leur confiance en eux-mêmes :

« Vous avez voulu vous battre malgré moi, leur disait-il ; vous voilà vaincus : Dieu vous punit et vous êtes désespérés comme des femmes à cause d'un revers. Je dis : Croyez-vous donc que vous n'avez pas beaucoup péché et que Dieu ne sait pas se venger ? »

Et plus tard :

« Vous avez engagé le nom de notre Dieu et vous le laissez tourner en dérision par les Keffirs ; eh bien ! je vous dis : Maintenant il faut venger Dieu, il faut venger le sang d'Oumar Sané, Ahmadi Hamat, d'Abdoulage et de tous ceux qui sont morts pour la foi. »

Médine, un instant délivré, vit reparaître l'ennemi. En peu de temps, un blocus rigoureux se forma autour de ses murs ; il fut surveillé par une foule de petits postes cachés à bonne portée, et désormais aucune tête ne pouvait se montrer sans qu'elle fût accueillie à coups de fusil.

Heureusement on avait encore des vivres ; avant de le réduire par la famine, les assiégeants essayèrent de prendre le village par la soif. Médine n'a pas de puits dans l'intérieur de l'enceinte et il tire toute son eau du fleuve. Il y avait en face du poste, au milieu du Sénégal, un îlot de sable assez élevé d'où l'on commandait la rive gauche où est Médine : en même temps le talus du côté opposé était assez raide pour servir d'abri contre les projectiles du village.

Un poste de laptots occupait ce point important : mais une nuit ils furent surpris, chassés après un combat assez vif, et plus de cent Toucouleurs occupèrent l'îlot. Le lendemain, les habitants qui, suivant leur habitude, allèrent au fleuve, furent reçus par une grêle de balles. Le danger était sérieux ; à tout prix, il fallait reprendre la position.

Tout d'abord on pourvut aux premiers besoins en allant puiser de l'eau en petite quantité de la manière suivante : plusieurs hommes se plaçaient à la file sous une pirogue renversée qu'ils soutenaient sur leurs épaules et dont ils se servaient comme d'un bouclier contre les balles ennemies. Ils s'approchaient ainsi du fleuve péniblement, tout courbés, et en rapportaient chacun une calebasse remplie d'eau. C'était une manœuvre fatigante et très dangereuse, que les plus braves seuls osaient exécuter ; mais, dès le lendemain, l'embarcation du poste était armée : elle était couverte et blindée de peaux de bœuf que les balles ennemies étaient impuissantes à traverser.

Sous un feu violent, Paul Holle la mit à flot ; le sergent Desplat et une quinzaine de laptots la montèrent et lui firent prendre le large. Nos hommes, arrivés en vue de l'autre versant de l'îlot, firent feu sur l'ennemi qui se trouva ainsi entre les feux croisés du poste et de l'embarcation. Incapables de résister, les Toucouleurs finirent par se jeter à l'eau, non sans laisser sur la rive nombre de morts. L'îlot de sable fut repris et, détail hideux, pendant plusieurs jours il fut entouré de nombreux caïmans que l'odeur du sang répandu y attirait.

Le blocus, tous les jours plus resserré, n'en continuait pas moins. Les souffrances des assiégés augmentaient. Le grand nombre de réfugiés, bouches inutiles, avait rapidement consommé des approvisionnements qui, le premier jour, semblaient considérables. Vers la fin de juin, il y avait encore un peu de mil, quelques arachides et même un peu de biscuit. Mais ce qui manquait absolument et dont on sentait vivement la privation sous ce soleil brûlant, c'était le feu. Il en fallait pour la cuisson des aliments, et depuis longtemps on n'avait plus rien de combustible dans le village. On en était réduit à manger un mélange grossièrement pilé de mil et d'arachides.

Paul Holle donnait à tous l'exemple de l'abnégation. Sa foi religieuse, exaltée par la lutte qu'il soutenait contre le prophète, lui donnait une opiniâtreté d'apôtre, car, dans ces combats journaliers avec une race pillarde et dévastatrice, il aimait à retrouver l'antique combat de la croix de Jésus contre le croissant de Mahomet. Au-dessous du drapeau français, il mettait des inscriptions de ce genre : *Pour Dieu et la France! Jésus! Marie!*

L'activité, l'ardeur de cet homme héroïque augmentaient à mesure que la détresse du poste devenait plus grande. Il avait su communiquer à ceux qui l'entouraient la foi et la passion du devoir dont il était animé. Les sept Français, soldats bien humblement gradés de notre armée, avaient généreusement compris leur devoir. Ils représentaient la patrie dans ce coin du Sénégal; l'honneur du drapeau leur était confié, et leur âme s'était élevée à la hauteur de cette noble tâche. Ils formaient auprès du commandant un état-major dévoué, prêt à tous les sacrifices, à qui pouvaient être confiés les douloureux secrets de la défense, que l'on cachait aux indigènes.

Les munitions commençaient à manquer, mais Paul

Holle prétendait en avoir ses magasins remplis : lorsque le roi Sambala lui en demandait pour répondre au feu des Toucouleurs et repousser leurs avant-postes, il répondait :

« Quand le jour du combat viendra, je t'en donnerai tant que tu voudras; maintenant, ménage celles que tu as. »

Pendant ce temps, il vidait en secret ses obus pour faire des cartouches, et il écrivait à Saint-Louis, à Bakel, à Diakandapé où était l'aviso *Guet Ndar* :

« Il ne reste au poste qu'une dizaine de paquets de cartouches. Nous avons beaucoup de fusils qui ne peuvent servir faute de pierres. »

Les eaux, malheureusement, étaient encore trop basses, et les courriers, malgré toutes les ruses, ne pouvaient que très rarement traverser les lignes ennemies. Les officiers de Bakel, de Sénoudébou, du *Guet Ndar* voyaient le danger imminent de Médine, et faisaient des efforts désespérés pour rallier des indigènes dévoués et les conduire au secours des assiégés. Mais la terreur était trop grande parmi la population du Haut-Sénégal, et dès qu'on approchait de l'ennemi, des désertions en masse se produisaient, les officiers restaient seuls.

L'aviso avait essayé de profiter d'une première crue du fleuve pour se dégager et, remonter vers Médine; mais, au bout de quelques milles, il s'était échoué contre les roches de Tambokané où il avait été réduit à l'immobilité. Les Toucouleurs qui le surveillaient de la rive, l'avaient cru perdu et à peu près sans défense.

Ils avaient formé une forte colonne sur chaque rive, et avaient marché résolument à travers le lit du fleuve, à l'assaut du *sakhar* [1]. Mais l'équipage veillait ; il laissa les assaillants s'approcher jusqu'à bonne distance dans le fleuve, au point où le gros de leur colonne était embarrassé, en désordre, au milieu des roches glissantes, gêné encore par le courant rapide de l'eau. Alors les Français avaient ouvert un feu meurtrier sur leurs ennemis ; ceux-ci, forcés à la retraite, n'avaient pu regagner les rives qu'après avoir laissé dans le fleuve, au courant qui les entraînait, de nombreuses victimes, morts ou blessés.

Malgré ce succès partiel, l'impuissance où l'on était de secourir Médine était manifeste ; tous les efforts avaient échoué. Ces tristes nouvelles parvenaient jusqu'aux assiégés, amplifiées par les récits des Toucouleurs, jetant la terreur et le désespoir dans l'âme des Khasso-nkés. Paul Holle essayait de les réconforter, se montrait toujours impassible et démentait ces récits qu'il ne savait que trop véridiques. Sa résistance à l'ennemi n'en devenait que plus vive et même agressive, tant il voulait montrer que les événements extérieurs ne pouvaient abattre son courage.

Les Toucouleurs, étonnés et inquiets de cette invincible opiniâtreté, commençaient eux-mêmes à désespérer d'en venir jamais à bout. Mais le prophète était plus tenace ; il leur montrait que ces apparences de vigueur et de force dont les Français étaient plus

1. C'est le mot wolof qui veut dire « fumée » et « bateau à vapeur »,

prodigues que jamais, étaient destinées à cacher à tous les yeux l'affaiblissement de la garnison et le découragement qui gagnait les Khasso-nkés. Croyant peut-être lui-même les assiégés plus affaiblis qu'ils n'étaient en réalité, il disposa tout pour une attaque de nuit. Les hommes les plus braves étaient désignés, et l'on se disposait à partir, lorsqu'une émeute se produisit contre les exigences d'Al-Hadji : celui-ci voulait leur faire porter les pioches et les outils nécessaires pour démolir le tata du village que l'on devait attaquer le premier. Furieux de cette rébellion que peut-être il n'avait pas prévue, le prophète se précipita lui-même en avant, se chargea les épaules des outils dont ne voulaient pas ses soldats, et partit le premier en poussant son cri de guerre :

« La illah illallah ! Mahmadou raçoul Allah [1] ! »

Ses guerriers le suivirent, honteux de leur mouvement de révolte, l'empêchèrent d'aller plus loin et se portèrent avec plus d'ardeur vers le point désigné pour l'attaque.

Mais les assiégés veillaient ; les Toucouleurs ne purent les surprendre. Malgré le feu qui s'ouvrit contre eux, ceux-ci parvinrent jusqu'au tata et, tout en combattant, commencèrent à le battre à coups de pioche. En peu de temps, une petite brèche était faite, et déjà les assaillants y pénétraient, lorsque heureusement un secours arriva du fort. Les Toucouleurs furent encore une fois refoulés après un combat très

1. C'est la profession de foi musulmane : *Dieu est Dieu, Mahomet est son prophète*, prononcée à la manière des Toucouleurs.

vif, et aussitôt la garnison, avec des palissades et des toitures de cases, se mit en devoir de réparer la brèche.

Mais c'était le dernier effort des assiégés. Ils venaient de brûler leurs dernières cartouches et n'auraient pu résister à un autre assaut. Il fallait le prévoir pourtant; Paul Holle n'avait plus d'autre ressource que de s'ensevelir sous les ruines du fort. Les rôles pour cette lutte suprême furent distribués et acceptés avec tout le calme qui convenait à des soldats. Le commandant devait sauter avec le bâtiment d'habitation, et le sergent Desplat avec la poudrière, dès que l'ennemi pénétrerait dans le fort.

C'était au commencement du mois de juillet; les assiégeants étaient maintenant embusqués à portée de la voix; des dialogues s'engageaient d'un parti à l'autre :

« Oh! Sambala! toi le fils d'Awa Demba, tu es le captif des blancs! »

A quoi le roi faisait répondre :

« Je méprise Oumar le voleur. Je méprise Mahomet et sa religion. Dites à votre prophète que maintenant je bois du vin et de l'eau-de-vie, et que j'en boirai toujours [1]. »

Pendant que Médine arrivait ainsi aux limites extrêmes de la résistance, le secours si nécessaire approchait. Deux avisos étaient armés à Saint-Louis et se tenaient prêts à partir dès que la crue des eaux le

---

1. C'était une injure à l'adresse des musulmans, qui s'abstiennent de toute boisson fermentée. Le vieux chef a scrupuleusement tenu parole, souvent d'une manière exagérée. Toute

permettrait. Cette année-là, elle commença heureusement plus tôt que d'habitude ; le 2 juillet, le colonel Faidherbe put s'embarquer.

La navigation était difficile ; le prophète avait même ajouté de nouveaux obstacles à ceux que la baisse des eaux laissait encore subsister. Par ses ordres, la population riveraine du Fouta avait jeté en un point du fleuve, près de Matam, une énorme quantité de pierres qui avaient formé un barrage avec d'étroites coupures à travers lesquelles l'eau s'écoulait. La flottille n'y fut pas arrêtée, la première crue ayant emporté tout un côté de ce barrage et pratiqué un passage suffisant pour nos bateaux. Les traces de ce travail existent encore sur la rive droite du Sénégal ; les pilotes les montrent aux voyageurs et manquent rarement, à cette occasion, de citer quelque trait mémorable, plus ou moins déformé par la légende, du *borom Faidherba* [1], qui est resté si populaire parmi eux.

En remontant le Sénégal, le gouverneur apprenait des nouvelles de moins en moins rassurantes. Une importante colonne de Toucouleurs traversait le Bondou pour aller renforcer Al-Hadji ; le *Guet Ndar*, crevé et à demi submergé, ne résistait aux incessantes attaques de l'ennemi que par des prodiges d'énergie et d'activité, et l'on ne savait absolument rien sur le sort de la ville assiégée. La marche était lente, malgré

---

sa famille l'a imité et nous avons le regret d'ajouter qu'elle a même renchéri sur le vieux Sambala.

[1]. *Borom*, en wolof, veut dire « maître » et « grand chef » ; plus spécialement à Saint-Louis, « gouverneur ».

les plus grands efforts ; le 18 juillet, enfin, la flottille arrivait en vue des Kippes, à cinq kilomètres en aval de Médine.

Les Kippes sont deux grands rochers à pic, opposés sur chaque rive, et entre lesquels le fleuve resserré forme un courant très rapide des plus dangereux à franchir en temps ordinaire. Ce jour-là, les Toucouleurs en occupaient les sommets et les environs.

« Ayant reconnu que le passage si difficile des Kippes était défendu par de nombreux contingents couvrant les rochers qui dominent le fleuve des deux côtés, le gouverneur se décida à forcer le passage en même temps par terre et par eau. Attendre de nouveaux renforts, c'était s'exposer à laisser prendre Médine qui devait être à la dernière extrémité. Des personnes doutaient même qu'il fût encore en notre pouvoir.

« A six heures, le *Basilic* s'embossa à portée d'obusier des Kippes et les canonna alternativement. En même temps, le gouverneur débarqua pour prendre le commandement des forces à terre, 500 hommes : dont 100 blancs, et un obusier. Il porta la colonne au pied de la position à enlever, fit lancer deux obus et sonner la charge : soldats, laptots, volontaires et ouvriers, officiers en tête, escaladèrent les rochers avec beaucoup d'entrain ; l'ennemi les abandonna sans résistance, et l'on ne reçut des coups de fusil que des ennemis embusqués sur le rocher de la rive gauche. On prit position de manière à répondre à leur feu et à protéger le passage du *Basilic* ; l'ordre fut alors donné à celui-ci de franchir.

Combat et délivrance de Médine.

« La colonne descendit ensuite sur le bord du fleuve vis-à-vis de l'aviso, et de là on aperçut, à travers une plaine de 3 à 4000 mètres, le fort de Médine. Le pavillon français flottait sur un des blokhaus, mais aucun bruit, aucun mouvement ne prouvait que le fort fût occupé. Dans la plaine on voyait des Toucouleurs embusqués ou errant çà et là. » (*Annuaire du Sénégal*, 1861.)

Toute la colonne passe alors sur la rive gauche, refoule les Toucouleurs de toutes parts et se rapproche de Médine. Mais le fort ne donnait pas encore signe de vie, et cela paraissait inexplicable quand on songeait que Médine contenait plus d'un millier de défenseurs armés de fusils. Enfin, le gouverneur, ne pouvant contenir son impatience, se lance au pas de course sur les positions ennemies.

« Les Toucouleurs montrèrent jusqu'au dernier moment une audace incroyable : poursuivis, cernés, ils ne faisaient pas un pas plus vite que l'autre et se faisaient tuer plutôt que de fuir, tant était grande leur exaspération de voir leur échapper une proie qu'ils tenaient déjà si bien. » (*Annuaire du Sénégal.*)

Les défenseurs avaient enfin donné signe de vie; Paul Holle en tête, ils étaient sortis en poussant des cris d'allégresse et s'étaient jetés dans les bras de leurs libérateurs. Toutes les souffrances étaient donc finies, et tant d'efforts n'avaient pas été stériles !

Mais quel spectacle navrant pour les nouveaux venus !

Les environs du poste offraient l'aspect d'un charnier ; aucun ossement n'avait été enlevé depuis le commencement du siège, la putréfaction s'y faisait sentir encore. A l'intérieur du village, le tableau était encore plus désolant. Toute une foule affamée, en guenilles; des enfants, des vieillards surtout, pouvant à peine se traîner, entassés, grouillant au milieu des immondices et n'ayant même pas la force de remercier ceux qui venaient de les délivrer. Certes le secours était arrivé bien juste à temps !

Pendant que le combat se poursuivait au dehors et que les Toucouleurs vaincus reprenaient en désordre le chemin de Sabouciré, Sambala, qui voulait prendre sur Al-Hadj Oumar sa revanche de tant d'insultes, vint demander au commandant du poste cette poudre tant promise, puisque enfin le jour du combat était venu.

« Je n'en ai pas, répondit Paul Holle.

— Et ces magasins tout remplis?

— Il n'y a que des caisses vides.

— Mais pourquoi me disais-tu.....? Ah! je comprends maintenant! Vous autres blancs, vous pensez à tout. »

Quelques jours après, le gouverneur poursuivait Al-Hadj Oumar sur la route de Sabouciré, lui infligeait une nouvelle défaite après un brillant combat, et en délivrait complètement le Khasso. Le prophète fuyait donc devant nos troupes, mais il ne voulait pas s'avouer définitivement vaincu par les infidèles : il allait chercher des vivres, disait-il, et promettait de revenir.

Une pierre a été posée à la place même où se livra le combat acharné du premier jour du siège. Elle porte inscrits les noms des défenseurs de Médine.

LES FILS DU PROPHÈTE

LES FILS DU PROPHÈTE

Mort d'Al-Hadj Oumar. — Ahmadou, roi de Ségou. — Abibou et Moctar, fils d'Aïssata. — Déclaration de guerre d'Abibou. — Il se joint à Moctar. — Indécision de Mountaga. — Marche d'Ahmadou sur Nioro. — Moctar à Birou. — Abibou s'avance pour délivrer son frère. — Le salam de l'armée. — Bataille de Birou. — Les deux rebelles prisonniers.

Le siège de Médine marqua à peine un temps d'arrêt dans les conquêtes des Toucouleurs. Oumar, après ce revers, sembla prendre son parti de la prépondérance des Européens sur le Sénégal. Voyant que de ce côté il ne pourrait être le maître, il tourna ses regards vers le Niger. Les pays qu'arrose ce grand fleuve offraient à son ambition un champ assez vaste; ils étaient riches, divisés entre eux, et les prétextes ne lui manquaient pas pour y porter la guerre. Son armée, renforcée encore par de nombreuses recrues qu'il était allé chercher lui-même dans le Fouta, avait hâte de rétablir par de nouvelles victoires plus faciles le prestige que la défaite de Médine avait sérieusement atteint. Aussi, dans sa marche sur le Niger, aucun obstacle ne sut l'arrêter ; tous ses ennemis subirent le joug. En trois ans, le Bélédougou, le Ségou, le Massina furent conquis ; ses bandes victorieuses poussèrent même jusqu'à Tombouctou, qui fut mis à sac.

De la religion, il n'en était plus question. Partout on avait dévasté et brûlé avec fureur, et ce qui restait avait encore suffi à enrichir ces pillards faméliques venus du Sénégal. On en arriva à ne plus savoir que faire des esclaves. Mais les derniers pays qui avaient plié au premier choc se remirent rapidement de leur défaite et refoulèrent les conquérants dans le Massina. La révolte gagna ce pays encore incomplètement soumis. Une mêlée confuse de partis et de races l'agita pendant près de deux ans. Enfin, le prophète fut vaincu, puis assiégé dans Hamdallahi, victime, dit-on, de la trahison d'un de ses neveux, Tidiani, aujourd'hui roi du Massina. Sa résistance fut héroïque et sa fin digne de son aventureuse carrière. Avec une poignée d'hommes, il repoussa pendant plusieurs mois tous les assauts des rebelles. Réduit à la dernière extrémité, au moment où ses ennemis, dans un suprême effort, escaladaient les murs de Hamdallahi, il s'assit sur un tonneau de poudre et ordonna à un de ses fidèles d'y mettre le feu. Et le prophète se fit sauter, éludant ainsi à sa dernière heure la prescription du Coran qui défend au croyant de se donner la mort de ses propres mains.

En quittant Ségou, il avait institué son fils aîné, Ahmadou, roi de ce pays et l'avait fait reconnaître à tous les Talibés pour son successeur. Celui-ci n'avait

Ahmadou, roi de Ségou.

hérité ni du génie audacieux de son père, ni de son prestige sur les Toucouleurs. Il n'avait aucune des qualités brillantes qui pouvaient séduire des hommes rompus au métier de la guerre et lancés depuis quinze ans dans une vie d'aventures et de dangers. Ahmadou avait près de trente ans à la mort de son père, et il ne s'était jamais distingué par sa bravoure, ni par aucune action d'éclat. Il était, il est encore, profondément dissimulé et d'un esprit indécis ; son père l'aimait à cause de sa connaissance des hommes, de son jugement mûr avant l'âge, de son habileté politique et de l'administration économe des biens qu'il lui avait confiés. Le roi de Ségou n'était donc pas l'homme des courses aventureuses : il devait tout au plus se borner à conserver intact l'empire qui venait d'être fondé. Mais il n'avait pas l'esprit d'organisation et de prévoyance que demandait une tâche aussi difficile.

Le Massina fut perdu sans qu'il fît aucun effort pour le ressaisir ; la plus grande partie du Bélédougou se souleva bientôt après et chassa les Toucouleurs ; Bammako n'avait jamais été soumis. De sorte que l'empire se trouva divisé en trois tronçons, séparés les uns des autres par des populations hostiles que de fortes colonnes étaient seules capables de traverser. C'étaient, au nord, les provinces de Nioro, de Diombokho, etc. ; celle de Dinguiray à l'ouest dans le Fouta-Diallon et celle de Ségou au sud, sur les bords du Niger où résidait le roi lui-même. Enfin la guerre civile menaça cet empire déjà diminué d'un démembrement complet. Deux frères du roi, Abibou et

Moctar, furent les fauteurs de ces troubles et se mirent à la tête des rebelles.

La haine qui éclata entre les fils d'Al-Hadj Oumar les divisait depuis leur naissance. Lorsque Oumar allant à la Mecque passa par le Haoussa, il y acheta une esclave, Fatma, qu'il prit pour femme et dont il eut son fils aîné, Ahmadou. A son retour, il fut reçu par le roi de ce pays, ainsi que nous l'avons vu, avec les plus grands égards. Il y séjourna longtemps et le roi, comme marque de son amitié, lui donna en mariage une de ses filles, Aïssata. De celle-ci Al-Hadji eut deux fils : Abibou et Moctar. Il est probable que Fatma fut négligée pour Aïssata, plus jeune, riche et princesse. Ahmadou se ressentit de l'abandon de sa mère et de sa basse extraction. Pour ses deux frères, Abibou et Moctar, il ne fut jamais que le fils de l'esclave. Sans doute, les humiliations et les insultes ne lui furent pas épargnées, et les deux délaissés durent les dévorer en silence.

Lorsque Oumar rentra au Sénégal, toute sa maison l'y suivit, excepté Aïssata, qui resta auprès de son père. Mais la situation respective des trois frères ne changea pas beaucoup pendant la conquête. Ahmadou, d'un caractère concentré, prudent et avare, inspirait toujours peu de sympathie aux premiers partisans de son père, tandis qu'Abibou, d'un courage brillant, d'une générosité royale, avait conservé sur les Talibés le prestige de la naissance. Bien qu'il fût fier et violent, il savait être bienveillant, accueillait volontiers les nouveaux venus et se faisait aimer par ses défauts presque autant que par ses qualités.

Son frère Moctar, le second fils d'Aïssata, était beaucoup plus fier et plus violent que son aîné ; il se faisait pardonner ces défauts par son extrême franchise, sa bravoure irréfléchie à la façon des nègres, et l'ardeur qu'il mettait à défendre ses amis. Médiocrement intelligent, il n'avait pas dans ses actions l'esprit de suite d'Abibou.

Un sentiment de profonde affection liait ces deux frères, à l'exclusion des autres. C'est que chez les peuples soudaniens l'amitié entre fils du même père est d'autant plus relâchée que la famille est plus nombreuse et que le père a pris un plus grand nombre de femmes. Dans ce cas, la véritable parenté, l'affection fraternelle, se restreint aux enfants de la même mère ; les frères issus de deux épouses différentes, mêlés d'abord aux rivalités de harem, finissent le plus souvent par être ennemis déclarés. L'innombrable famille d'Al-Hadj Oumar n'avait pas échappé à cette loi. Pour Abibou et Moctar, l'absence même de leur mère, qu'ils avaient quittée bien jeunes encore, avait resserré les liens naturels de l'amitié. Plus âgé et plus intelligent que Moctar, Abibou l'avait, dans ses querelles d'enfant, toujours protégé et soutenu. C'était lui qui le défendait auprès de son père quand il avait commis une faute et qui lui donnait des conseils de conduite pour qu'il se distinguât au milieu de tous leurs frères. De son côté, Aïssata, dans les rares messages qu'elle pouvait envoyer à ses fils, recommandait toujours à l'aîné son jeune frère, afin qu'il parvînt à conserver les bonnes grâces de leur père et qu'elle-même, dans sa vieillesse, pût se retirer auprès d'eux.

Abibou fut le premier établi par Oumar, chef à Dinguiray qui était le berceau de la puissance toucouleure, mais il dut, comme ses autres frères, reconnaître Ahmadou pour roi, lorsque leur père l'établit à Ségou. Ce ne fut pas sans colère sans doute, et l'on aurait pu penser qu'à la mort d'Al-Hadji la guerre éclaterait tout de suite. Mais les noirs ne passent pas volontiers de la pensée à l'action : lents à concevoir, ils sont encore plus lents à se décider.

Les deux adversaires avaient en outre bien des raisons de temporiser; Moctar était à Ségou, entre les mains d'Ahmadou, et il lui était impossible de se soustraire à la surveillance ombrageuse du roi. Abibou était humilié de savoir son frère à la merci du fils de l'esclave, et anxieux sur l'avenir qui lui était réservé. Pourtant il ne craignait rien encore pour sa vie, car de son côté il gardait à Dinguiray la propre mère du roi, Fatma.

Or, chez ces peuples, c'est une véritable honte pour un homme, riche ou pauvre, dont la mère ne vit pas près de lui, entourée de tous les égards et de tous les soins, selon sa condition. Cet amour filial est le sentiment le plus élevé, le plus général qu'on trouve chez les noirs. Pour le chef le plus amolli, il n'y a pas de favorite dont l'influence puisse balancer celle de sa mère. La femme, de son côté, peut ne pas aimer son père et ses frères qui la vendent à un mari, et elle n'aime pas son mari qui n'est que son maître. Toute sa puissance d'aimer se concentre sur l'enfant.

Pour Ahmadou, à sa vive affection pour sa mère, son unique amie des mauvais jours, se joignait le souvenir des injures passées. Il voulait se débarrasser de ce frère orgueilleux qui le bravait encore, mais avant tout il voulait voir sa mère auprès de lui, honorée autant qu'elle avait été dédaignée autrefois. Il négocia donc avec Abibou, et finit même par prier. Il gardait toujours Moctar, qui était comme son otage, mais il lui faisait force caresses pendant qu'il envoyait à son frère, à Dinguiray, les messages les plus affectueux et les promesses les plus brillantes. Abibou sentait tout son avantage et ne se pressait pas d'obtempérer aux désirs du roi. Il cherchait pendant ce temps à se faire des partisans nombreux et dévoués, car il était décidé à la lutte, du jour où son frère Moctar serait loin de Ségou.

Ces négociations, ces messages, ces dissimulations durèrent sept ans, et enfin Abibou consentit à renvoyer Fatma au roi, à condition que non seulement il laisserait partir Moctar de Ségou, mais encore qu'il lui donnerait le gouvernement du Diombokho, la province du Kaarta la plus voisine de Dinguiray, la plus riche aussi et celle où l'on peut se procurer le plus facilement des armes et de la poudre, car elle confine au Sénégal : Koniakari en est la capitale.

Ces conditions étaient dures ; Ahmadou sentait qu'il doublait ainsi les forces de son rival, que la querelle serait sanglante et l'issue incertaine ; en un mot qu'il mettait en péril son pouvoir et sa vie. Mais son amour filial fut le plus fort : il céda, accorda tout ce qu'on voulut.

Le voyage de Dinguiray à Ségou se fit en grande pompe; une armée accompagnait l'ancienne esclave.

Ce furent des réjouissances universelles quand elle arriva dans la capitale de son fils. Celui-ci était fier de ce retour si désiré et si chèrement acheté, mais sa joie était mêlée d'inquiétudes. Les premiers mots de sa mère furent : *Houl bibbé Aïssata!* (crains les fils d'Aïssata). Elle savait ce qui se tramait à Dinguiray et avait conscience des grands sacrifices qu'Ahmadou avait faits pour elle.

Abibou tenait maintenant en son pouvoir presque la moitié de l'empire paternel. Restait, dans le Kaarta, la province de Nioro, gouvernement très important, pays très riche et peuplé, qui confine aux Maures du désert. Il était gouverné par un ancien esclave d'Al-Hadji, nommé Moustaf, que le prophète y avait placé lui-même. Mais Ahmadou se méfiait des premiers serviteurs de son père, sur lesquels les fils d'Aïssata avaient conservé la plus grande influence et qui, si la guerre venait à éclater, se rangeraient probablement de leur parti. Il rappela donc Moustaf et envoya un de ses frères, nommé Mountaga, prendre le commandement à sa place.

Celui-ci semble être au Soudan le type de l'homme d'État musulman. Profondément égoïste et dissimulé comme son frère Ahmadou, brave à la guerre comme Abibou, il affecte plus que tous ses frères une grande ferveur religieuse. Malgré ces dehors imposants, sa dureté et peut-être sa hauteur à l'égard des Talibés le leur ont rendu peu sympathique. Il a, lui aussi, l'ambition d'être le seul maître, et l'avenir lui réserve sans doute un rôle important dans les événements du Soudan occidental.

Talibé en costume de guerre.

Lorsque le roi de Ségou l'envoya gouverner le Nioro, il savait bien que les fils d'Aïssata ne pourraient pas le dominer comme le commun des Talibés, ni l'entraîner dans leur parti par le prestige de leur naissance, si puissant sur l'esprit des noirs. Mountaga était, comme le roi, fils d'une esclave; il n'avait pour les deux frères qu'un sentiment d'envie, sur lequel le roi comptait sans doute comme garant de sa fidélité. Mais, d'un autre côté, le nouveau chef de Nioro méprisait son frère Ahmadou, subissait son autorité avec impatience, était même irrité de tenir de lui un pouvoir auquel il se croyait des droits comme fils du prophète.

Les Talibés à Nioro étaient presque aussi nombreux et plus riches qu'à Ségou; ils pouvaient, suivant leur choix, influer d'une manière décisive sur l'issue de la lutte qui se préparait. Mountaga le savait aussi bien que ses frères; sa conduite n'en devint que plus mystérieuse et plus énigmatique.

Moctar était arrivé à Koniakari, la capitale du Diombokho, avant Fatma à Ségou. Il se mit à l'œuvre en suivant les instructions qu'il avait reçues de son frère Abibou : mais il avait un tempérament très vif et il était trop brouillon pour réussir aussi bien que son aîné. En outre, il était comme lui musulman peu zélé, à peine ce qu'il fallait pour un fils de prophète. Seulement, il affichait trop son indifférence religieuse, ce qui le déconsidéra aux yeux des chefs toucouleurs. Pourtant il prodigua tellement les dons et les promesses, qu'il put croire, au bout de deux ans, tout le Diombokho gagné à sa cause.

De son côté, le roi semblait avoir abandonné à Ségou ses habitudes d'avarice et de méfiance. Il faisait de nombreuses distributions de cauris, il était devenu secourable aux Talibés malheureux. Il épuisa presque sa réserve de femmes composée des esclaves qui lui étaient échues en partage au retour des razzias que son armée faisait vers le sud. Sa mère, très affable avec tous, l'aidait de toutes ses forces dans cette lutte de popularité : elle s'adressait spécialement aux mères des Talibés et à leurs favorites ; tout lui était bon pour gagner à son fils des partisans dévoués, prêts à combattre pour lui les fils d'Aïssata.

Ainsi la guerre se préparait ouvertement des deux côtés, pendant que Mountaga demeurait impassible et semblait attendre les événements. Les apparences officielles, car il en existe aussi dans ces pays, étaient pourtant respectées des deux côtés.

Enfin Abibou crut le moment venu, c'était en 1873. Il avait fallu dix ans, chez ces hommes, pour faire éclater une haine qui couvait depuis leur enfance et qu'aucun frein ne retenait plus depuis la mort du prophète.

Au mois de juin commence la saison des pluies : les rivières jusqu'alors à sec se changent promptement en torrents quelquefois infranchissables ; le Niger inonde ses rives, et son cours devient si rapide que le passage d'une armée est très difficile. Le Ségou est alors, au point de vue militaire, coupé des pays du nord. C'est le moment qu'Abibou choisit pour se déclarer, afin d'avoir quelques mois devant lui, le temps d'entraîner les indécis et de faire sa jonction avec son frère Moctar.

Il fit venir les percepteurs d'impôts qui allaient partir pour Ségou avec le convoi d'étoffes, de sel et d'or, destiné au roi.

« Seydou, dit-il au chef des percepteurs, pour qui sont ces étoffes?

— Pour ton frère Ahmadou, répondit-il.

— Je les garde pour moi. Pour qui ce sel et cet or?

— C'est pour le roi.

— Je prends tout pour moi. Maintenant, tu vas partir avec un âne, une barre de sel et une pièce d'étoffe et tu diras ceci au fils de l'esclave : « Voici ce que « t'envoie Abibou, fils d'Aïssata, à toi mendiant, parce « qu'il a pitié de toi. »

Abibou ne se contenta pas de ces prises; il restait encore à Dinguiray quelques Talibés fidèles au roi, il les dépouilla de tous leurs biens et les chassa du pays.

Moctar, à la même époque, en agissait de même à Koniakari, mais le Diombokho ne se souleva pas avec le même ensemble et le même entrain que le Dialloukadougou. Les premières persécutions de Moctar contre les partisans connus du roi furent le signal de la guerre civile : des bandes royales se formèrent, organisèrent la défense de quelques villages, et le chef de Koniakari dut commencer contre eux une vigoureuse campagne de razzias, de surprises, celle qui convient le mieux au tempérament de ces peuples. Défaits dans plusieurs petits combats, les dissidents n'osèrent pas attendre leurs ennemis dans leurs villages et se retirèrent vers la frontière du Nioro, où ils allèrent grossir le parti de Ségou.

Moctar se trouva donc le maître sans conteste du Diombokho ; il aurait voulu entraîner sous son drapeau la nation vaincue et sujette, les Bambaras, que ces préliminaires de la guerre civile venaient déjà d'éprouver fortement, mais il échoua. Il n'y avait chez eux qu'apathie et indifférence en face d'une querelle où leur indépendance n'était nullement en cause. Ils se souciaient peu d'appartenir à un maître plutôt qu'à un autre ; ils savaient que, quoi qu'il arrivât, ils seraient pillés, sans même qu'ils eussent à choisir le mode de pillage, les deux partis usant des mêmes procédés.

Les premiers succès des rebelles eurent leur retentissement à Nioro. Les partisans d'Abibou s'agitaient autour de Mountaga, le pressaient de se déclarer et d'entraîner avec lui la foule des indécis. Mais le jeune prince ne voulait se compromettre sans retour qu'à bon escient. Il savait qu'Abibou était en marche sur Koniakari, mais qu'il n'avait pas encore fait sa jonction avec son frère ; d'un autre côté, le roi ne tarderait pas non plus à passer le Niger. Il resta donc calme et neutre en apparence. Sous main, il encourageait Moctar, il envoyait en son nom des messages dans le Bélédougou, à Guémonkoura où s'étaient réfugiés les derniers Massassis, les héritiers des rois du Kaarta vaincus par Al-Hadji, et les excitait à recommencer la guerre, à s'opposer au passage du roi, ou tout au moins à le retarder dans sa marche. La haine du maître semblait donc l'emporter chez lui sur l'envie qu'il nourrissait contre Abibou. Mais un autre sentiment le dominait peut-être : il était le troisième des fils du prophète et, d'après l'usage, il ne pouvait régner qu'à la mort de ses deux aînés ; en les poussant donc à la guerre, il n'est pas étonnant qu'il ne fît ce calcul odieux que, un des deux morts, il restait héritier présomptif de l'autre.

Le roi déploya la même activité que les rebelles pendant les mois d'hivernage. A la première nouvelle des événements de Dinguiray, il fît saisir les amis connus de ses frères et les fît amener devant lui : il écouta en souriant leurs protestations de fidélité, puis il prononça tranquillement sa sentence :

Ia diarnou mabé (qu'on les mène boire).

Ce sont les mots et le sourire dont il accompagne les arrêts de mort.

Les coupables exécutés, il partagea leurs femmes et leurs biens entre les Talibés.

La fête de la Tabaski tombait cette année en novembre. Ahmadou la célébra avec une pompe extraordinaire : les distributions d'esclaves et de cauris se firent avec une prodigalité sans exemple, et, le vendredi suivant, il tint une grande palabre à la porte de sa demeure. Il rejeta sur ses frères tout l'odieux de la guerre civile et déclara qu'il n'avait d'autre souci que la gloire de Dieu ; qu'il voulait conserver intact l'empire que son père avait fondé et qui avait coûté tant de sang aux musulmans ; que les rebelles étaient encore plus coupables que les Keffirs puisque c'étaient eux-mêmes, les fils du prophète, qui voulaient détruire son œuvre. Enfin il annonça qu'il partirait sous peu de jours pour les châtier, *Ché Allaho !* (s'il plaît à Dieu !). Il ordonna à tous ses guerriers de se préparer à partir et leur fixa comme rendez-vous, huit jours plus tard, le village de Fogni sur la rive gauche du Niger, en aval de Niamina.

Après avoir assuré, autant qu'il le pouvait, la défense de sa capitale contre un ennemi du dehors, le roi s'achemina vers Fogni, suivi de ses généraux et de ses partisans les plus zélés. Les Toucouleurs et les Bambaras s'y rendaient aussi en foule, car les libéralités royales avaient chauffé leur enthousiasme. La première opération, celle du dénombrement, se fit plus rapidement que d'habitude; il fallut à peine cinq ou six jours. Chaque soldat porte son fusil devant la case de son chef particulier; celui-ci compte les armes qui sont déposées devant lui, puis il va rendre compte au roi. Tout cela se fait d'ordinaire dans le plus grand désordre, et souvent un soldat déjà compté retourne tranquillement à son village. Cela s'appelle chez nous désertion, c'est-à-dire crime : chez les nègres, c'est considéré comme une faute assez légère, qui n'est généralement pas punie.

Cependant il semble que cette fois il y ait eu un peu plus de sévérité de la part des chefs ; car le roi n'emmena même pas tous ceux qui se présentèrent ; il ne voulait sans doute pas laisser son pays sans défense, en le dégarnissant de tous ses guerriers.

L'armée franchit le fleuve vers le 15 décembre ; elle se composait de trois mille cavaliers toucouleurs armés de fusils, d'un millier de cavaliers phouls armés de lances et de quatre à cinq mille Bambaras, fantassins recrutés chez le peuple conquis et qu'on appelle *Soufas*.

C'était un nombre de troupes considérable pour le pays et qu'il devait être difficile de nourrir régulièrement : mais Ahmadou ne s'inquiétait guère de ce détail : il avait à traverser le Bélédougou, pays peu soumis aux Toucouleurs, et il comptait que le pillage de quelques villages lui permettrait d'arriver dans le Nioro : c'est la ressource habituelle des armées en marche.

Abibou avait aussi concentré ses forces. Moctar devant être le premier attaqué, les résolutions des Talibés du Nioro devaient être décisives; c'est dans le Nioro que la partie allait se jouer. Dès le commencement de novembre, il réunit tous ses partisans du Fouta-Diallon et prit la route du nord en suivant le Ba-fing. Sa colonne se composait de plus de deux mille Toucouleurs-Diallonkés, presque tous fantassins. Il espérait, d'après ce que lui avait écrit Moctar, trouver à peu près autant de cavaliers à Koniakari, et, s'il pouvait alors entraîner Nioro dans son parti, il se croyait assez fort pour rejeter Ahmadou sur le Bélédougou; il comptait pour rien les Soufas de Ségou.

Il s'arrêta peu de jours à Koundian, où quelques mécontents se joignirent à lui, puis il traversa le Gangaran, franchit le Ba-khoy et entra sans coup férir à Diala, que commandait un ancien esclave de son père, Tierno Boubakar. De là il se dirigea vers Koniakari, où l'attendait Moctar. Il y fut reçu avec enthousiasme : sa présence sembla réveiller le zèle de ses partisans et lui en créer de nouveaux. L'entraînement fut si général qu'il y recruta un millier de fantassins et que plus de deux mille cavaliers se joignirent à lui.

Afin d'obliger Mountaga à se déclarer ouvertement, il lui envoya Moctar avec une forte colonne, pendant que lui-même se préparait à le suivre avec toute son armée ; quelques jours après, en effet, il se mettait en marche, mais lentement, vers Niogoméra. Le moment décisif était venu pour le chef de Nioro. Il n'avait aucune nouvelle d'Ahmadou, la révolte de Guémoukoura s'étendait dans le Bélédougou et prenait de fortes proportions. Quand il sut Abibou à Koniakari et Moctar en route pour Nioro, toutes ses hésitations cessèrent et il se prépara à aller à sa rencontre.

L'entrevue devait avoir lieu à Médina, à une bonne journée de marche de Nioro.

Mais Ahmadou avait de nombreux espions dans les pays du nord, il avait appris la jonction de ses deux frères, et il n'eut plus qu'un souci : arriver à Nioro avant lui. Il traversa le Bélédougou sans s'arrêter nulle part, sans daigner même envoyer un coup de fusil aux villages révoltés qui lui fermaient leurs portes : les Bambaras de Guémonkoura osèrent pourtant lui barrer le passage. Ils furent culbutés par la cavalerie phoule. Mais le roi eut besoin de toute son autorité, il usa même de prières pour empêcher ses troupes de se porter à la poursuite de l'ennemi et de s'user devant les remparts des Massassis. Il sentait, pour la première fois de sa vie, le prix du temps ; il ne voulait donc pas se laisser amuser par cette diversion pendant que le sort de la campagne se décidait à Nioro. Il promit cependant de revenir et de faire sur Guémonkoura un exemple terrible quand la guerre civile serait terminée [1].

Il arriva ainsi avec une rapidité foudroyante à Ouosébougou. De là il envoya un message à Mountaga pour lui faire part des derniers événements et pour annoncer son arrivée prochaine à ses partisans de Nioro.

Le courrier ne trouva pas Mountaga, qui venait de partir à la rencontre de Moctar. Il le rejoignit en face de Médina. La nouvelle de l'arrivée du roi, qu'il croyait encore bien loin, l'approche de cette armée qui devait être alors à deux ou trois journées de marche de Nioro, jeta le plus grand trouble dans l'esprit du jeune chef. Il se crut perdu s'il n'arrivait pas dans sa capitale avant le roi : Nioro, qu'il n'aurait pas été assez influent pour entraîner dans le parti des rebelles sans la présence d'Abibou, devait sûrement se tourner vers le roi sitôt que celui-ci paraîtrait. La fortune favorisait donc ce dernier ; Mountaga n'hésita pas. Sachant bien qu'il trouverait toujours moyen de se disculper si on lui demandait compte de sa conduite, il abandonna aussitôt la cause pour laquelle il venait de faire un premier pas. Comme une suprême excuse, il jeta la lettre du roi aux pieds des cavaliers de Moctar qui étaient venus à sa rencontre et il reprit au galop le chemin de Nioro.

Moctar apprit ainsi à la fois l'arrivée d'Ahmadou et

---

1. Il tint parole : Guémonkoura fut détruit et ses chefs Dama et Mari Siré furent obligés d'aller chercher un refuge sur les bords du Sénégal entre Bakel et Médine.

le revirement soudain de Mountaga. Dans sa colère, il voulut d'abord poursuivre celui qu'il appelait le traître, mais on le fit plutôt songer à sa propre sécurité.

Il se trouvait isolé avec cinq ou six cents cavaliers, à six ou sept journées de marche de son frère, pendant qu'Ahmadou était peut-être à Nioro en ce moment. Il se décida à la retraite ; il reprit lentement et à contre-cœur la route de Niogoméra, où Abibou venait d'arriver.

Mountaga arriva à Nioro presque en même temps que l'avant-garde d'Ahmadou. Pour donner à ce dernier une preuve de son nouveau zèle, il envoya aussitôt la cavalerie à la poursuite de Moctar. Celui-ci venait de franchir le col de Youri et se trouvait près de Birou lorsqu'il aperçut derrière lui, au loin, un gros nuage de poussière qui avançait rapidement : c'étaient les premiers cavaliers ennemis. Le jeune prince ne manquait ni de courage ni de décision. Il se dit que leur marche rapide devait les avoir éloignés les uns des autres, que leurs chevaux étaient fatigués tandis que les siens étaient presque frais, et qu'enfin l'occasion se présentait belle pour infliger un premier échec à ce frère détesté.

Il tourne bride avec les siens, charge vigoureusement les premiers ennemis qu'il rencontre et qui ne peuvent résister au choc. Les Diallonkés les poursuivent la lance dans les reins, et les fuyards vont jeter le désordre dans le gros de la troupe. Les Toucouleurs du roi cèdent à cette attaque imprévue et sont chassés jusqu'au défilé de Youri.

Ce succès perdit Moctar. Énivré de sa victoire, il séjourna plusieurs jours, par bravade probablement, dans le village de Birou, et, lorsqu'il voulut se retirer, il n'était plus temps : des forces infiniment supérieures l'entouraient; il n'avait plus qu'à attendre les secours d'Abibou.

Celui-ci avait été fort irrité par la défection de Mountaga et s'était emporté contre tous ses frères, cette engeance d'esclaves, *leniol diabé,* comme il les appelait. Il voyait sa cause compromise, mais elle était loin d'être perdue. Il envoya à Moctar l'ordre de revenir au plus tôt, et lui-même se disposa à reculer dans le Diombokho, vers Koniakari, où il avait contre le roi beaucoup plus d'éléments de résistance et enfin, s'il était vaincu dans ce pays, il lui restait encore la ressource de reprendre la route de Dinguiray et de se contenter de la rive gauche du Sénégal. De ce côté, Ahmadou n'oserait jamais venir l'attaquer. Après le brillant succès de Moctar, il attendit sans inquiétude à Niogoméra : mais, quelques jours après, il vit arriver, au lieu de son frère, un courrier qui lui apprit la marche en avant de l'armée d'Ahmadou et la position dangereuse où Moctar s'était laissé acculer.

Son frère se trouvait donc en danger de mort! Plus que cela, il était peut-être prisonnier d'Ahmadou! Tout son orgueil se révolta à l'idée de savoir *le sang d'Aïssata* à la merci du fils de l'esclave. Quelle honte rejaillirait sur leur nom! La profonde affection qu'il avait toujours eue pour Moctar s'exaltait encore par la blessure de son orgueil, et il résolut de le délivrer à tout prix. Il est vrai qu'il renonçait ainsi à toutes ses chances de succès, mais peu lui importaient l'empire et la vie avec un pareil remords.

L'existence de sentiments aussi élevés, aussi profonds chez des Soudaniens pourrait être mise en doute si elle n'était confirmée par tous ceux qui ont connu les fils d'Aïssata, si tous les récits, très divers pour les détails, ne donnaient toujours ces sentiments d'orgueil et de vive affection fraternelle comme la cause du dénouement rapide et presque imprévu de la guerre civile.

Abibou rassembla tout son monde à Niogoméra et prit la route de Nioro. Quelques défections s'étaient produites les derniers jours, mais il avait toujours pour lui ses Diallonkés, un millier de cavaliers du Diombokho et d'autres alliés venus d'un peu partout, ce qui lui faisait une troupe de quatre mille bons soldats environ.

Le roi était à Birou ; mais son armée, augmentée du contingent de Nioro, n'y était pas encore arrivée tout entière ; il avait laissé beaucoup de monde en route. Pourtant il avait déjà sous la main des forces bien supérieures à celles de son frère : plus de trois mille cavaliers et cinq ou six mille fantassins.

Le village de Birou était entouré d'un mur assez solide ; défendu comme il l'était, par des hommes déterminés, il pouvait être très long et très difficile à emporter d'assaut, et le roi ne le tenta pas, sous la menace de l'arrivée prochaine d'Abibou. Sa situation n'en était pas moins difficile et il allait se trouver pris entre deux feux le jour du combat. Mountaga, devenu son plus zélé partisan, le tira d'embarras. A force de promesses et de mensonges, il parvint à attirer le trop confiant Moctar hors de l'enceinte, sous prétexte d'une entrevue secrète où ils devaient se concerter pour se débarrasser sûrement du roi. Au lieu de Mountaga, Moctar trouva au rendez-vous une troupe armée qui se saisit de lui. La trahison, connue le lendemain dans le village, y répandit la consternation. Les chefs étaient encore à délibérer lorsque le roi ordonna l'assaut. Birou fut emporté et la plupart des Diallonkés massacrés.

Tranquille désormais de ce côté, le roi se prépara à marcher contre Abibou, mais il n'eut pas le temps de lever le camp, car les rebelles arrivaient sur lui avec la plus grande hâte. Deux jours après la prise de Birou, comme on les croyait encore loin, leurs premiers coureurs débouchèrent sur la lisière du bois qui entoure le village à moins d'un kilomètre. Leur cavalerie tout entière suivait de près.

Les troupes royales étaient surprises. C'est un des défauts les plus saillants des guerriers nègres que leur ignorance ou leur mépris des précautions les plus simples, pour se mettre à l'abri d'une telle éventualité. Une autre circonstance, très curieuse, donnait encore aux rebelles un avantage considérable dans le combat qui allait s'engager.

Au moment où furent aperçus les premiers coureurs diallonkés, l'armée royale tout entière avait commencé le *salam* de deux heures, la prière la plus importante de la journée. Ces milliers d'hommes, tous tournés vers l'est en longues files irrégulières et en une masse profonde, se levaient, se baissaient, se prosternaient silencieusement dans la poussière, suivant tous ensemble les mouvements de leur général et marabout vénéré Tierno Alassane, isolé en avant de l'armée. Le roi et son frère Mountaga se tenaient auprès de lui et priaient comme l'armée. Des esclaves, des enfants derrière eux tenaient les chevaux en main et formaient une foule massée sans ordre, bariolée de couleurs voyantes au milieu des chevaux qui hennissaient, s'agitaient comme s'ils sentaient venir la tempête.

L'ennemi s'avançait au galop. Abibou, impatient d'en venir aux mains, n'hésita pas à profiter de la chance que le hasard lui accordait, d'aborder les troupes royales dans un moment où elles lui étaient, pour ainsi dire, livrées sans défense : car rien ne doit troubler un musulman pendant la prière, pas même la crainte d'une mort imminente. Le spectacle de cette foule agenouillée et qui couvrait la plaine, impassible et prosternée pendant que la charge de l'ennemi arrivait sur elle, ne manquait pas de grandeur ; les esclaves eux-mêmes, les palefreniers devaient en être frappés, car, nous disait un témoin oculaire, ils n'osaient pas crier et ils se contentaient de dire tout bas aux plus proches : *Mourtibé! Mourtibé!* (les rebelles!) Le roi et Mountaga donnaient l'exemple du recueillement et semblaient ne pas entendre le roulement précipité du galop qui s'approchait. Enfin, la dernière génuflexion est faite, la prière est terminée.

Aussitôt Tierno Alassane se lève et fait entendre le cri de guerre des musulmans, répété par toute l'armée avec un ensemble farouche : *La illah illallah ! Mahmadou raçoul Allah !* pendant que Mountaga jette une imprécation contre ces impies qui troublent la prière des fidèles : *Keffirs*, répétait-il, *Keffirs !*

En un clin d'œil, les fantassins ont ressaisi leurs fusils, les cavaliers ont sauté sur leurs chevaux : mais l'élan de l'ennemi est trop violent, ils plient d'abord. Pendant ce temps, l'infanterie d'Abibou s'avance contre l'infanterie royale et engage le combat avec elle.

Rien n'est réglé, dans ces troupes indisciplinées, pour conserver au chef la direction de la lutte, une fois qu'elle est engagée. Lorsque les deux ennemis sont également braves, elle dégénère tout de suite en une série de combats particuliers, d'homme à homme, et le nombre finit toujours par l'emporter, malgré le talent des chefs. C'est ainsi que la cavalerie royale, d'abord enfoncée, reprit pied peu à peu et rejeta les assaillants sur leur infanterie, qui, elle aussi, avait été forcée de reculer devant le nombre. Une nouvelle charge des Talibés du roi contre cette infanterie la mit dans le désordre le plus complet, qui ne tarda pas à se changer en déroute.

L'issue du combat ne pouvait plus être incertaine, malgré les efforts désespérés d'Abibou. Lui-même fut blessé, renversé de son cheval, fait prisonnier, et tous ses soldats se débandèrent.

La victoire restait donc au fils de l'esclave ; il avait maintenant à sa discrétion les fils d'Aïssata ! Le soir, il voulut les voir tous deux devant sa hutte de paille. Il était assis, les jambes croisées, sur une natte,

Mountaga à ses côtés, lorsqu'on lui amena Moctar, chargé de liens, et qu'on apporta Abibou, que sa blessure empêchait de marcher. Il y avait treize ans qu'ils ne s'étaient vus ; et depuis lors, que d'événements ! Comme tout avait changé dans leur sort !

« Regardez-vous bien, dit Ahmadou à ses deux frères, car vous ne vous verrez pas de longtemps. »

Moctar accablé, baissa la tête. Abibou leva les yeux sur le roi et, sans prononcer une parole, le fixa d'un air si sombre et si haineux qu'il lui fit détourner le regard. Mountaga semblait tout absorbé par des pensées pieuses, et regardait à terre en égrenant son chapelet.

« Emmenez-les, » s'écria le roi.

Tous deux furent transportés à Ségou. Là ils furent enfermés dans des prisons séparées et attachés par les quatre membres à un tara, espèce de lit en bambou du pays ; Abibou survécut un an ou deux à sa défaite ; Moctar est mort, dit-on, en 1880.

C'est ainsi qu'Ahmadou resta seul maître de l'empire fondé par son père.

TOKONTA

TOKONTA

Le massif de Kita. — Les confédérations mallinkés. — Relations de Tokonta avec les caravanes et avec les Toucouleurs. — Le dolo. — Les Griots. — Une fête à Kita. — Origine et progrès de Goubanko. — Pillages réciproques avec Kita. — Siège de Goubanko. — Défaite de l'almamy de Mourgoula et de Tokonta. — Une palabre orageuse.

Le Kita est un petit pays, une enclave dans le Fouladougou. Tous ses villages sont bâtis autour d'un massif montagneux, peu élevé, mais que son isolement fait remarquer parmi les autres monts de la contrée. Il domine la plaine d'une hauteur de 250 mètres environ; ses flancs ne sont autre chose que des murailles abruptes de pierre rougeâtre en plusieurs assises superposées, dont chacune est en retrait sur celle qui la supporte.

L'ascension en est difficile; les sentiers d'accès sont à peine visibles et serpentent au milieu de grands blocs en désordre qui semblent les débris du mur de soutènement de la montagne, écroulé par places. Les contours du massif sont très irréguliers. On y voit des saillants élevés et aigus, d'énormes masses de rochers nus alternant avec des retours profonds, bordés à droite et à gauche par de hautes murailles de grès. De la plaine on ne distingue à l'intérieur du massif qu'une masse confuse avec des sommets couverts d'une maigre végétation. Lorsqu'on y grimpe par le sentier de Makadiambougou, on parvient sur un haut plateau d'où l'on peut voir une grande dépression intérieure, un vrai cirque tapissé de verdure autour duquel s'élèvent, comme les gradins d'un vaste amphithéâtre, ces mêmes hauteurs qui surplombent la plaine du côté opposé.

Une foule de petits ruisseaux dont les sources sont souvent taries à la saison sèche, sillonnent ce joli vallon et forment à leur jonction deux étangs qui en occupent le fond. Lorsque arrive la saison des pluies, ces étangs ne peuvent contenir toute l'eau qui leur vient des flancs de la montagne. Ils se déversent alors par un torrent qui roule sur un lit de rochers et va tomber dans la plaine, près de Fodébougou. Il y fait, dans un enfoncement, une chute d'une belle hauteur, d'un effet très pittoresque, entre deux hautes murailles de pierre absolument dénudées.

Le massif de Kita est intéressant à étudier parce qu'il joue un grand rôle dans l'histoire des Kitankés. Le vallon intérieur, peu connu des étrangers, servait de refuge aux habitants de la plaine dans les moments de danger. Les récoltes y étaient cachées toute l'année, et, à la moindre alerte, hommes et bêtes grimpaient pêle-mêle le long du sentier le plus proche. Pendant que les femmes et les esclaves menaient le bétail dans les abris connus, les guerriers, armés de leur mieux, occupaient les passages par où l'ennemi pouvait se présenter et construisaient même en certains endroits des murs de défense en pierre sèche dont il reste encore de nombreux vestiges.

Au commencement de ce siècle, les Kitankés avaient beaucoup d'ennemis dont les incursions étaient très fréquentes, car ils n'osaient pas habiter la plaine. Leurs villages étaient bâtis dans les rochers, au premier étage de la montagne, au milieu des bandes de singes qui leur disputaient leurs maigres récoltes. Quelle vie misérable d'alertes continuelles, de qui-vive incessants! et que de scènes d'angoisse raconteraient les rochers de la montagne, s'ils pouvaient parler.

De nos jours encore, dans le Manding, on trouve des villages ainsi cachés et défendus contre les étrangers : Tabou, par exemple. Cela n'empêche pas les habitants d'être hospitaliers pour les voyageurs. Malgré leurs griefs contre les singes dévastateurs, ils sont doux pour eux, et le jour, à l'heure de la sieste, on les voit dormir paisiblement au pied des arbres, pendant que les *hommes des bois* se jouent en ricanant dans les branches.

Depuis plus de cinquante ans, les Kitankés sont descendus dans la plaine. Leurs villages sont plus nombreux et plus populeux ; ils forment une sorte de ceinture autour du massif protecteur dont ils n'ont plus à rechercher l'abri depuis notre arrivée dans le pays.

Nous avons maintenant, à 1500 mètres de la montagne, un grand poste militaire qui a été une de nos étapes dans notre marche au Niger. Il se fait entre ce fleuve et le Sahara un commerce assez considérable ; c'est un échange incessant de sel du désert, nécessaire aux populations riveraines du grand fleuve, contre des esclaves et de l'or. Les marchands colporteurs du Soudan, qu'on appelle *Dioulas*, achètent à Nioro ce sel de Tichit débité en barres plates d'une quinzaine de kilogrammes. Ils en chargent leurs ânes, se forment en caravanes et le transportent vers le Niger. Kita est le point de passage obligé de tous ceux qui se dirigent vers le cours supérieur du fleuve. Pour les Dioulas, c'est même une étape forcée, à cause de son éloignement de tout autre pays habité. Dans ces villages, ils recoivent l'hospitalité des habitants qu'ils connaissent et qu'ils payent, à leur départ, par un cadeau de gouros [1], de quelques coudées d'étoffe, ou même de verroteries. Le Dioula ne doit pas non plus oublier d'aller présenter ses hommages au chef du village, et il manquerait aux convenances si, en même temps, il ne lui apportait un présent proportionné à l'importance du convoi. C'est un droit de passage qu'il doit acquitter et qui lui assure la protection de l'*autorité* contre les vols dont il pourrait être victime.

Makadiambougou est l'un des villages les plus importants de Kita, et celui où les Dioulas s'arrêtaient le plus souvent à cause de sa position et de l'influence

---

[1]. Appelés aussi *noix de Kola*. C'est le fruit d'un arbre qui pousse dans le bassin du Niger et dont les noirs sont très friands : il est jaune ou rouge et d'un goût amer.

Makadiambougou.

de son chef. Celui-ci s'appelait Tokonta dans ces trente dernières années. Le roi du pays, c'est-à-dire le chef de tous les villages de Kita, était un vieillard impotent, appelé Makadougou, qui résidait dans le village de Niafala, non loin de Makadiambougou. Tokonta était un de ses parents; comme il était le plus riche et peut-être le plus intelligent, c'était lui qui commandait réellement dans le Kita.

Tous les pays du Haut-Sénégal et du Niger, à l'exception de ceux qui sont directement soumis aux Toucouleurs, sont subdivisés en une foule de petites confédérations de ce genre, gouvernées par un chef héréditaire en ligne collatérale, mais dont l'autorité est le plus souvent nominale. Le pouvoir est réellement exercé par un parent plus jeune ou mieux doué : ce pouvoir est loin, du reste, d'être absolu. Chaque chef de village reste libre de faire ce qui lui plaît chez lui avec l'agrément de ses notables et n'a recours à la décision du roi que lorsqu'il existe une affaire en litige avec un village voisin. De son côté, le roi ne prend aucune détermination importante sans réunir tous les chefs en palabre et leur demander leur avis. Cette constitution demi-féodale et demi-parlementaire varie légèrement suivant les pays et suivant le caractère des différents chefs.

A Kita, c'était Tokonta, avons-nous dit, qui exerçait réellement l'autorité à la place du vieux Makadougou de Niafala. Les autres chefs n'en étaient souvent pas satisfaits et ne se gênaient pas pour exprimer leur mécontentement contre lui, soit par de vertes algarades ou des injures, soit même par des coups.

Le passage des caravanes était pour Tokonta sa source de revenus la plus claire : il aurait dû l'augmenter en donnant plus de sécurité aux voyageurs, en les mettant à l'abri de toute vexation. Mais ces idées ne pouvaient entrer dans sa tête de Mallinké rapace. De temps en temps, sous les prétextes les plus futiles, et souvent sans aucun motif, il leur volait lui-même un esclave, un bœuf ou un âne qu'il faisait cacher, la nuit, dans la montagne voisine. Le Dioula cherchait son voleur, réclamait auprès du chef, qui faisait la sourde oreille et qui se croyait bien habile lorsque son hôte lassé, menacé peut-être, poursuivait sa route en le maudissant.

Cette manière de protéger le commerce ne pouvait être du goût des marchands; quelques-uns d'entre eux avaient essayé d'éviter Makadiambougou en passant par les villages situés de l'autre côté du massif, mais ils avaient eu à s'en plaindre encore plus que de Tokonta. Il leur arrivait de plus, après leur départ, au moment où la caravane fatiguée s'éparpille en petits groupes le long du sentier, d'être assaillis à coups de fusil qui partaient des buissons voisins. Quelques-uns des voyageurs étaient tués ou blessés, les moins braves prenaient la fuite, d'autres résistaient; mais il était rare qu'une partie du convoi ne restât pas aux mains des pillards. Ceux-ci n'étaient autres que les fils ou les esclaves de Tokonta, qui châtiait ainsi les marchands d'oublier la route de son village.

Voilà la manière dont ce chef gouvernait son pays. Il avait des défauts, comme on voit, mais au Soudan c'était peu de chose; les Dioulas seuls trouvaient que parfois il abusait de sa force, et continuaient, quoi qu'ils en eussent, à fréquenter son village.

La situation de Kita entre Nioro et Mourgoula l'avait mis en relations suivies avec les Toucouleurs. Avec ceux-ci, Tokonta s'était montré réellement habile. Au moment où la conquête musulmane remplissait de ruines le Fouladougou, le petit pays de Kita avait été préservé de tout pillage : lorsque Alpha Ousman l'avait traversé en 1858 pour aller à la conquête du Birgo, qu'il devait mettre à feu et à sang, Tokonta l'avait reçu avec force protestations d'amitié, et son pays avait toujours été épargné. Au prix de quelles bassesses, de quelles trahisons! on ne saurait le dire : mais la nécessité est son excuse.

Au fond, les Kitankés, originaires du Manding, étaient satisfaits d'assister à la défaite et à l'asservissement du Kaarta, car ce voisin était pour eux un ennemi héréditaire. C'étaient les Bambaras de ce pays qui avaient le plus souvent assailli la paisible confédération de Kita; c'étaient eux qui venaient autrefois du nord pour piller les habitants dans la plaine et les forcer dans leur retraite de la montagne. Le souvenir de ces incursions, qui ne datent pas de bien loin, est encore si vivace que lorsque Mari Siré, l'héritier des rois Massassis du Kaarta, venait à Kita avec les Français, il n'y était pas vu sans colère. Il n'y aurait été toléré sans l'amitié connue qui le liait à nous.

Tokonta réussit donc à vivre en bonne intelligence avec les Toucouleurs. Dans leurs fréquentes visites, il leur offrait une large hospitalité, avec un empressement où perçait le sentiment de terreur qu'inspiraient ces farouches conquérants. Ceux-ci le considéraient volontiers comme un vassal, et lui n'avait garde de mettre la chose en discussion. Il faisait parvenir assez souvent des présents aux chefs toucouleurs de Nioro et de Mourgoula. Même un jour, il envoya au roi de Ségou une de ses filles, Sira, accompagnée d'une belle lettre qu'avait composée Modi Moussa, le marabout de son village. Ahmadou avait daigné recevoir Sira au nombre de ses concubines, et Tokonta avait été très flatté de cet honneur qu'il rappelait souvent aux Toucouleurs, des hôtes parfois trop exigeants.

Malgré tout son zèle et tout l'empressement qu'il mettait à plaire aux musulmans, il y avait une suprême flatterie à laquelle le vieux Mallinké n'avait jamais pu se résoudre : c'était d'embrasser leur religion. Ce n'était pas par crainte que ses dogmes ne fussent une entrave à sa liberté morale, ni que la prière répétée cinq fois par jour lui parût une prescription trop gênante à accomplir. Ce n'était même pas la circoncision qui l'arrêtait, car il était circoncis, d'après l'usage de tous les peuples de ces contrées. Ce qui l'effrayait, c'était l'abstention complète de toute boisson fermentée que les musulmans nègres imposent à leurs adeptes. Tokonta, prêt à tout pour satisfaire aux exigences des Toucouleurs, ne voulait en aucune façon leur sacrifier son goût très vif pour le *dolo*.

Cette liqueur est d'un usage très répandu dans le Soudan ; elle est même connue dans le Haut-Nil, où elle porte le nom de *mériça*. C'est une bière que l'on prépare avec du mil ou du maïs fermentés, par des procédés grossiers qui rappellent ceux que l'on emploie en Europe pour la fabrication de la bière.

Or Tokonta avait pour le dolo une passion d'ivrogne, semblable en cela aux autres chefs ou notables mallinkés. Il en buvait tous les jours, le plus souvent d'une façon immodérée, et, les jours de fête surtout, il aimait à laisser au fond de ses calebasses le peu de raison qui lui était resté après ses libations de la veille.

Parfois il était invité chez le chef d'un village voisin sous prétexte de noces, de naissance ou de circoncision. Ces jours-là, l'amphitryon devait se mettre en frais et multiplier le nombre de ses calebasses et de ses jarres. Car Tokonta amenait avec lui ses deux frères, ses nombreux fils et ses innombrables neveux, tous buveurs intrépides; à ceux-ci se joignait un nombre considérable de *griots*, plus altérés encore que leurs maîtres.

Les griots ne sont autre chose que des bouffons qui vivent aux dépens des chefs nègres et de tous ceux qui peuvent leur donner quelque chose. Ils ne travaillent pas, — l'usage le leur défend, — vivent de mendicité et d'escroqueries, flattent la vanité puérile des maîtres qui les nourrissent, ont une réputation de sorciers qui les fait craindre, savent prodiguer les injures à leurs ennemis et chansonner les parcimonieux. Mais ils sont méprisés, ne s'unissent qu'entre eux, utilisent sans vergogne la dépravation de leurs femmes et de leurs filles, et, après une vie aussi honteusement remplie, leur cadavre est considéré comme immonde et enseveli dans un cimetière à part.

Il y en a pourtant parmi eux d'une intelligence peu commune chez les noirs et quelquefois d'une bravoure remarquable. Ceux-là acquièrent sur leurs maîtres une influence sans limites. Le griot favori est la plus grande autorité du village, et par lui on peut tout obtenir du chef. A la guerre, ils jouent le rôle de poètes inspirés et ils savent exciter par leurs chants le courage des guerriers. Au milieu même du combat, leurs cris de fureur se mêlent aux coups de fusil, mais ils ne combattent pas autrement. Aussi leur vie est-elle respectée par le vainqueur; en cas de défaite, ils changent simplement de maître et chantent l'ennemi victorieux.

Tokonta avait à son service une foule de griots qui ne manquaient jamais de l'accompagner aux fêtes où il était invité. Ils y menaient grand tapage. Le départ de Makadiambougou se faisait au son des instruments les plus variés, tam-tams de toute dimension, guitares, trompes, etc., et au milieu des cris les plus discordants et les plus bizarres que puisse produire un gosier humain. Ils célébraient, à leur façon, la gloire de Tokonta et ses richesses. Le chef, sensible à ces louanges, distribuait quelques gouros, et le tapage continuait de plus belle. Près du village voisin, on rencontrait les griots de l'hôte chez qui la fête était préparée; les cris devenaient plus aigus, la musique plus assourdissante : enfin, calme et grave au milieu de cette tempête, Tokonta arrivait à la case où il était attendu.

Là on commence par des salutations longues et minutieuses, faites d'ailleurs d'une manière très distraite. On s'informe de tout : de la santé, des femmes, des enfants, des esclaves, du bétail, de la case, de la récolte, du dolo, etc. A chaque demande, l'interpellé répond machinalement *ba!* fait les mêmes questions, et reçoit à son tour la même réponse avec autant d'indifférence.

Pendant ce temps, on s'assied sur des nattes, les jambes croisées, les calebasses de dolo sont apportées et l'on commence à boire. On mange à peine, mais on boit, on boit sans cesse en parlant haut et en gesticulant. L'ivresse arrive, puis le sommeil ; aussitôt réveillé, on recommence, et l'on continue ainsi deux, trois jours de suite, tant qu'il y a du dolo.

La fête ne serait pas complète si la danse ne s'en mêlait. Mais les hommes libres ne dansent que dans de grandes représentations guerrières, avant ou après une expédition et toujours avec leurs armes. Dans les autres fêtes, au contraire, les griots et les griotes seuls entrent en scène. On forme un grand cercle présidé par les chefs : les instruments, guitares ornées de grelots, harpes fixées à de grandes calebasses et dont on touche les cordes avec une griffe de léopard ou de lion fixée au bout du doigt, *tam-tams* qui ressemblent à nos tambours, *balafons* sur les touches desquels on frappe avec un marteau de bois, sont massés en face. Les spectateurs forment le cercle et battent des mains en cadence. Les danseurs et les danseuses, isolément, font le tour du cercle avec des mouvements de plus en plus rapides, souvent peu gracieux, avec des gestes et des contorsions obscènes. Ils finissent par s'arrêter haletants devant le chef à qui ils veulent faire honneur. Les tam-tams continuent à marquer la cadence, et d'autres danseurs entrent dans le cercle.

Les libations ne discontinuent pas pendant ce temps-là, et les danses se prolongent fort avant dans la nuit, surtout lorsque la clarté de la lune les favorise.

Voilà les plaisirs les plus chers aux Mallinkés et pour lesquels ils négligent volontiers leurs femmes, qui, d'ailleurs dans le Kita, sont rarement belles. Le dolo passe avant tout. J'ajouterai, comme moralité, que presque tous les Mallinkés riches sont de bonne heure alcooliques et même abrutis prématurément.

C'est dans cette paix, au milieu de ces fêtes plantureuses, que s'écoulèrent longtemps les jours de Tokonta. Les dévastations des Toucouleurs chez ses voisins, leurs passages fréquents à travers son pays n'avaient pas troublé sérieusement le bonheur de son peuple. Mais, un peu plus tard, de graves soucis vinrent l'assaillir et empoisonner ses moments de lucidité le lendemain de l'ivresse. Il était toujours riche; les caravanes connaissaient le chemin de son village et il en tirait de beaux cadeaux; son dolo était toujours le meilleur du pays; mais les adulations de ses griots, qui le proclamaient le chef le plus puissant de la terre, perdaient de leur saveur devant un danger qui devenait chaque jour plus redoutable.

Vers 1868 il avait reçu une députation d'anciens habitants du Birgo, échappés aux massacres d'Alpha Ousman, dix ans auparavant. Cette députation avait pour chefs *Ko* et *Madi-Oulé*. Ils s'étaient présentés avec humilité, lui avaient offert de se soumettre à lui, de se regarder comme ses sujets, s'il voulait leur donner dans le Kita un coin de terre pour y travailler et construire un village. Ils lui seraient tou-

Danse des Mallinkés.

jours obéissants et fidèles, ils lui enverraient tous les ans tant de mil, tant d'étoffes, etc., etc., et ils surent si bien parler, si bien flatter la vanité du vieux chef, qu'il se laissa prendre à leurs promesses. Le roi Makadougou le laissa faire et il accorda aux étrangers le territoire de Goubanko, vieux village abandonné ou détruit, à trois lieues au sud, sur la frontière du Birgo.

Ko et Madi-Oulé se retirèrent en continuant leurs protestations de dévouement, et, quand ils furent sur le territoire concédé, ils appelèrent à eux non seulement leurs familles qui étaient très nombreuses, mais encore celles de deux autres chefs de même race et quelques autres de moindre importance. De sorte qu'au lieu d'une centaine de personnes il en arriva plus de quatre cents, et encore beaucoup de femmes et d'enfants ne devaient-ils arriver que l'année suivante. Tokonta, sans le savoir, venait de donner l'hospitalité à près de deux cents guerriers déterminés et bien armés.

D'abord, les nouveaux venus tinrent toutes leurs promesses : ils construisaient leur village et l'entouraient d'un fort tata qui s'élevait à vue d'œil. Tokonta ne voyait rien ou ne voulait rien voir, grâce aux nombreux cadeaux et aux humbles flatteries de ses hôtes. Il leur était en effet facile de l'entretenir dans des illusions chères à son indolence et à sa cupidité. Leur activité cependant ne se ralentissait pas et, lorsque enfin le vieux chef se douta du danger qui le menaçait, il était trop tard. Il n'osa même pas ordonner de renverser l'enceinte de Goubanko, tandis que les villages de Kita étaient ouverts à tout venant. Les relations, de moins en moins amicales, durèrent deux ans ; les cadeaux et les promesses avaient cessé de la part des étrangers.

Un jour un esclave de Niafala se sauva et alla se réfugier à Goubanko. Tokonta demanda avec hauteur qu'il lui fût rendu. Ses hôtes répondirent d'abord que le fugitif n'était pas chez eux, puis, quand il insista, ils s'écrièrent avec menace qu'il pouvait venir voir. Il se le tint pour dit et dut s'avouer enfin qu'il avait été joué. C'était proprement l'histoire de la Lice que raconte le bonhomme La Fontaine, et l'imprévoyant Mallinké allait en apprendre la moralité à ses dépens.

De ce jour, les Kitankés n'osèrent plus se risquer franchement aux environs du nouveau village. Celui-ci se développait rapidement au détriment de ses voisins. Il était devenu une espèce d'asile où tous ceux qui pouvaient se sauver trouvaient abri et protection contre les poursuites. Il formait une petite république sans chef commun. Chaque famille ancienne ou nouvelle arrivée se gouvernait comme elle l'entendait en tribu séparée. L'inimitié des villages voisins entretenait entre elles une solidarité suffisante pour la défense commune. Les immigrants devenaient tous les jours plus nombreux ; en peu de temps, le village dut être agrandi et le mur d'enceinte reporté plus loin.

Tokonta ne voulait pas rompre complètement avec ses hôtes ingrats. Au contraire, poussé par un sentiment d'intérêt bien entendu ou peut-être seulement par la crainte, il essaya de faire une paix sincère avec eux ; il se montra très accommodant dans certaines circonstances et accorda même une de ses filles en mariage à l'un de leurs chefs.

Cette union qui devait lui assurer l'amitié de Goubanko fut cause d'une rupture ouverte. Le mariage s'accomplit avec force réjouissances et sous les plus heureux auspices. Mais les femmes mallinkées se piquent rarement de vertu ; le nouveau marié s'aperçut que la sienne avait abusé de sa liberté de jeune fille. Ce malheur est très fréquent dans ces contrées peu civilisées ; mais, s'il est irréparable, on y a trouvé une compensation. Le mari réclama, d'après l'usage, un bœuf en dédommagement de sa déconvenue. Tokonta, furieux, ivre peut-être, l'accusa de ternir injustement la réputation de sa fille, et non seulement ne voulut pas entendre parler du bœuf requis, mais il exigea que le complément de la dot non encore payé par son gendre lui fût remis tout de suite.

D'où guerre ouverte : Goubanko, pillant ses voisins pour rattraper son bœuf, et Kita rendant la pareille pour la dot non payée.

Dans ces luttes quotidiennes et ces pillages alternatifs, Goubanko avait l'avantage. Sa population, plus hardie, plus aguerrie, composée en grande partie de révoltés de tous les pays, en arriva bien vite à faire du vol à main armée une source de profits. Le village devint un repaire de brigands audacieux. Ils s'attaquaient à tous leurs voisins sans distinction, enlevaient les captifs et les femmes qui travaillaient aux champs, quelquefois même dépouillaient les Dioulas qu'ils soupçonnaient amis de Tokonta. Plus la moindre sécurité dans le pays, à Kita surtout.

Bientôt les autres voisins s'alarmèrent autant que Tokonta lui-même du désordre que la présence de semblables pillards mettait dans leurs affaires. Leurs esclaves se sauvaient, leurs champs restaient en friche, ils n'allaient d'un village à l'autre qu'en fortes bandes.

Dans le Birgo, où l'almamy Abdallah commandait au nom du roi de Ségou, c'était encore pis. Goubanko avait parmi les sujets des Toucouleurs de nombreux amis; la perception des impôts y devenait très difficile. Un esprit de résistance inquiétant et jusqu'alors inconnu grandissait chez les vaincus, et l'almamy résolut d'y couper court en extirpant la cause même du mal, en détruisant Goubanko.

Depuis longtemps Tokonta sollicitait son intervention. Abdallah se décida à tenir une grande palabre à laquelle il invita les chefs de tous les pays environnants, Kita, Bagnakadougou, Gadougou, Manding, etc. L'expédition fut reconnue nécessaire et rendez-vous pris pour les guerriers du sud à Sitakoto, à deux lieues au nord de Mourgoula, et pour ceux de l'ouest et du nord à Niafala. L'armée se réunit péniblement : c'était une foule indisciplinée de Mallinkés, où l'on ne comptait pas seulement une centaine de Toucouleurs, qui sont les meilleurs soldats du Haut-Sénégal. L'almamy lui-même en prit le commandement et s'avança jusqu'à Goubanko, où vinrent le rejoindre les contingents du Kita et du Bagnakadougou, cinq cents hommes environ, aussi mauvais soldats que leurs alliés. C'était vers le mois de février 1877.

D'abord tout alla bien pour ces derniers. Les sorties de Goubanko furent repoussées et le village assez étroitement cerné. Mais ce dernier était abondamment pourvu de vivres, tandis que les assiégeants ne s'en procuraient que difficilement. L'almamy ne sut pas faire venir du Birgo le mil qui lui était nécessaire, et Tokonta pouvait à peine tirer des greniers de la montagne de quoi nourrir ses hommes.

La première ardeur des assiégeants se ralentit donc; ils se mirent à marauder et les assiégés purent se moquer impunément de ceux qui restaient devant leurs murs pour les surveiller. Quand ils ne leur envoyaient pas des coups de fusil, ils leur criaient de venir manger avec eux, ou bien se mettaient assis au plus haut de leurs murs avec une calebasse de couscous entre les jambes, tantôt mangeant et tantôt jetant par bravade à leurs ennemis de pleines poignées de nourriture. Les assiégeants affamés perdaient courage.

Les détails du siège, qui dura près de trois mois, nous sont inconnus. On sait qu'il se réduisit à un blocus sans aucune tentative d'assaut d'un côté, et de l'autre à une surveillance active de leurs approches, sans aucune sortie vigoureuse. Tous les jours pourtant les avant-postes se saluaient de quelques coups de fusil; mais ce n'était que pour la forme et sans jamais se faire de mal.

Lorsque l'hivernage approcha, les désertions devinrent nombreuses chez les assiégeants; les Kitankés eux-mêmes, sous prétexte d'aller travailler aux champs et de préparer la récolte prochaine, se retirèrent peu à peu. Tokonta était dans l'impuissance de garder autour de lui même les habitants de Makadiambougou. Un jour il réunit tous les chefs de Kita et leur fit les plus vifs reproches de l'abandonner en face de l'ennemi commun et de favoriser les désertions de leurs hommes. Les chefs lui répondirent qu'après tout c'était lui qui avait donné leur territoire aux gens de Goubanko, que c'était le malheureux mariage de sa fille qui avait causé la guerre, et que par conséquent il eût à se tirer tout seul du mauvais pas où il s'était mis et à mieux surveiller ses filles à l'avenir. La discussion continua ainsi de plus en plus violente; on en vint aux injures, puis enfin les chefs exaspérés tombèrent à coups de bâton sur Tokonta, qui resta sur le lieu de la discussion à moitié assommé. Relevé par ses fils et transporté chez lui, il ne put plus retourner devant Goubanko, et tous les Kitankés rentrèrent dans leurs villages respectifs. Enfin l'almamy lui-même, fatigué de cette campagne si peu fertile en résultats, leva le siège et reprit piteusement la route de Mourgoula.

Les assiégés firent alors de fortes sorties, poursuivirent vivement leurs ennemis débandés et cherchèrent à regagner, par des prises plus considérables le temps perdu pendant ces trois mois d'inaction. Ils se rattrapèrent largement et ils vinrent voler du bétail jusqu'en vue de Makadiambougou.

Ces événements produisirent la plus vive impression dans toute la contrée, et désormais le nom de Goubanko répandit partout la terreur. Tokonta, vaincu par ses ennemis et battu par les siens, chercha plus que jamais dans le dolo l'oubli de ses chagrins. Il oublia les coups de bâton; mais il ne pouvait se consoler de s'être donné le voisinage désastreux de Goubanko.

OUALIHA

OUALIHA

La palabre. — Départ pour Oualiha. — Attaque. — Le siège.
— Arrivée du capitaine Gallieni à Bafoulabé. — Tiécoro. —
Prise du village.

Vaincu dans sa lutte contre Goubanko, Tokonta donna un plus grand développement à ses rapines et pressura davantage les caravanes. C'est ainsi qu'il se dédommageait des pertes que lui faisaient subir ses voisins, désormais sûrs de l'impunité. C'était sa manière d'équilibrer son budget : les occasions ne lui manquaient pas. Si les caravanes devenaient rares, il envoyait ses hommes dans les contrées voisines, où quelque guerre intestine existait toujours qui leur permettait de piller à leur aise amis et ennemis.

Un jour, arrivèrent à Kita des messagers de Fatafi, village important du Gangaran. Ils allèrent au village de Niafala, où habitait le roi Makadougou. Celui-ci convoqua en grande palabre les chefs des quinze villages. Voici à peu près comment se passa la cérémonie.

Tout le monde s'assit sur des nattes, les jambes croisées, sous l'arbre qui est en face de la case du roi. Makadougou, impotent, presque aveugle, avait auprès de lui, attentif à ses désirs, un esclave dont l'occupation principale était de râper des *gouros* que le vieux chef ne pouvait plus mâcher. Autour de lui et en arrière étaient les chefs des villages, les uns attentifs et cérémonieux, les autres nonchalants et par distraction se frottant les dents avec un *southio,* morceau de bois d'un acacia du pays.

En face, à une certaine distance, se tenaient les étrangers. Entre les deux groupes se placèrent deux griots : l'un pour répéter à haute voix ce que dirait le roi, l'autre pour répéter de la même façon ce que diraient les étrangers ; car il est d'usage dans ces cérémonies de se parler par ce double intermédiaire. Tout autour une foule de curieux de tout âge faisait un cercle respectueux. Après de longues et fastidieuses salutations, le plus âgé des envoyés de Fatafi commença en ces termes : « Le chef de Fatafi te dit : Je suis ton ami. Celui qui est attaqué s'adresse à son ami et celui-ci le défend s'il peut. Tout le Gangaran te connaît ; il sait que tu es un grand roi, » etc. Suivait un éloge pompeux de la puissance et de la richesse de Makadougou en particulier et de tout le pays de Kita en général. Les exagérations les moins mesurées sont écoutées par les noirs sans sourciller ; il ne vient à la pensée de personne qu'on puisse se moquer de son interlocuteur. L'assemblée entière écoute l'orateur avec recueillement ; il est même d'usage d'approuver et de scander toutes ses phrases par un claquement de langue ou un gloussement qu'aucun Européen n'a jamais pu imiter. Quand les auditeurs sont satisfaits, ils poussent de longs *Io-ho* très flatteurs, bientôt suivis de réflexions bruyantes.

Ce que voulaient les messagers de Fatafi, c'était que les braves guerriers de Kita vinssent se joindre à eux pour aller attaquer le village d'Oualiha sur les bords du Bafing. Tiécoro en était le chef. Une dispute s'était élevée entre lui et ses voisins pour un sujet qui mérite d'être raconté.

Environ trente ans auparavant, le frère aîné de Tiécoro avait pris pour femme Koura, la sœur de Moro, chef d'un autre village du Bafing. Le mari de Koura était mort très peu de temps après et n'avait pas eu le temps de payer la dot convenue. Tiécoro avait gardé sa belle-sœur, devenue sa femme : il n'avait jamais songé à payer ce qu'il devait à Moro, malgré toutes les demandes de ce dernier. Enfin un beau jour, après vingt-cinq ans de ménage, sur une dernière réclamation, il avait renvoyé Koura à son frère. Celui-ci protesta, disant que sa sœur était vieille maintenant, ne valait plus grand'chose, et il exigea une indemnité qui compensât les déchets survenus depuis le mariage. Tiécoro entendait au contraire que son ex-beau-frère lui rendît la partie de la dot qui avait été payée autrefois par son frère. Ces deux prétentions contraires étaient difficiles à concilier et l'on commença par se piller réciproquement. Le chef d'Oualiha avait beaucoup d'ennemis, probablement à cause de ses relations trop amicales avec les Toucouleurs, ennemis jurés de tout le Gangaran; Moro réussit à ameuter contre son adversaire tous les petits chefs du Bafing et du Bakhoy; la perte de Tiécoro fut résolue en grande palabre et l'on envoya même demander du secours contre lui dans les pays environnants.

Les Kitankés ne cherchèrent sans doute pas à savoir qui avait tort ou raison. On était au mois de juillet 1879, en hivernage. C'est pour les pillards la morte-saison, car la circulation des caravanes est interrompue par la crue des eaux; c'est aussi le moment de l'année le plus pénible à traverser pour le Mallinké peu prévoyant; la dernière récolte est déjà loin et la prochaine est encore en herbe; il se serre le ventre; le mil est rare et le dolo hors de prix; Tokonta lui-même le ménage. Aussi les guerriers ne laissent-ils échapper aucune occasion d'aller faire la guerre au loin, c'est-à-dire d'aller vivre chez le voisin et d'y faire des réquisitions faciles à lever quand on est en bande : la guerre évidemment n'est qu'un prétexte. « Il faut bien vivre, » disait Tokonta.

Ce fut lui qui répondit aux messagers de Fafafi, au nom du roi. La décision fut remise à quelques jours de là pour la forme; au fond on était enchanté de la proposition.

Les volontaires kitankés avaient pour chef Gara, fils de Tokonta. Ils se réunirent à Niafala, un jour de la fin de juillet : de là ils partirent pour le Gangaran. Comme dans toutes les cérémonies, les griots ouvraient la marche, armés de tam-tams et de guitares et poussant leurs cris habituels. Les chants de guerre de ces peuples ont plutôt l'air de chants sacrés et magiques pour conjurer le mauvais sort et rejeter sur l'ennemi tous les mauvais présages, que d'hymnes destinés à soulever l'enthousiasme des soldats : il est rare que les griots comprennent eux-mêmes un mot de ce qu'ils débitent de leur voix stridente. Ils mêlent à tout cela quelques couplets en l'honneur des chefs, où plus que d'habitude encore la louange est exagérée ; enfin, au milieu du tapage, ceux qui partent et ceux qui restent se disent adieu et l'on se sépare. La troupe de guerriers alla passer le Bakhoy au gué de Noya ; mais on n'était pas encore arrivé à la première étape, que déjà quelques-uns regrettèrent ce premier élan irréfléchi qui les avait poussés à courir les aventures et à s'exposer aux coups de fusil. Tout bien pesé, ne vaut-il pas encore mieux vivre de peu, mais en toute sécurité, chez soi, que d'aller chercher des repas plantureux chez des étrangers, au prix de dangers de toute espèce. Ces guerriers subitement devenus pacifiques s'arrêtent à un détour du sentier, puis font demi-tour sans autre cérémonie.

Ces désertions sont toujours très nombreuses dans les bandes nègres ; elles sont même régulières le premier jour. Les Kitankés disent de ceux qui reviennent ainsi sous les prétextes les plus futiles, qu'ils ont oublié leur tabac à priser. Avant d'arriver à Noya, Gara avait été abandonné par un tiers de ses hommes environ ; il n'avait pas cent guerriers quand il arriva à Fatafi. Les détails de la route sont toujours les mêmes : Les noirs, quand ils voyagent, n'emportent jamais que deux ou trois jours de vivres dans leur peau de bouc. On leur donne l'hospitalité dans les villages où ils passent, ou bien, s'ils sont nombreux et en bande armée, ils prennent eux-mêmes ce qui leur fait plaisir.

De Fatafi on partit pour le rendez-vous général des alliés, qui était le village de Koria sur le Bafing. De là l'armée entière, où manquaient encore les contingents du Bakhoy, se dirigea vers Oualiha à trois journées de marche au nord. Elle allait sans aucun ordre, et les moindres mouvements se faisaient avec une lenteur et une confusion faciles à comprendre. De temps en temps quelques éclaireurs partaient en avant vers le village ennemi ; éclaireurs généralement peu hardis et qui souvent prennent trois hommes pour une armée. Comme il n'y a pas de chevaux dans le pays, l'armée était composée uniquement de fantassins, et les éclaireurs étaient de simples piétons qui, à de certains endroits, grimpaient aux arbres pour explorer les environs.

Enfin on approche du village ennemi; la marche devient plus lente et plus prudente. L'ennemi n'a pas donné signe de vie, bien que l'on soit arrivé à ses premiers champs cultivés. Les alliés n'osent plus marcher franchement; ils se répandent à droite et à gauche du sentier, avancent au milieu des herbes avec mille précautions, quelquefois en rampant, et dépassent ainsi l'arbre fétiche aux branches duquel est suspendue une poule noire chargée de toutes les malédictions des sorciers d'Oualiha contre ceux qui franchiraient cette limite. Malheur à ceux qui passeraient sous l'arbre maudit! Les alliés trouvent aussi des signes cabalistiques tracés sur le sol du sentier; ils se contentent de ne pas marcher dessus;

Dualiha.

leurs griots se chargent de répondre aux maléfices de l'ennemi par des maléfices encore plus efficaces.

Ils avancent très lentement, avec crainte : de l'autre côté, les gens d'Oualiha n'ont pas l'air plus rassuré. Ils ont passé la nuit à boire et à danser au son de la musique de leurs griots qui les excitent au combat; ils savent que l'ennemi est proche et ils envoient des éclaireurs sur la route qu'il doit suivre; les nouvelles fréquentes arrivent; les guerriers couronnent le mur d'enceinte ou sont répandus autour du tata. Quelques-uns osent de temps en temps faire une cinquantaine de pas dans la direction de l'ennemi, mais ils reviennent bien vite vers les leurs. Pendant ce temps la musique assourdissante du tam-tam n'a pas cessé, et elle suffirait à guider les assaillants vers Oualiha s'ils n'en connaissaient pas déjà tous les chemins.

Il fallut une demi-heure à l'ennemi pour faire le dernier kilomètre qui le séparait du village; enfin les premiers arrivèrent à portée et firent feu tout de suite, puis reculèrent rapidement pour recharger leurs armes. Les habitants répondirent en masse, tirant comme ils pouvaient, au hasard, au milieu des herbes. Tout d'abord la fusillade fut très nourrie. Des deux côtés, les prouesses à la mode du pays s'accomplissaient. Les guerriers les plus braves s'avançaient de quelques pas en gambadant au-devant de leur troupe; ils tournaient sur eux-mêmes, faisaient une espèce de moulinet avec leurs armes, menaçaient ainsi tous les coins de l'horizon et finissaient par faire partir leur coup de fusil, à peu près dans la direction de l'ennemi. C'est ainsi que combattent les braves; ils sont rares. Pendant ce temps les griots, enivrés par le bruit et l'odeur de la poudre, criaient et sautaient de chaque côté comme des frénétiques avec des contorsions risibles.

Pendant près d'une heure les deux partis s'envoyèrent ainsi des coups de fusil sans se faire beaucoup de mal, mais peu à peu les habitants qui n'avaient pas d'abri devant le tata rentrèrent dans le village et abandonnèrent le champ de bataille. Ils furent poursuivis par les huées de leurs ennemis, qui eurent même un moment l'idée de se précipiter à l'assaut. Quelques-uns des plus braves s'élancèrent en avant, le fusil d'une main et la pioche à renverser le tata de l'autre. Ils avancèrent ainsi jusqu'assez près du village; mais alors le feu de l'ennemi à travers les créneaux pratiqués dans le tata devint réellement meurtrier, et les assaillants reculèrent à bonne distance. La fusillade diminua ensuite et cessa bientôt presque tout à fait. Ce fut la première journée.

La nuit, les assiégeants campèrent assez loin du village, de crainte de surprise. Le lendemain, ils revinrent de bonne heure, le feu recommença avec aussi peu de succès que la veille et avec moins d'entrain. Pendant plusieurs jours, les attaques du même genre furent reprises de moins en moins sérieuses. Les assiégés se montraient à peine. Leurs ennemis purent cerner le village et établir tout autour un blocus assez complet. Chaque chef choisit un campement à sa convenance, se fit construire une hutte en paille et son contingent campa près de lui sous de mauvais gourbis abritant à peine du soleil et pas du tout de la pluie qui, par intervalles, tombait en abondance. Ces jours-là il y avait trêve entre les deux partis; on n'entendait pas un coup de fusil. Ces trêves étaient fréquentes, car on était en plein hivernage. Les alliés allaient chercher du bois, faisaient de grands feux sous leurs abris pour se sécher; les habitants dans leurs cases semblaient à peine se douter que l'ennemi était à leurs portes.

Mais ce n'étaient pas les pluies de l'hivernage qui troublaient les alliés : leur grand sujet de préoccupation, c'étaient les vivres. Ils en recevaient à peine des villages voisins; ils parcouraient en troupes les environs, ramassaient tous les fruits qu'ils pouvaient trouver et économisaient surtout le maïs qui commençait à monter en graine. Ils étaient plus affamés que les assiégés. Ceux-ci supportèrent assez facilement les premiers jours du blocus : ils attendaient du secours. Leur chef, Tiécoro, était parti avant l'attaque pour Koundian, la forteresse toucouleure du Bafing, où il était allé implorer l'assistance de Diango qui y commandait au nom d'Ahmadou. Koundian n'était plus le village puissant d'Al-Hadji : Diango, assisté de quelques Talibés, y était encore obéi par un reste d'habitude, mais il était incapable d'imposer sa volonté à deux pas de ses murs. Tiécoro y fut reçu avec sympathie et n'obtint pour tout secours que de vagues promesses.

Le vieux chef s'adressa alors aux populations du Natiaga, dont il n'obtint même pas de promesses. Il parcourut misérablement plusieurs villages, ne sachant que faire de sa personne, ne trouvant partout que l'indifférence la moins déguisée.

Cependant le temps pressait, les assiégés commençaient à se trouver dans une situation dangereuse. Ils n'avaient depuis longtemps aucune nouvelle de leur chef, et le découragement était vite arrivé. Leurs vivres s'épuisaient aussi, car il n'est pas d'usage, dans le pays, de faire des économies d'une année à l'autre, et ordinairement on compte sur le maïs du mois de septembre pour atteindre la grande récolte qui se fait en décembre. Or c'étaient les assiégeants qui profitaient de leur maïs et qui faisaient la récolte à leur place.

La situation de ces derniers n'était pas brillante non plus. Ils avaient dès le début assez gaspillé les ressources des environs et mangé un peu leur maïs en herbe. Vers la fin de septembre le mil des villages voisins n'arrivait presque plus et ils avaient tout dévoré, même leurs chiens. Les deux partis étaient également affamés; pourtant ils tenaient encore. Mais les attaques avaient complètement cessé de part et d'autre; aux coups de fusil avaient succédé les injures, que l'on se renvoyait du tata à la plaine.

« Fils de chiennes ! Tiécoro arrive avec une grande armée. Vous êtes trop lâches pour l'attendre.

— Ce sont les corbeaux qui arriveront en foule; ils pourront se repaître à leur aise. Pour longtemps nous promettons qu'ils n'auront pas à chercher ailleurs leur pâture.

— Vous avez mangé vos chiens et vous mangez

de l'herbe. Vous mangerez les vers de terre et vos excréments.

— Vous dévorerez les seins de vos femmes, et nous vous obligerons à manger vos mères mêmes. »

Si les assiégés n'en étaient pas à l'anthropophagie, la disette était devenue effrayante. Quelques-uns d'entre eux essayèrent de se sauver à travers les lignes ennemies, mais la plupart furent pris ou tués à quelques pas du tata, et en effet déjà les corbeaux arrivaient en grand nombre.

Telle était la situation des deux partis lorsqu'une nouvelle extraordinaire se répandit dans le camp et passa même dans le village. D'abord on raconta qu'une grande armée de Français et d'indigènes était dans le Natiaga et s'avançait au secours d'Oualiha, puis que c'étaient des Toucouleurs de Koniakari avec des canons que Tiécoro amenait enfin pour sauver son village; d'autres bruits plus absurdes les uns que les autres circulèrent; les assiégeants devinrent réellement inquiets et envoyèrent aux renseignements; les assiégés reprirent courage.

La vérité était celle-ci : Ce n'était pas une armée qui était dans le Natiaga; c'étaient deux officiers français, MM. Gallieni et Vallière, que le gouverneur du Sénégal envoyait en reconnaissance le long du fleuve en amont de Médine et qui se proposaient de pousser jusqu'à Bafoulabé, point où le Sénégal se forme par la jonction des eaux du Bafing et de celles du Bakhoy, à une vingtaine de kilomètres en aval d'Oualiha. Ils étaient accompagnés d'une dizaine de tirailleurs et d'autant d'âniers ou muletiers, et ils voyageaient en explorateurs et non en conquérants.

Ils étaient partis de Médine au commencement de septembre, au moment où la crue des eaux rend la marche le plus pénible et souvent les marigots infranchissables. A Boukaria, ils avaient été obligés de se séparer de deux sous-officiers, leurs aides, que les fatigues et la maladie rendaient incapables de continuer leur route. En quittant Mansona, dans le Natiaga, ils avaient reçu la visite de Tiécoro d'Oualiha. Le pauvre homme voyageait en triste équipage, suivi d'un seul esclave auquel il donnait le titre pompeusement traduit par les interprètes par le mot *ministre*. Le malheureux *roi* et son *ministre*, ne sachant plus à quel saint se vouer, se décidèrent à demander secours à ces Français, envoyés d'un homme dont ils connaissaient le nom. Ils leur proposèrent gravement de les conduire avec leurs dix tirailleurs à la délivrance d'Oualiha. Tiécoro ajouta qu'ils ne pouvaient refuser ce service à un ami des Toucouleurs tel que lui.

Gallieni ne rit pas de la proposition ; il dit au vieux chef de l'accompagner jusqu'à Bafoulabé, où il prendrait des renseignements et agirait en conséquence. Tiécoro le suivit donc, et ce n'est pas sans étonnement ni sans rire que les deux officiers le voyaient à chaque étape grimper sur un arbre voisin, s'y faire arranger une couchette par son ministre, et de là, de temps en temps, leur adresser la parole, toujours mélancolique et quémandeur.

C'est ainsi que la petite troupe arriva à Bafoulabé après avoir surmonté les graves obstacles que leur opposaient le pays et la saison. De là, pendant que le lieutenant Vallière continuait ses travaux topographiques, le capitaine Gallieni envoya ses interprètes à Oualiha voir ce qui s'y passait. Les assiégeants

Le commandant Gallieni.

savaient déjà à quoi s'en tenir sur l'armée de secours qui marchait contre eux; pourtant ils reçurent les deux interprètes avec méfiance. Avant tout, ceux-ci durent jurer sur un baril de poudre et deux fusils en croix que les blancs ne venaient pas en ennemis; ensuite on leur fit boire une calebasse de dolo pour bien s'assurer qu'ils n'étaient pas musulmans; enfin rassurés et encouragés par un nommé Bassi, ancien caporal de tirailleurs, alors favori d'un chef influent du pays, quelques-uns consentirent à aller faire visite aux blancs pour se rendre compte eux-mêmes de ce qu'étaient les nouveaux venus.

Ils arrivèrent une dizaine à la pointe de Bafoulabé, sur la rive droite du Bafing, en face du campement des deux officiers. Un dernier soupçon les fit encore hésiter quand il fallut s'embarquer dans la pirogue pour passer la rivière. Mais cette crainte fut surmontée et elle s'évanouit totalement lorsque le capitaine Gallieni les reçut avec des démonstrations d'amitié. Ils étaient hâves, couverts de haillons qui n'avaient plus de forme et souillés de boue. On les mit vite à leur aise et on leur demanda s'il y avait longtemps qu'ils n'avaient pas mangé; les malheureux soupirèrent. On tua alors un bœuf pour eux, on leur fit cuire deux vastes marmites de riz; enfin on leur donna à boire de l'eau-de-vie. Ils trouvèrent exquis ce *dolo des blancs* (toubabou-dolo) et de beaucoup supérieur à celui de leur village.

Pendant ce temps le capitaine les faisait causer; il apprenait que parmi les assiégeants il y avait des représentants de tous les chefs influents du pays, notamment de Kita; précisément Ibrahima, un des fils de Tokonta, était là. Il le traita particulièrement bien et lui proposa, ainsi qu'à quelques-uns des plus importants, de le suivre à Saint-Louis pour y être présentés au gouverneur. Il savait quels étaient les projets de M. Brière de l'Isle et que la reconnaissance de Bafoulabé devait, d'après les ordres venus de Paris, être suivie d'un voyage plus important vers le Niger. Il voulait donc profiter de l'occasion qui s'offrait pour se mettre dès ce moment au mieux avec les chefs indigènes; le meilleur moyen d'avoir des guides sûrs plus tard et des introducteurs dévoués dans le pays était d'emmener quelques-uns des notables, qui apprendraient à nous connaître par un séjour à Saint-Louis. Ses propositions trouvèrent les Mallinkés assez bien disposés; cependant ils ne voulurent pas s'engager avant d'en demander la permission à ceux dont ils dépendaient. Le lendemain, bien repus et la tête encore lourde des vapeurs du tafia, ils reprenaient le chemin d'Oualiha.

La dernière heure de la malheureuse cité était venue; tout espoir de secours était maintenant perdu et la famine épouvantable; depuis plusieurs jours les assiégés trompaient leur faim en mâchant de la paille et des morceaux de bois. Négocier et capituler, cela ne se fait pas dans le pays : chez les nègres, après une pareille lutte, il n'y a pas pour les vaincus d'autre alternative que la mort ou l'esclavage. Pour les hommes faits même, ils n'ont pas le choix, c'est la mort. Telle est la loi de la guerre. Aussi, arrivés au dernier terme de la résistance, devaient-ils tenter une sortie suprême, qui réussit quelquefois. Leurs ennemis s'y attendaient. Dès qu'ils les virent sortir en foule des portes et se masser au pied du tata, ils commencèrent sur eux une vive fusillade, meurtrière à cause de la petite distance qui les séparait. Les assiégés y répondirent à peine; mais quand ils se jugèrent assez nombreux, ils se précipitèrent tête baissée, en poussant des cris, sur les ennemis qu'ils avaient devant eux. Ce fut pendant quelque temps une lutte acharnée et corps à corps où les habitants ne cherchaient qu'à se frayer un passage à travers les rangs pressés des assiégeants. Le combat s'étendit tout autour de l'enceinte, car de tous les côtés les assiégés essayaient de se sauver. Un certain nombre d'entre eux réussirent; le reste fut refoulé, poursuivi l'épée dans les reins jusque dans le village, où les vainqueurs entrèrent en même temps que les vaincus. Maintenant le pillage et le massacre commençaient.

Chez les Mallinkés, dans un cas pareil, il n'y a pas de partage après la lutte; c'est à qui prendra le plus de ce que l'ennemi ne peut plus défendre. Aussi la mêlée devint-elle désordonnée, épouvantable : chaque ruelle, chaque case, au milieu de la poussière et de la fumée, était le théâtre d'un combat désespéré où les vaincus acculés ne pouvaient que trouver la mort. Puis les vainqueurs se précipitaient sur les femmes et les enfants qui sont la plus précieuse marchandise, se les arrachaient avec des cris furieux, pendant que les victimes, tiraillées violemment, blessées souvent, se laissaient faire, inertes et comme impassibles. Tout ce jour-là, et le suivant, ils tuèrent et pillèrent; puis, quand il ne resta plus rien à prendre dans le village, ils y mirent le feu et les blessés expirèrent sous les décombres, au milieu de l'incendie. Cette exécution sauvage terminait une lutte qui avait commencé d'une manière si peu terrible.

Les alliés ne s'attardèrent pas longtemps autour des ruines d'Oualiha. Ils se hâtèrent de regagner leurs villages par le plus court chemin en poussant devant eux, comme un bétail, les esclaves qui leur étaient échus. Ibrahima et quelques autres parents de chefs furent autorisés à aller rejoindre l'homme blanc qui était déjà reparti pour Saint-Louis ; Gara, avec ses guerriers, avait fait de bonnes prises ; il reprit le chemin de Kita. Il y arriva sans encombre et fut reçu par son père et toute la population avec les manifestations de la plus vive allégresse.

DIO

DIO [1]

La mission du Haut-Niger. — Kita et le Fouladougou. — Entrée dans le Bélédougou. — Guisoumalé. — Daba. — La mission à Guinina. — Préparatifs de Nampa. — Arrivée de la mission à Dio. — Inquiétudes et départ. — L'embuscade. — Combat de Dio. — Occupation des ruines. — Convoi perdu. — La poursuite. — Halte pendant la tempête. — Arrivée à Guiningoumé. — Bammako.

Après son retour de Bafoulabé (octobre 1879), le capitaine Gallieni fut chargé d'une mission plus importante et beaucoup plus lointaine. A la suite de sa première exploration, un poste avait occupé le confluent du Bakhoy et du Bafing; des officiers et des ouvriers y avaient été envoyés pour y construire un petit fort. Il s'agissait maintenant d'explorer la route usqu'au Niger, en prenant pour premier objectif Bammako. Il fallait reconnaître les populations qui

---

[1]. Dans ce chapitre, l'auteur n'a pas pour but de raconter dans tous ses détails le voyage de la mission Gallieni. Cet officier en a fait lui-même le récit très intéressant dans le *Tour du Monde* (année 1882), et il en a publié une relation plus complète intitulée : *Voyage au Soudan Français*. Paris, Hachette.

habitent le pays compris entre ce village et Bafoulabé, étudier leurs besoins, leurs ressources et leur situation politique. Depuis le voyage de Mage (1863-65), bien des changements s'étaient produits ; la guerre avait tout bouleversé, et ce voyageur n'avait pas pu étudier la route directe qui pouvait joindre notre colonie du Sénégal au Niger.

Le capitaine Gallieni emmenait avec lui trois officiers : les lieutenants Pietri et Vallière et le docteur Tautain, médecin de la marine. A ceux-ci était joint le docteur Bayol, qui devait rester à Bammako comme résident, si les indigènes y consentaient. La mission était escortée d'une trentaine de soldats noirs, tirailleurs et spahis, et emmenait avec elle un lourd convoi de près de trois cents ânes chargés de vivres et des cadeaux nécessaires aux négociations avec les chefs indigènes et aux achats pour l'entretien du personnel : c'étaient des étoffes, des armes et divers autres produits de notre industrie.

Partis de Médine le 22 mars 1880, les voyageurs arrivèrent à Bafoulabé le 1er avril. Les officiers et les soldats du poste habitaient encore sous des constructions provisoires, abris en paille entourés d'une palissade, sur la rive gauche du Bafing. Le jour même de l'arrivée de la mission, on posait la première pierre du fort projeté, et c'est après avoir assisté à cette cérémonie, qui semblait du meilleur augure pour le succès de son voyage, qu'elle partit de Bafoulabé.

Le capitaine Gallieni avait emmené avec lui les notables qui étaient venus lui faire visite pendant le siège d'Oualiha, et qui avaient consenti pour quelques mois à quitter leur pays pour aller à Saint-Louis se présenter au gouverneur du Sénégal. Ces hommes, maintenant tout dévoués à notre cause, accompagnaient les Français dans les villages, parlaient souvent pour eux et établissaient vite des relations cordiales entre eux et les indigènes qui sont d'ordinaire très méfiants.

Jusqu'à Kita, la mission ne rencontra aucune difficulté sérieuse. Dans toute la région du Bakhoy, les habitants vivaient dans la crainte perpétuelle des Toucouleurs qui commandaient sur la rive droite. Ce voisinage était pour eux une cause de misère et de maux de toute espèce. Ils cultivaient à peine de quoi vivre, incertains chaque jour du lendemain, redoutant même une récolte trop abondante ou des troupeaux trop nombreux, de peur d'attirer plus sûrement chez eux les razzias et la destruction.

« La paix et la tranquillité », c'étaient les deux mots qu'ils répétaient à satiété aux Français dans chaque village, et ils y joignaient le souhait de se voir bientôt à l'abri du danger à côté de nos postes. Chaque village en voulait un à proximité, et les chefs promettaient tout ce qu'on demandait; ils voulaient être les *esclaves des Français,* à condition qu'on leur assurât ce qu'ils considéraient comme un avantage sans prix et un bien inespéré, la sécurité du lendemain.

Ce pays semble avoir été le plus rebelle à la conquête d'Al-Hadj Oumar. Il a été, il y a près de trente ans, complètement ravagé et dépeuplé; pas un village n'était resté debout. Le souvenir de ces désastres s'y est conservé très vivace, et se mêle à celui de certains traits d'héroïsme dont la race semble peu capable. Ces Mallinkés ne racontent pas sans orgueil que le prophète, étonné de l'énergique résistance de Fangala, offrit après la victoire la vie sauve aux habitants s'ils consentaient à embrasser l'islamisme. Leur haine des vainqueurs, plutôt que leur aversion pour la religion, l'emporta sur l'amour de la vie. Ils refusèrent et furent tous massacrés. Quelques-uns des villages détruits ont été relevés par les anciens habitants échappés à la mort. Quant à Fangala, ses ruines mêmes ont disparu, emportées par les pluies d'hivernage.

La mission française arriva à Kita le 22 avril. Elle savait déjà que le roi, Makadougou, n'avait qu'une autorité nominale, et que le chef le plus influent de la confédération kitanké était Tokonta, bien que l'harmonie avec les autres chefs fût parfois singulièrement troublée. C'est donc à lui principalement que s'adressa le capitaine Gallieni, et c'est lui qu'il essaya de gagner pour l'amener à conclure un traité d'amitié.

Les négociations furent longues et difficiles. Les relations de Kita avec Goubanko étaient aussi hostiles que par le passé, et Tokonta vivait avec l'idée fixe de se débarrasser de cette menace perpétuelle suspendue sur sa tête. Il craignait de se compromettre sérieusement vis-à-vis des Toucouleurs en acceptant notre protectorat; il ne se souciait pas de s'attirer l'inimitié de ces voisins encore plus redoutables que Goubanko. Les Français étaient trop loin, leurs secours pouvaient être impuissants à le sauver quand il serait pris entre l'enclume et le marteau, Goubanko et les Toucouleurs. Enfin, circonvenu par ses fils et par nos interprètes, séduit par les cadeaux qu'on lui offrait, effrayé aussi par la menace du capitaine Gallieni d'aller offrir notre amitié et notre appui à Goubanko, il céda et fit céder le vieux roi. Mais son premier soin, le traité signé, fut d'envoyer un de ses fils à Mourgoula pour essayer de donner le change à l'almamy, et lui porter quelques-uns des présents qu'il venait de recevoir, entre autres un revolver, arme qui l'étonnait beaucoup.

Il essaya, en outre, d'entraîner la mission avec ses trente soldats à la conquête de Goubanko, comme autrefois Tiécoro avait voulu mener nos deux officiers à la délivrance d'Oualiha. Le capitaine Gallieni ne voulait et ne pouvait sortir de son rôle pacifique. Pour mieux l'affirmer, il proposa sa médiation entre les deux ennemis. Tous deux, après quelques hésitations, acceptèrent la paix et la jurèrent, moyennant remise réciproque, qui fut faite, des femmes et du bétail récemment volés.

Les officiers français ne se faisaient guère illusion sur la durée de la paix qu'ils venaient d'obtenir : ce n'était au fond qu'une trêve, et elle fut courte. Mais il importait de poser clairement aux yeux des indigènes le principe de notre occupation du Soudan. Nous venions en conciliateurs, non en conquérants. Malheureusement plus tard, ceux qui vivaient de guerre et de pillage furent intraitables, et nous verrons comment la paix dut leur être imposée par la force.

Après cet heureux succès de ses négociations, le capitaine Gallieni était prêt à continuer sa route. L'hivernage ne devait pas être long à venir, et d'ailleurs un autre motif l'obligeait de se hâter. Pendant son séjour à Kita, l'état sanitaire de ses bêtes de somme avait empiré. La mortalité qui sévissait sur les ânes était si grande qu'il craignait de se voir bientôt réduit à abandonner une partie de ses bagages. Les pauvres bêtes, fatiguées par un mois de marches ininterrompues, blessées au dos faute de bâts bien appropriés, étaient d'une faiblesse extrême. Lorsque l'une d'elles tombait aux environs du camp, une foule de Mallinkés de tout âge l'environnaient, attendant son dernier souffle pour se précipiter sur le cadavre et le dépecer. C'était ainsi tous les jours fête à Makandiambougou, et depuis longtemps on n'y avait fait d'aussi longs et succulents repas.

Le 26 avril, le lieutenant Pietri rentrait d'une exploration particulière le long du Ba-Oulé; le lendemain, la mission prit la route de l'est vers le Bélédougou, la plus courte pour arriver à Bammako. Pendant ce temps, le lieutenant Vallière partait avec trois tirailleurs vers les régions du sud. Il devait traverser Mourgoula, visiter le Manding et rejoindre ses compagnons de voyage à Bammako. Ces explorations partielles, exécutées avec de faibles escortes, offraient sans doute quelque danger, mais c'était le seul moyen d'élargir le champ des renseignements et de faire des observations bien plus utiles, car souvent elles servaient à contrôler celles de la colonne principale.

Après avoir franchi le Bandinghô, la mission traversa péniblement le Fouladougou oriental, pays encore plus désert que la région occidentale. Bangassi, l'ancienne capitale, visitée par Mungo-Park en 1805, a été prise et détruite par Alpha Ousman, un lieutenant d'Al-Hadj Oumar, vers 1860. La ville avait résisté à un premier siège. Les musulmans, après plusieurs combats et deux assauts infructueux, avaient été obligés de battre en retraite vers Mourgoula. Cette victoire avait surexcité l'orgueil des habitants, et peut-être avait été la cause de quelques persécutions dont certains notables furent victimes. Un des fils du chef se mit lui-même à la tête du parti des mécontents, qui appelèrent à eux les Toucouleurs. Ceux-ci réussirent cette fois à enlever la ville et la détruisirent, suivant leur coutume. Les voyageurs ne virent plus, au milieu de l'épaisse végétation, que les ruines du mur d'enceinte et, sous les arbres séculaires que le feu a épargnés, que des débris de la poterie grossière des indigènes [1].

Ils arrivèrent le 4 mai à Koundou, à proximité du Ba-Oulé. Le premier accueil fait à l'officier qui précédait la mission en éclaireur, fut très réservé, presque hostile. Quelques-uns des habitants rentrèrent en courant dans le village pour s'armer, s'imaginant peut-être voir arriver des ennemis. Le chef, entouré de quelques notables et de griots, était assis à l'ombre devant la porte, complètement ivre, et son entourage était à peine dans un état plus convenable. Malgré cela, ou peut-être grâce à cette situation d'esprit, la méfiance dura peu; on se dit *anissagay* [2]

---

1. Depuis que nous occupons le pays, quelques-uns des anciens habitants sont revenus s'établir près des ruines et fonder un nouveau village.
2. *Bonjour* en mallinké. C'est le souhait de bienvenue.

de part et d'autre, et le bidon rempli d'eau-de-vie de l'officier, qui passa de main en main et fut religieusement vidé, cimenta l'amitié nouvelle. La mission arriva le lendemain, puis, ayant tout réglé avec Koundou, elle se disposa à entrer dans le Bélédougou.

Le Ba-Oulé, qui coule à une lieue à l'est du Koundou, marque la frontière de ce pays. Comme d'habitude, les voyageurs n'avaient négligé aucun renseignement avant d'y pénétrer. A Koundou, ils s'étaient informés de la situation des villages, des relations de leurs chefs entre eux et avec ceux du Fouladougou. Mais, soit insouciance des indigènes, soit mauvaise volonté de leur part, rien ne leur fit soupçonner la vérité, c'est-à-dire la prépondérance d'un gros village appelé Daba sur les premiers villages qu'ils allaient traverser. Il est bon de remarquer qu'à cette époque le Bélédougou était un pays absolument inconnu aux Français. Mungo-Park et Dochard l'avaient visité (1805 et 1817), mais n'avaient laissé aucun renseignement sur sa situation politique; Mage, en 1864, l'avait traversé beaucoup plus à l'est, et n'avait rien pu connaître sur ce même sujet. D'ailleurs, depuis cette époque, la guerre avait tout bouleversé, surtout dans la partie occidentale qu'avait à parcourir la mission Gallieni et que l'on appelle le Petit-Bélédougou.

Le capitaine Gallieni savait seulement que les villages les plus proches étaient Guisoumalé et Ouoloni, et, par précaution, il s'y fit annoncer de Koundou même. Pour bien marquer ses intentions amicales, il leur demanda des guides.

Guisoumalé en envoya trois, parmi lesquels était le

fils du chef, qui devait souhaiter la bienvenue aux étrangers. Le lendemain, 5 mai, on quittait le Ba-Oulé, le lieutenant Pietri ayant été envoyé en avant pour éclairer la route et renseigner exactement le chef de la mission sur les dispositions des villages que l'on allait traverser.

Ainsi aucun obstacle à l'entrée du Bélédougou. Ce pays, que quelques indigènes disaient inhospitalier et le plus sauvage de tous, s'ouvrait avec empressement aux Français, semblait même les accueillir avec plus d'empressement que les autres. Ce début était du meilleur augure ; une seule cause de souci restait aux voyageurs : c'était la mortalité persistante qui sévissait sur leurs bêtes de somme. Mais Bammako était proche, on l'aurait gagné en cinq ou six jours, et là on aurait le temps et les moyens d'aviser. Cependant un grave danger, dont ils ne se doutaient pas encore, les menaçait.

Nous avons dit qu'il existait dans le Petit-Bélédougou un gros village appelé Daba, très important et dont ils n'avaient pas entendu parler. A la vérité, le chef de Daba n'avait sous son autorité directe que cinq ou six villages qui formaient son canton. Mais comme il était le plus fort de la contrée, il imposait sa volonté dans les questions importantes aux autres chefs environnants.

Ce chef s'appelait Nampa. C'était un vieillard énergique et têtu qui avait fait ses preuves dans la révolte contre les Toucouleurs. Il avait subi peu de temps leur joug et les avait chassés à la première nouvelle de la mort du prophète. Dès l'arrivée des Français à Koundou, il avait appris quel riche convoi ils menaient avec eux et combien peu d'hommes ils avaient pour le défendre. Il y avait en effet des armes, des étoffes, une foule d'autres objets plus ou moins recherchés des nègres et comme jamais aucune caravane n'en avait apporté dans le Bélédougou. C'étaient, pour Nampa et les Béléris, des richesses qui leur semblaient incalculables, et dont la valeur avait encore été singulièrement exagérée par les premiers indigènes qui avaient vu le convoi.

Il n'en fallait pas tant pour éveiller la cupidité de ces pillards. Ils résolurent de traiter les Français comme ils avaient tant de fois traité les caravanes de Dioulas qui s'aventuraient dans leurs parages, ce qui leur avait valu, dans le Haut-Sénégal et le Haut-Niger, leur réputation de sauvagerie et de cruauté. Mais les hommes blancs leur imposaient; qui sait quels maléfices ils emploieraient pour se défendre? Et puis n'avaient-ils pas des canons? C'est de ce nom qu'ils décoraient les quatre espingoles que transportait la mission.

Nampa résolut donc de réunir tous ses guerriers et ceux des villages voisins pour cette importante opération militaire. Il convoqua une grand palabre où toutes les conditions de l'attaque furent combinées, non sans peine; quelques-uns des chefs, plus sages ou plus timorés, ne voulaient pas se lancer dans une aventure pareille.

« Prenez garde, dit Goumo, frère de Nampa, le pays des Toubabs [1] est loin, mais ils sont puissants; ils

---

1. Nom que les indigènes donnent aux Européens.

Guerrier bambara.

ont toute espèce d'armes que nous n'avons pas. Nous pourrions nous repentir plus tard d'avoir reçu leurs envoyés à coups de fusil. »

Les plus jeunes et les plus turbulents protestèrent; ils dirent qu'il fallait empêcher que tant de belles choses n'allassent à Ségou, où sûrement on les attendait; qu'il fallait garder ces canons destinés à les battre eux-mêmes lorsque les Toubabs les auraient remis à Ahmadou. Goumo persistant dans ses idées pacifiques, un des assistants nommé Souké, fils du chef de Dio, se leva furieux et, brandissant son fusil, s'écria :

« Je te le dis, Goumo, tu es un lâche. »

Goumo resta calme devant cette insulte.

« C'est bien, dit-il, vous voulez vous battre; je verrai comment se conduisent les braves. Je me mettrai moi-même à votre tête : préparez-vous. »

Et l'attaque fut décidée à la grande joie de Nampa.

Évidemment le nom de Ségou n'était qu'un prétexte invoqué pour entraîner les hésitants. Les Béléris ne pouvaient pas connaître les instructions du capitaine Gallieni qui, en effet, dans le cas où il ne réussirait pas à Bammako, devait essayer d'aller à Ségou pour s'aboucher avec le fils d'Al-Hadj Oumar.

Ces projets ultérieurs de la mission devaient être d'autant moins visibles aux yeux des indigènes, que le traité de Kita nous posait en adversaires des Toucouleurs : de plus, nos officiers étaient accompagnés par un nommé Abderramane, fils des Maures de Bammako, les ennemis les plus constants de Ségou. Cet Abderramane était un homme tout dévoué aux Français : Parti de Bammako pour trafiquer au Sénégal, ses opérations n'y avaient pas été prospères ; il vivait pauvrement dans un village des environs de Médine, n'osant pas se risquer à reprendre la route de son pays, à cause des dangers sans nombre qui l'attendaient à chaque pas et qu'il avait, par miracle, pu surmonter en venant au Sénégal, grâce à la protection de certains chefs amis de Bammako.

Le capitaine Gallieni l'avait fait venir d'abord à Saint-Louis, où il se l'était attaché sérieusement par de bons traitements, la promesse de le ramener dans son pays et des largesses autorisées par le gouverneur en vue du prochain voyage. Abderramane emmenait avec lui une femme, belle griote de Bammako, qui, malgré lui, avait voulu le suivre et partager les hasards et les dangers du long voyage qu'il entreprenait. Cette femme semblait avoir une réelle affection pour son mari. C'est un des rares exemples d'amour conjugal que j'aie pu constater dans ces pays, entre époux de leur âge et de leur condition. Tous deux étaient ravis de revoir leur pays qu'ils avaient quitté depuis sept ans.

Le jeune Maure avait fortement engagé le capitaine Gallieni à passer par le Bélédougou pour arriver à Bammako, et ses raisons, qui étaient bonnes au point de vue politique, avaient été goûtées. Il avait ajouté, du reste, qu'il n'eût pas à s'inquiéter de sa sécurité pendant la route : le nom de Bammako et la protection des Maures devaient suffire à le faire bien accueillir dans tous les villages.

Mais la cupidité du Bélédougou une fois mise en éveil, aucune considération ne pouvait refréner ses instincts pillards. L'attaque était décidée, des émissaires parcoururent la contrée, proclamant que les Toubabs étaient les amis des Toucouleurs, qu'il fallait les tuer et se partager tous leurs biens, que c'était facile, vu leur petit nombre et leurs *petits fusils*, jouets futiles, bons tout au plus pour des enfants. Le rendez-vous général était fixé à Guinina, gros village situé à égale distance de Koundou et de Bammako, et par lequel le convoi des Français devait passer.

Cependant le capitaine Gallieni poursuivait sa route. Il avait eu sujet de se méfier dès Ouoloni, étape qui suivit Guisoumalé. Il y avait en vain cherché des guides et il avait été frappé de la mauvaise volonté des indigènes, qui contrastait singulièrement avec leur empressement de la veille. Enfin, ses moyens de transport se réduisaient de plus en plus ; ses bêtes de somme ne pouvant tout porter, il était obligé de recourir aux âniers et aux tirailleurs, qui heureusement, tout dévoués à leur chef, accomplissaient avec entrain tous les travaux qu'il leur demandait, même ceux qui leur répugnaient le plus d'habitude. Malgré oùs ces embarras, le capitaine espérait arriver sans encombre au but de son voyage. Son lieutenant, qui le précédait à Guinina et à Dio, lui envoyait des guides, se louait des bons procédés dont usaient envers lui ces villages, et lui annonçait que, grâce à l'influence d'Abderramane qui l'accompagnait, l'accueil des Bambaras devenait plus amical à mesure qu'on approchait de Bammako. En effet, les habitants dissimulaient avec soin leurs projets hostiles, et, pour mieux faire engager le convoi au centre même du pays, ils accablaient les éclaireurs de protestations d'amitié et leur faisaient de nombreux cadeaux de toute espèce. Le lieutenant Pietri était donc le 6 à Dio, fêté par les habitants qui s'empressaient autour de lui, et dont quelques-uns, le chef notamment, lui disaient qu'ils ne se contenteraient pas d'être ses amis, mais qu'ils voulaient être ses frères. Se croyant sûr désormais de voyager en pays ami, le lieutenant se hâta de partir pour Bammako, où il arriva le 7 au soir, comme il en avait reçu l'ordre du chef de la mission.

Celle-ci, le même jour, arrivait à Guinina, où tout était prêt pour l'attaquer. La dissimulation cessait d'être nécessaire. Le chef fit d'abord quelques difficultés pour recevoir les Français, puis enfin y consentit. A ses paroles, à son attitude hostile, le capitaine Gallieni jugea la situation critique et prit les mesures nécessaires pour se défendre en cas d'attaque. Il fit serrer le carré, plaça ses soldats, ses animaux et ses bagages dans la position la plus favorable à la résistance : les quatre espingoles furent fixées sur des troncs d'arbres et placées aux angles du carré.

Guinina fourmillait de monde, bien qu'on ne vît que peu de personnes en dehors de l'enceinte. Mais du haut de deux arbres, autour desquels était placé le campement, on pouvait plonger dans l'intérieur du village et juger de l'animation insolite qui s'y manifestait : les interprètes, envoyés aux écoutes la nuit, purent saisir quelques mots dans des conversations animées où l'on parlait d'exterminer les Toubabs.

L'attitude pleine de réserve et les préparatifs des voyageurs avaient déconcerté le chef de Guinina. Il s'aperçut qu'il s'était trahi trop tôt. Il devint le lendemain aussi complaisant qu'il avait été hautain la veille, et lorsqu'on lui demanda des guides jusqu'à Dio, non seulement il les accorda sans hésiter, mais encore il offrit des porteurs pour ménager les ânes. Bien que surpris par ce brusque revirement, le capitaine fit commencer les préparatifs du départ et, par précaution, envoya d'abord quelques cavaliers sur la route de Dio, en éclaireurs. Ceux-ci revinrent au galop au bout d'une demi-heure. Ils avaient vu à deux kilomètres de là un mouvement inusité dans les broussailles : des hommes armés s'étaient cachés dans les fourrés à leur approche, à droite et à gauche du sentier, près d'une mare. Aussitôt le capitaine Gallieni suspendit le départ et reprit les premières dispositions de campement.

Cette reconnaissance avait éventé la première embuscade, mais la situation de la mission n'en était pas moins critique. Un dernier souci vint se joindre à tous les autres : il y avait deux jours que l'on n'avait pas de nouvelles du lieutenant Pietri, et ce silence était tout à fait en dehors de ses habitudes. Il fallait savoir où il était et l'informer du danger. Peut-être avec Abderramane pourrait-il prendre quelques mesures pour venir en aide à la mission.

On fit choix, pour lui porter une lettre, d'un homme éprouvé qui accompagnait les Français depuis Bafoulabé et qui avait fait preuve, dans beaucoup de circonstances, d'intelligence et de courage. C'était un nommé Abdoulaye, vieux chasseur mallinké, habitué aux déserts du Fouladougou, doué d'un flair remarquable pour retrouver un sentier perdu, chercher une flaque d'eau ou un passage praticable au convoi à travers les rochers.

Ce brave indigène n'hésita pas à s'engager seul dans ce pays qu'on savait si dangereux. On lui offrit un guide : il refusa silencieusement. Il parlait peu d'habitude, la vie du désert lui avait appris à compter ses paroles. Il se fit indiquer la direction de Bammako et il partit. Mais les indigènes l'avaient probablement vu s'éloigner du camp. Il eut beau marcher avec précaution, éviter les sentiers tracés, il fut rejoint le soir même et tué. La mission n'apprit le sort du courageux Mallinké que plusieurs jours après.

Les Bambaras étaient déconcertés par leur premier insuccès, et l'attitude énergique du camp dans son immobilité complète en face de Guinina leur imposait. Le chef était particulièrement inquiet de voir braqués de son côté ces canons qui lui faisaient tant peur ; je veux parler des espingoles. On résolut dans le village de tenter plus loin le coup manqué à Guinina, mais en prenant cette fois plus de précautions. Aussi le lendemain, 10 mai, le vieux chef fit-il au capitaine de nouvelles offres. Il fit preuve cette fois d'une susceptibilité singulière : comme on lui envoyait pour interprète un Bambara nommé Maka :

« Je ne veux pas de toi, lui dit-il, tu as la tête rasée comme un Toucouleur. Je veux causer avec Thiama qui porte des tresses comme un vrai Bambara. »

On accéda à son désir. Il promit des guides choisis dans sa famille et fit le serment solennel que la mission ne serait pas attaquée jusqu'à Dio, c'est-à-dire dans les limites de son territoire. De plus, comme le capitaine répugnait à faire porter ses bagages par les indigènes qu'il lui offrait, il proposa de garder lui-même tout ce que les âniers ne pourraient pas mettre sur leurs bêtes de somme et s'engagea à tout restituer plus tard quand on voudrait. Les Français hésitaient à remettre quoi que ce fût à un pareil homme. Mais Thiama et le muletier Sambo, originaires d'un pays voisin, leur assurèrent qu'ils pouvaient avoir confiance :

« S'il fait le grand serment sur la poudre et le fusil, tu peux le croire. Jamais un Bambara ne l'a trahi. »

Le capitaine, par nécessité surtout, consentit, et le chef prêta le serment demandé. Il faut le dire, à l'honneur de ce peuple qui, à ce moment-là même, préparait un odieux guet-apens contre des voyageurs inoffensifs, malgré le pillage qui suivit, malgré les sollicitations et les menaces de ses voisins, le chef de Guinina tint son serment. Trois ans après, la colonne Desbordes retrouva, presque intact, le dépôt qui lui avait été confié. C'étaient des sabres, des outils, des barriques de vin à peu près vidées par l'évaporation. C'est le seul village où l'on en ait trouvé.

La mission partit donc le 10 de Guinina et arriva le jour même à Dio. Ici l'accueil des indigènes fut plein de cordialité. Le chef lui-même sortit de son village et alla au-devant des Français. Il répondit à leurs plaintes qu'ils trouveraient à Dio un concours actif et un dévouement à toute épreuve pour faire arriver tout leur monde sain et sauf jusqu'à Bammako, qu'il était l'ami des Maures de cette ville et qu'il ne souffrirait pas qu'il fût fait aucun mal à leurs amis. Ces démonstrations étaient si vives, qu'un moment les voyageurs pensèrent que peut-être l'alerte de Guinina serait isolée et que le point dangereux était passé. Il semblait donc bien vrai, comme il avait semblé au lieutenant Pietri, que l'influence de Bammako préserverait la mission de tout danger ultérieur.

Mais cette illusion dura peu. Les environs du village étaient silencieux et comme déserts; le soir on acquit la certitude que l'intérieur était rempli d'un nombre extraordinaire de guerriers. Le capitaine Gallieni comprit alors pourquoi on ne lui avait pas permis d'entrer dans le village, ni d'y envoyer aucun de ses hommes. Les inquiétudes de la veille revinrent, car on se retrouvait dans la même situation que la veille à Guinina.

On n'avait toujours pas de nouvelles du lieutenant Pietri. Était-il à Bammako? Abdoulaye l'avait-il rejoint? ou bien n'étaient-ils pas tous deux prisonniers à Dio? Pour sortir de cette incertitude, le docteur Bayol offrit de prendre les devants, de gagner Bammako la nuit même, ce qui était possible, et là d'utiliser, en faveur de la mission, l'influence des Maures sur lesquels on pouvait compter. Projet très sage qui, s'il avait été suivi jusqu'au bout, aurait eu très probablement les plus heureuses conséquences. Car le lieutenant était depuis deux jours à Bammako, où tout le monde l'avait accueilli amicalement et attendait le convoi avec impatience et curiosité, dans l'espoir peu dissimulé des riches cadeaux promis.

Le capitaine Gallieni approuva le projet du docteur Bayol qui, la nuit venue, partit avec un guide. Celui-ci, dès les premiers pas en dehors du camp, montra quelque hésitation. Il ne marchait qu'avec précaution et explorait le terrain en avançant autant que le lui permettait l'obscurité de la nuit. Bientôt, il voulut quitter le sentier frayé, pour éviter toute rencontre fâcheuse. Cette conduite pouvait, il est vrai, rassurer le docteur sur les intentions du guide; mais elle lui dévoila le danger auquel il s'exposait. Il renonça aussitôt à son projet et rentra au camp.

C'eût été sans doute une preuve d'abnégation peu commune que de poursuivre dans ces conditions le voyage de Bammako; pourtant un pareil dévouement aurait peut-être pu avoir sa récompense et dégager la mission. Cette chance de salut lui échappait maintenant et il ne devenait que trop certain qu'elle allait être attaquée.

Le lendemain matin, comme à Guinina, une reconnaissance préliminaire fut faite en avant. Les éclaireurs ne trouvèrent rien de suspect, et vers une heure de l'après-midi le convoi se mit en marche, escorté comme il l'était d'habitude. Quelques spahis d'abord, puis le capitaine Gallieni et le docteur Bayol avec la moitié des tirailleurs : à leur suite venait la longue file des ânes; enfin, pour fermer la marche, le docteur Tautain avec le reste des tirailleurs.

A moins d'un kilomètre du camp coulait le ruisseau de Dio dans un lit fangeux et très encaissé entre deux rives bordées d'une végétation épaisse. La tête du convoi le traversa sans encombre, le reste suivit péniblement. Le sentier, après avoir longé quelque temps la rive, se dirigeait à l'est sur un sol raviné, couvert d'une végétation basse, mais très épaisse comme dans tous les bas-fonds. A droite et à gauche quelques bouquets de bois dépassaient les broussailles ; au-devant, sur une éminence, on distinguait les ruines d'un ancien village, quelques pans de mur encore debout. Le temps était à l'orage, l'air étouffant ; un silence profond régnait dans ces broussailles qui, pourtant, grouillaient de monde.

« Le guide, dit le capitaine Gallieni, sous prétexte de tourner un passage difficile pour nos animaux, nous jette à droite du sentier, dans un terrain raviné par les eaux, miné de trous et bosselé par d'énormes termitières. Une gorge étroite, bordée de talus élevés, nous ouvre un passage. Avant de nous y engager, j'interroge Coumba (c'était la femme d'Abderramane) : elle me répond, en tremblant, que nous avons eu tort de quitter le sentier. J'arrête le guide, en lui ordonnant de nous remettre sur la vraie route. Cet homme, tout ahuri, hésite, se jette à mes pieds, en lançant des regards inquiets autour de lui. »

A ce moment, les Bambaras embusqués se lèvent en poussant leur hurlement sinistre : hou ! hou ! qui est le signal de l'attaque. Ils tirent à coups précipités sur les voyageurs, se ruent sur eux et sur le convoi qui les suit, et une mêlée confuse se produit. Mais au milieu des cris et des coups de fusil on entend le son du clairon, auquel se rallient les tirailleurs et les spahis. Nos soldats repoussent avec peine le premier assaut des Bambaras, à cause du désordre inévitable du commencement. Puis, lorsque le capitaine Gallieni a réuni tous ses hommes, il bouscule autour de lui les ennemis qu'il rencontre ; il a même de la peine à contenir ses soldats surexcités par le bruit du combat. Enfin il parvient jusqu'aux ruines où il s'établit solidement.

Quant au convoi, il avait été perdu dès le commencement de la lutte. Les âniers s'étaient dispersés, avaient tâché de rejoindre la tête, pendant que les pillards se précipitaient sur les ânes tout effarés et immobiles au milieu de ce tumulte, et les tiraient à deux mains par les oreilles en dehors du sentier.

La fusillade à l'arrière-garde avait éclaté presque en même temps qu'à la tête du convoi. Le docteur Tautain avait été surpris par l'attaque avant de traverser le ruisseau. Le danger y était encore plus grand qu'en tête, à cause de la nature du terrain : les Bambaras, cachés au milieu de l'épaisse végétation, où l'on ne voyait que les canons de leurs fusils, faisaient feu presque à coup sûr, de très près, sur l'arrière-garde qui s'approchait. Bientôt les mulets se renversent dans le lit du marigot, leurs conducteurs sont tués pendant qu'ils essayent de les relever, le passage semble devenu impossible. Heureusement, le jeune docteur possède un sang-froid magnifique, et les braves gens qui l'entourent font preuve du plus grand courage. Les tirailleurs se jettent en avant comme à l'assaut; les laptots wolofs résistent solidement au bord du ruisseau. Un de ces derniers, Saër, atteint de plusieurs blessures, ne pouvant plus se tenir debout, continue tout assis à faire le coup de feu, et ses camarades sont obligés de l'entraîner pour qu'il ne reste pas aux mains de l'ennemi.

Enfin on aborde le ruisseau, on le franchit péniblement au milieu du feu ; sur l'autre bord, on entendait le clairon des tirailleurs qui s'avançait. Alors, profitant d'une éclaircie, l'interprète Alassane, le seul qui fût encore à cheval, fait saisir le docteur Tautain par un de nos robustes indigènes, le met en croupe derrière lui, et tous deux, suivis des combattants qui restaient, se précipitent au pas de course sur les Bambaras qui leur barraient le passage dans la direction où l'on entendait toujours le clairon plus rapproché. Quelques minutes après, les deux troupes se rejoignent et reprennent ensemble le chemin des ruines dont on s'empare encore et où les combattants peuvent avoir un moment de répit.

On commença par se compter. Moment douloureux, car parmi les plus braves et les plus aimés plusieurs manquaient. C'était le bon et vieux Samba Ouri, patron des laptots de Saint-Louis, vénéré de tout le convoi, si heureux lorsque ses Toubabs, à l'imitation des noirs, l'appelaient : Papa[1].

C'était l'honnête Sambo, chef des muletiers, si dévoué, une manière de géant bon enfant sous sa rude écorce. Bien d'autres encore avaient généreusement donné leur vie pour le salut de ces blancs qu'ils avaient promis de ramener sains et saufs à Saint-Louis, comme ils le disaient au départ. Maintenant on songeait à la retraite; les Bambaras entouraient toujours les débris de la mission, cachés dans les broussailles, et leur feu, quoique ralenti, n'était pas interrompu. Il fallait s'ouvrir un passage au milieu d'eux, et l'embarras était grand : on n'avait plus de guide, il était impossible de suivre les sentiers frayés,

1. *Papa* est le terme de respect employé par les Wolofs quand ils s'adressent à une personne âgée.

Le docteur Tautain sauvé par Alassane au combat de Dio.

et le capitaine voulait à tout prix emporter ses blessés.

Le dévouement des indigènes avait été entier et sans faiblesse; leur courage, ils l'avaient prouvé d'une manière brillante; un dernier trait montra aux Européens à quel point on pouvait encore leur demander des sacrifices. L'interprète Alassane, qui avait déjà arraché le docteur Tautain du ruisseau de Dio, proposa au chef de la mission, une fois qu'on se serait dégagé, de rester en arrière avec quelques combattants pour tenir tête à l'ennemi, pendant que son chef et ses deux compagnons, suivis des tirailleurs restants et du convoi, gagneraient plus sûrement le Niger et Bammako.

« Nous deviendrons ce que nous pourrons, ajouta l'interprète; vous, au moins, vous serez sauvés.

— Je te remercie, répondit le capitaine Gallieni; mais c'est moi qui vous ai amenés ici : je ne vous abandonnerai pas au milieu du danger. »

On jeta à terre toutes les cantines, même celles des médicaments; on se partagea les sacs d'argent qui n'étaient pas perdus; les mulets et les chevaux qui restaient servirent au transport des blessés. Puis on se mit en marche, au milieu des broussailles vers le sud-est. Cette fois, l'ennemi ne fit pas de résistance; le cercle qu'il formait s'ouvrit : mais il poursuivit la mission en retraite, mettant à profit les accidents de terrain, se cachant dans les broussailles épaisses pour ralentir sa marche et lui tuer des hommes. Les fugitifs marchaient lentement, avec circonspection, répondant à peine à ses coups de fusil. Ils n'avaient plus maintenant qu'un but : arriver au Niger et de là à

Bammako, où, peut-être, on les recevrait encore en amis. Ils allaient devant eux, évitant les villages dont les murs se garnissaient de fusils à leur approche, franchissant les marigots profonds et vaseux, non sans pertes, escaladant les hauteurs escarpées, roulant quelquefois avec des pierres au fond des précipices, et toujours harcelés par les Bambaras acharnés. Enfin, à la nuit, la poursuite cessa, la marche au Niger continua plus tranquille.

Vers minuit, tout le monde était exténué ; la fatigue et la faim avaient abattu tout le courage des indigènes que l'ardeur de la lutte ne soutenait plus. Par une réaction très naturelle chez ces hommes, après toutes les émotions de la journée ils ne demandaient plus que le repos ; ils se jetaient parfois à terre pour se relever ensuite avec effort et continuer péniblement leur marche, lorsque le capitaine Gallieni, revenant à eux, les encourageait, leur donnait l'exemple de l'énergie et du sang-froid, car il les guidait lui-même, à pied comme eux, réglant sa route d'après les étoiles.

Enfin, il fallut s'arrêter. Le ciel s'était couvert, une tempête de vent et de pluie menaçait et vint bientôt les assaillir. Ils étaient sur un plateau découvert, et tous s'étendirent harassés sur le sol, pour dormir malgré l'orage, pendant que les Européens, veillant à côté de leurs chevaux, le mousqueton à la main, essayaient de percer l'obscurité de la nuit, de crainte de surprise.

Le matin, à trois heures, on put repartir : la tempête avait cessé, le ciel était devenu plus clair. Au jour, on était sur une hauteur d'où l'on dominait une plaine brumeuse, celle du Niger. En arrière, vers la droite, une troupe nombreuse de Bambaras s'avançait pour continuer la poursuite. La mission descendit dans la plaine qui s'ouvrait devant elle : elle se trouvait à quelques centaines de mètres d'un village inconnu. A son approche, quelques bergers qui gardaient leur bétail s'enfuirent sans rien vouloir écouter. Elle s'avança quand même vers le village. Le capitaine Gallieni espérait se trouver maintenant sur le territoire de Bammako. S'il en était ainsi, le village ne serait peut-être pas hostile, et il se trouverait enfin à l'abri de toute poursuite. Une troupe de guerriers étaient assis autour de l'enceinte, leurs fusils entre les jambes, qui regardaient curieusement les étrangers. N'être pas accueillis à coups de fusil, c'était déjà beaucoup, et l'on pouvait espérer mieux.

Le capitaine s'avança seul avec un interprète vers le groupe qui l'observait et fit les salutations d'usage. Il apprit ensuite qu'il se trouvait en effet sur le territoire de Bammako et que le village était habité par des esclaves des Maures de ce pays. Ils savaient déjà qu'un Français était arrivé chez leurs maîtres et qu'il était leur ami. Lorsqu'ils apprirent l'attaque des Bambaras, le pillage et la poursuite, ils dirent au chef de la mission qu'il pouvait se reposer en sécurité chez eux et qu'ils lui donneraient des guides pour aller trouver leurs maîtres. Leur premier soin fut de fournir quelques vivres bien nécessaires à ces hommes après tant de fatigues.

Sur ces entrefaites, arriva Abderramane lui-même avec le fils du chef de Bammako. Voici comment il se trouvait là : le lieutenant Pietri était arrivé le 7 mai à Bammako, comme il l'avait annoncé au chef de la mission par son billet daté de Dio. L'accueil qu'il avait reçu dans ce village avait été aussi cordial qu'il pouvait le désirer.

Dès le premier jour, Abderramane avait vu les Maures, ses parents, et les chefs du pays, Birama, Niaré et Titi. Les deux frères avaient aussitôt convoqué en grande palabre les chefs de tous les villages du pays et, après une assez courte délibération, ils avaient solennellement promis leur amitié aux Français. Le lieutenant avait même été autorisé à choisir dans le village la demeure qui lui semblerait convenir au futur résident.

Pendant ce temps, les 8 et 9 mai, il avait envoyé tous les jours des lettres au chef de la mission, lorsque, le 10 au matin, il apprit que le village le plus proche, Soknafi, qui appartenait à Bammako, avait arrêté ses courriers. Il était aussitôt allé se plaindre et demander des explications au chef des Maures, Karamako-bilé, et au chef du village. Ceux-ci lui dirent que Soknafi avait agi sans ordre de leur part et sans doute par ignorance, les lettres étant portées par des inconnus. Il n'y avait pas à douter de la sincérité de ces explications dans un pays où le papier et l'écriture ne servent qu'aux maléfices et où l'officier lui-même avait été averti de ne prendre ses notes en marche que hors de la vue des indigènes. Cependant il insista pour que d'autres courriers, gens du pays, partissent sur-le-champ avec ses lettres et déclara qu'il partirait lui-même si on tardait à obtempérer à sa demande. Les deux chefs le prièrent de désigner les courriers qu'il voudrait, ajoutant qu'ils se mettraient aussitôt en route.

Le lieutenant, satisfait de cette réponse, fit partir Abderramane, accompagné du fils de Karamako-bilé et de celui de Titi. Le lendemain matin, comme les trois jeunes gens arrivaient à Diako, à une quinzaine de kilomètres de Dio, ils apprirent à la fois le complot et l'attaque qui l'avait suivi. Ils revinrent alors sur leurs pas et, renseignés par les indigènes, ils purent rejoindre les débris de la mission au village de Guiningoumé, le 12 au matin.

Le lieutenant Vallière avait accompli avec le plus grand bonheur son exploration du Birgo et du Manding; il arrivait joyeusement le 10 au rendez-vous fixé depuis Kita, avec l'espoir d'y trouver ses compagnons. Il y trouva seulement l'un d'eux. Ils s'établirent alors tous deux sous un grand figuier devant la porte ouest de Bammako, et ils étaient là le 12 lorsqu'ils virent arriver quelques-uns de leurs âniers fugitifs. Alors ils apprennent le désastre. Aussitôt ils montent à cheval et partent au galop au-devant du capitaine qui arrivait. Quelques minutes après, les cinq Français se rejoignaient, et malgré la défaite de la veille, les dangers qui les menaçaient encore et les misères qui les attendaient, leur premier cri fut : *Vive la France!*

Le soir même, après une courte délibération, bien qu'ils se vissent dépouillés de tout, privés de vivres et de médicaments, désarmés puisqu'ils n'avaient plus de munitions, ils décidaient qu'ils poursuivraient leur voyage vers Ségou, afin de ne pas laisser le pays sous cette fâcheuse impression de la défaite.

NANGO

NANGO

Passage du Niger par la mission Gallieni. — Son arrivée à Nango. — Premières déceptions. — La vie chez les nègres du Ségou. — L'ânesse sacrée. — Le dolo. — Nama. — Condition des femmes. — L'armée du roi de Ségou. — Situation critique des Toucouleurs à Ségou. — Les expéditions vers le sud. — Négociations avec le roi. — Arrivée de son favori à Nango. — Fête et palabres. — Lenteurs. — Retour de la mission Gallieni.

Grâce aux secours du chef maure Karamako-bilé, dont l'amitié pour les Français ne s'était pas démentie malgré le revers qui les avait frappés, la mission Gallieni avait pu se refaire pendant deux jours à Bammako et en était partie en se dirigeant vers le sud-ouest, le long du cours du Niger. Elle était, comme nous l'avons dit, décidée à accomplir jusqu'au bout les ordres qu'elle avait reçus au départ, c'est-à-dire à se mettre en relation avec le roi de Ségou, qui commandait la rive droite. Avant de franchir le fleuve, elle s'était débarrassée du personnel qui l'encombrait maintenant et qui ne pouvait plus qu'entraver sa marche. Une soixantaine d'âniers, conduits par le docteur Bayol, reprirent, à travers le Manding, la route de Kita et du Sénégal. Le pays qu'ils avaient à traverser était tranquille et sûr; le lieutenant Vallière venait de l'explorer et il disait au docteur Bayol en se séparant de lui :

« Vous ne trouverez pas un ennemi d'ici à Kita. » Et comme le docteur insistait : « On n'illuminera pas dans les villages où vous passerez, mais je vous réponds que vous ne serez pas inquiété. »

Tranquillisé ainsi sur le sort des compagnons dont il se séparait, le capitaine Gallieni avec les lieutenants Pietri et Vallière et le docteur Tautain, accompagné des tirailleurs, des spahis, des laptots et de tous les blessés (une cinquantaine d'hommes environ), franchit le Niger à Dialiba sur des pirogues louées aux indigènes.

Ce ne fut pas sans un grand soupir de soulagement que les fugitifs mirent le pied sur la rive droite. Ils y trouvèrent les autorités toucouleures de Tourella, le village voisin, et à leur tête le percepteur des impôts, qui leur souhaitèrent la bienvenue :

« Bissimillahi! Vous êtes ici chez vous, nos maisons sont les vôtres. Vous allez vers notre roi, tous les chemins vous sont ouverts. Bissimillahi! »

Après les agitations et les incertitudes des jours précédents, ces paroles d'amitié firent la plus heureuse impression sur les Français. Ces nouvelles figures, bien différentes de celles qu'ils avaient vues de l'autre côté du fleuve, ce semblant d'organisation sociale opposé à la barbarie et au désordre qu'ils venaient de traverser, leur inspirèrent une certaine confiance dans la bonne foi de leurs hôtes, leur firent même espérer d'arriver à établir avec eux des relations sérieuses et durables pour notre pays. Ils savaient pourtant combien Mage avait été obligé de se débattre contre leur hypocrisie et leurs lenteurs calculées ; mais ils espéraient trouver les Toucouleurs mieux disposés à la paix et au commerce depuis que les grandes guerres étaient finies et que la domination musulmane avait pris une assiette définitive dans le pays.

Le lendemain, après avoir assuré le bien-être des blessés, on partit pour Ségou. La première partie du voyage se fit avec quelque appréhension : on devait, en allant à l'est, passer à hauteur et pas bien loin de Bammako, et l'on était menacé de voir les Bambaras passer le fleuve en nombre pour arrêter les débris de la mission. Les pillards franchissent en effet quelquefois le Niger pour faire des razzias sur les terres de leurs ennemis. Cette fois il n'en fut rien : les étapes se succédèrent, tantôt sous le soleil et tantôt sous la pluie, car on était à la fin du mois de mai et la saison des pluies s'établissait. L'accueil dans les villages était le plus souvent plein de méfiance, quelquefois hostile, malgré les efforts des guides.

Une nuit, la petite troupe dut camper aux portes d'un village, sous une pluie battante, les habitants ayant refusé de la laisser s'abriter dans leurs cases ; le lendemain, un autre village, Niagué, décampait tout entier à son approche, parce qu'elle était prise pour une troupe armée du roi, et ne laissait rien, ni un poulet ni un grain de mil.

Bien des villages n'ont que ce moyen pour se soustraire aux violences et aux rapines des guerriers toucouleurs ; ils aiment autant l'ennemi chez eux : les Français commençaient à connaître le régime de la conquête musulmane. Ils en constataient les inconvénients doublement à regret, car ces jours-là étaient pour eux des jours de disette presque absolue et rien ne dispose à la mauvaise humeur comme les tiraillements d'estomac. A Niagué, ils ne trouvèrent qu'une marmite de haricots sur le feu, que son propriétaire n'avait pas pu emporter. Ce fut, hélas ! tout leur déjeuner ; de dîner, il n'y en eut pas.

Le capitaine Galliéni a déjà raconté lui-même, d'une manière très intéressante, les détails de son voyage à Ségou. Je passerai donc sous silence tout ce qui ne convient pas au cadre de ce récit.

Le 1ᵉʳ juin, la mission, fatiguée et malade, était arrêtée à Nango par ordre du roi de Ségou. Elle crut d'abord que ce ne serait que pour quelques jours ; mais au bout de deux semaines d'attente, de protestations, de négociations, force lui fut de reconnaître qu'elle ne pourrait de sitôt fléchir le roi, et elle dut s'installer pour s'abriter des pluies de l'hivernage.

Ce fut avec tristesse que les quatre Français s'occupèrent des premières constructions nécessaires. Ils avaient au moins espéré habiter Ségou, à même de voir souvent le roi, de lui inspirer confiance, de connaître de près son entourage et le gagner s'il était possible. Au lieu de cela, on leur assignait comme résidence Nango, un petit village à plus de trente kilomètres de Ségou, laid, pauvre, où, pour assurer leur subsistance et surtout pour les surveiller, venait d'arriver un des chefs des Soufas, nommé Marico.

La politique et la superstition concouraient à augmenter la méfiance dans l'esprit du roi. Quelques chefs de son entourage lui avaient assuré que le regard et la main du capitaine Gallieni avaient un pouvoir magique; la mère d'Ahmadou croyait à ces sottises; lui-même, peut-être, en avait été effrayé : il avait fait visiter une à une toutes les pièces de cinq francs (il y en avait pour mille francs) dont le chef de la mission lui avait fait cadeau, afin de s'assurer qu'aucune d'elles ne contenait rien de suspect. Du Sénégal, nos ennemis du Fouta avaient envoyé plusieurs lettres où ils prévenaient le *Lamdioulbé* [1] de se tenir en garde contre les manœuvres des blancs qui n'étaient allés dans son pays que pour l'espionner, pour lever le plan de Ségou et peut-être le faire sauter par des moyens inconnus. Plusieurs chefs toucouleurs de l'entourage du roi étaient d'avis qu'il fallait se débarrasser au plus tôt des étrangers en leur coupant la tête. Les Toucouleurs ne prononcent jamais ces mots-là sans faire de la main un geste significatif. Mais il est curieux de comparer leur geste lent et doux avec l'idée sinistre qu'il accompagne; on ne dirait jamais, à les voir ainsi, calmes et souriants, qu'ils parlent de mort. La vie humaine a si peu de prix à leurs yeux!

Le gouvernement toucouleur commençait aussi à

---

[1]. Mot toucouleur qui veut dire *Commandeur des croyants*. C'est le titre que donnent au roi tous ses sujets.

se montrer sous des apparences mesquines et misérables. Les vivres libéralement promis n'arrivaient que lentement et difficilement; l'autorité du roi pouvait à peine vaincre l'apathie et le mauvais vouloir des villages qui devaient les fournir chacun à leur tour. C'était pour ces pauvres gens un surcroît d'impositions que rien ne devait compenser, arbitrairement réparties et dures à lever à ce moment de l'année. De leur côté, les Français, voyant leurs hommes manquer du nécessaire et souffrir de la faim, en étaient réduits à envoyer messages sur messages à Ségou pour rappeler au roi ses promesses. Il était visible que la misère était partout; j'en dirai plus loin les causes. A Ségou même, les notables ne vivaient pas dans l'abondance. Les envoyés du roi, qui étaient des personnages d'importance et qui venaient souvent à Nango pour s'entretenir avec les Européens, acceptaient avec reconnaissance les cadeaux de la plus petite valeur, et y prolongeaient tant qu'ils pouvaient leur séjour près d'eux, uniquement parce qu'ils y mangeaient copieusement aux frais du village.

Cependant les grandes pluies d'hivernage étaient venues avec leur cortège de luxuriante végétation au dehors et de fièvres continuelles dans la case des Français. Ceux-ci y passaient dans une inaction forcée, couchés sur des taras [1], les longues journées pluvieuses, sous un toit en terre que l'eau traversait pour tomber sur eux en boue liquide. Les jours

1. Le *tara* est un lit rectangulaire de bambou et de tiges de mil, et haut d'un pied au-dessus du sol.

Installation à Nango.

de beau temps, ils pouvaient se lever, rédiger leurs notes, compléter leurs cartes sur une table qu'ils avaient faite avec une mauvaise porte du pays arrachée de ses gonds. Leur vie s'écoulait ainsi monotone, troublée seulement par de fréquents accès de fièvre ou par des menaces qui leur venaient parfois des musulmans fanatiques de Ségou. Ils avaient fini par rire des menaces et ne plus en tenir compte; malheureusement la fièvre ne pouvait se traiter de même, et l'avenir leur semblait tous les jours moins rassurant. Moments d'insouciance et de gaieté, lueurs fugitives d'espoir, souvenir de la patrie lointaine et des amis absents, images du passé et projets d'avenir, tout prenait à leurs yeux des couleurs chaque jour plus sombres, car chaque jour ils constataient davantage leur impuissance à secouer l'apathie des indigènes. Ils parlaient haut et ferme aux envoyés du roi de Ségou; mais ils ne se sentaient plus maîtres de leur sort. Ils étaient à la merci des caprices d'un nègre et de l'humeur farouche et ombrageuse des Toucouleurs. Ils avaient envoyé un de leurs interprètes résider à Ségou; c'était tout ce que le roi avait permis, et cet interprète les renseignait sur les bruits qui couraient et les dispositions des chefs.

Tout en essayant d'amener Ahmadou à négocier, ils étudiaient le pays et ses habitants, et s'attachaient à connaître les idées et la vie sociale de leurs hôtes. Ils pouvaient saisir dans ses détails la vie intime des familles, car ils faisaient dans le village de fréquentes visites, et partout ils étaient reçus avec plaisir. Dans les rues, quand ils passaient, on les saluait avec respect, et lorsqu'ils allaient s'asseoir sur la place publique, à l'ombre de ses deux *doubalels* [1], les habitants qui y étaient leur faisaient place avec empressement.

Il n'y a peut-être pas de population plus douce, plus sociable, plus facile à gouverner que les Bambaras de ces régions, quand ils ne sont pas dominés par les émotions de la guerre. Malheureusement l'oppression sous laquelle ils vivent les a rendus méfiants parce qu'ils sont faibles, et peu généreux parce qu'ils sont brutalement exploités par leurs maîtres. Le régime toucouleur est resté, après vingt ans, exactement ce qu'il était au moment de la conquête. Le roi seul a quelque intérêt à ménager le Bambara qui est son esclave et lui paye de lourds impôts. Mais les autres Toucouleurs le pillent à tort et à travers, le dépouillent de ce qu'ils lui jugent superflu, qui est quelquefois le nécessaire. Lorsque l'un d'eux traverse un village, il lui arrive de rançonner à peu près tout le monde à sa fantaisie, de voler à l'un son boubou neuf, à l'autre le mil qu'il trouve dans sa case : les plaintes des volés n'arrivent presque jamais aux oreilles du roi, qui de temps en temps a des velléités de justice. Telle est la cause de la misère générale : le Bambara, taillable et corvéable à merci, ne travaille que tout juste pour payer les impôts et ne pas mourir de faim.

Le roi lui-même ne se fait pas faute de dépouiller

---

1. *Doubalel*, espèce de figuier.

ceux qui, par hasard, arrivent à se faire remarquer par leur richesse. Les cas sont rares, mais il est bon d'en citer un.

Un Saracollé, nommé Douga, avait gagné une certaine fortune comme dioula, en faisant le commerce entre Nioro et le Niger. Arrivé à un âge où ses forces ne lui permettaient plus de continuer ces longs et périlleux voyages, il s'était retiré dans son pays natal, aux environs de Ségou. Il n'était pas très riche, mais ses compatriotes exagérèrent si bien le nombre de ses esclaves et celui de ses troupeaux, que la renommée en arriva jusqu'au roi. Douga s'était fait des ennemis de quelques Toucouleurs pour lesquels il n'avait pas été généreux. Les familiers du roi se servirent de ce prétexte pour le calomnier auprès de lui et mettre en éveil sa cupidité et peut-être sa méfiance ombrageuse. Le Saracollé fut dépouillé absolument de tout; on ne lui laissa que sa mère et son fils qui seul pouvait maintenant le nourrir par son travail. Un dernier malheur vint le frapper : un Toucouleur réclama sa mère comme son esclave. Le pauvre homme, atteint dans son affection la plus chère, alla se jeter en suppliant aux pieds du roi. Tout fut inutile : on lui prit sa mère qui pourtant n'avait plus, comme esclave, aucune valeur pour le maître qui la réclamait. Mais celui-ci savait bien ce qu'il faisait. Douga, au désespoir, finit par lui proposer son fils à la place de la vieille femme : échange qui fut accepté. C'était pour lui la misère la plus complète, mais la piété filiale l'avait emporté, malgré tout, sur l'amour paternel.

Les peuples vaincus si brutalement opprimés n'osent pourtant pas se plaindre de leurs maîtres et il faut être bien avancé dans leur confiance pour leur entendre exprimer le désir de voir s'alléger leur joug.

Le premier qui devint l'ami des quatre voyageurs fut leur hôte *Tiébilé*. Leur arrivée cependant lui avait coûté cher, car, pour les loger, Marico l'avait chassé sans façon d'une bonne moitié de sa demeure. Mais il pouvait passer pour riche dans le village; il avait trois femmes, plusieurs enfants et deux ou trois esclaves. Chacune des femmes avait sa case à part, et le mari partageait équitablement sa semaine entre chacune d'elles. Chacune faisait sa cuisine à part, pilait son couscous et rivalisait avec les autres pour la confection des mets du pays. Les esclaves étaient considérés comme de la famille, mangeaient avec le maître et les enfants, et ne travaillaient pas davantage. Au commencement de la saison des pluies, les hommes allaient aux champs au lever du soleil, les femmes préparaient leur nourriture et, vers dix heures, la leur portaient dans des calebasses. Arrivées au lougan [1], pendant que les premiers mangeaient, elles prenaient la pioche et continuaient à travailler la terre toute la journée. Le soir tout le monde revenait ensemble, les femmes avec de grands fagots de bois sur la tête, et Tiébilé portant sur l'épaule un bâton où pendait une cage. Ce récipient contenait une poule et ses pous-

---

1. *Lougan*, champ cultivé. C'est un de ces mots, assez nombreux, usités au Sénégal par les Européens et dont on ne trouve l'origine dans aucune des langues du pays.

Maison bambara.

sins, auxquels le propriétaire faisait prendre l'air des champs et qui trouvaient dans la terre retournée les termites et les vers dont ils sont friands.

Cette vie de pénible labeur ne dure pas plus de deux mois : le reste de l'année, on surveille la récolte, les enfants et les esclaves vont pousser des cris stridents, perdus au milieu des hautes tiges de mil, pour effrayer les oiseaux dévastateurs ; on fait la moisson; on célèbre les fêtes et l'on prépare le dolo qui en est un élément indispensable.

Dans le Ségou, les musulmans défendent en principe l'usage de cette boisson, mais ils tolèrent que les Bambaras en boivent sans scandale, c'est-à-dire en cachette. Les jours où Tiébilé faisait du dolo, les grandes jarres qui contenaient la liqueur étaient portées dans une petite case obscure cachée au fond d'une cour. C'est là que les invités se rendaient un à un, le sourire aux lèvres, mais mystérieusement et comme pour un complot. Le retour leur était plus difficile, car plusieurs titubaient en repassant la porte. Les Français étaient aussi priés de prendre part à ces libations. Lorsque l'un d'eux faisait au maître de la maison l'honneur d'accepter, les premiers arrivés l'accueillaient avec des prévenances et des politesses inusitées. Ils essayaient de lui parler, même de lui faire des compliments; on s'empressait de lui apporter un escabeau en bois, seul siège usité dans le pays et réservé aux femmes le plus souvent; on lui donnait une petite calebasse propre, au lieu de lui présenter la calebasse commune, et, quand il avait goûté, les visages toujours souriants se tournaient vers lui et on lui demandait :

« *Kagni? Kagni?* » (C'est bon ?)

A quoi il fallait répondre pour leur faire plaisir :

« *Kagni hali!* » (C'est très bon !)

Tout le monde alors de rire franchement, le Français heureux d'avoir dit deux mots de bambara, et les villageois de les lui avoir entendu dire. Lorsque son hôte se retirait, Tiébilé le faisait suivre par un esclave portant une calebasse pleine du même dolo pour *ses frères*, qui lui faisaient de leur côté quelque modeste cadeau, toujours accepté avec les signes de la plus vive reconnaissance.

En face de Tiébilé, les Européens avaient un autre voisin nommé Bagoba. Celui-ci était très pauvre, presque infirme, et ne vivait guère que du travail de sa femme, infirme elle-même (elle boitait affreusement) et qui de plus était chargée de deux enfants, dont l'un à la mamelle. Bagoba était bien pauvre, il avait fait des dettes, et, n'ayant pu les payer, il avait mis son fils aîné en gage chez ses créanciers. Quant à Koura, sa femme, elle faisait pitié à voir, occupée aux travaux les plus rudes avec son plus jeune fils attaché à son dos par un haillon sordide. Un jour qu'elle préparait la cuisine de la famille, une ânesse vint lentement vers elle et s'approcha du mortier en bois où elle écrasait le mil. Koura enleva le pilon, laissa manger la bête tant qu'elle voulut, puis, ayant remplacé la quantité de mil disparu, elle continua son opération.

Une pareille libéralité de cette pauvre femme envers un âne étonna beaucoup le Français qui en avait été témoin. Il apprit alors que c'était la bête sacrée du village, à laquelle personne ne refusait rien, qui vivait librement à Nango, entrant même dans les cases, quand cela lui faisait plaisir, et y mangeant ce qu'elle y trouvait à sa convenance. Quand elle passait près du puits du village, les femmes s'empressaient de lui présenter leur calebasse pleine d'eau, heureuses qu'elle daignât s'y abreuver. Elle n'était pas née dans une position sociale aussi relevée ; elle n'avait été longtemps qu'une ânesse comme les autres, travaillant pour un maître ainsi que ses pareilles. Mais un jour de fête, comme on offrait à *Nama*, dans le bois sacré, du mil et du dolo, le hasard voulut qu'elle passât près de là. Elle se dirigea résolument vers le mil sacré réservé au dieu, et, avant que le sorcier eût le temps de l'en empêcher, elle en attrapa une bouchée. A partir de ce moment, elle devenait sacrée elle-même et sa fortune était assurée.

Voilà ce qu'on raconta au sujet de cet usage étrange. Il paraît que dans beaucoup d'autres villages on trouve aussi d'autres bêtes à qui la même fortune est échue. Les musulmans n'ont pas cherché à convertir ces populations à l'islamisme. Elles conservent leurs naïves et grossières pratiques religieuses, si l'on peut appeler ainsi des cérémonies destinées à se rendre favorable un être mystérieux, Nama, parfaitement matériel, redouté comme le roi des sorciers. Nama est un dieu d'une espèce encore moins relevée que nos fées ou nos lutins. Il apparaît, certaines nuits, dans le village, où il mène grand tapage avec une clochette et des calebasses : une de celles-ci, percée de trous, lui cache la tête. Le soir où il doit apparaître, on entend d'abord des cris bien connus : aussitôt toute la population doit se cacher dans les cases, éteindre tous les feux et surtout ne doit pas regarder ce qui se passe dans la rue, car il est bien avéré que tout homme qui voit Nama mourra dans les trois mois, à moins *qu'il ne devienne sorcier lui-même.*

Mais ces peuples n'ont aucune croyance bien nette et bien définie relativement à la divinité, à l'âme, à une autre vie. Ils n'ont aucune idée d'un être créateur gouvernant le monde, ni des ressorts qui font agir et penser les êtres créés. Lorsque l'on touche à ces sujets, ils se troublent, ils sont comme dépaysés dans ce monde d'idées qui nous sont si familières et qui pour eux sont lettre close. Il est facile de voir que leur intelligence est à peine capable d'abstraction, et ils ont l'air étonné que l'on cherche aux effets une autre cause que celle qui est immédiate et tangible. Je ne sache même pas qu'ils essayent de se rendre compte par une hypothèse, si absurde qu'elle soit, de la cause des orages ou de la foudre. Pourtant l'ascension apparente du soleil dans le ciel le matin a piqué leur curiosité : ils pensent que l'astre est soulevé par des fils invisibles, mais ils ne se sont jamais demandé qui soutient ces fils, ni où serait leur point d'attache.

Leurs sorciers ont, à leurs yeux, un pouvoir magique qu'ils n'expliquent pas non plus, mais dont ils craignent les effets. A ce titre, Nama, le grand sorcier, est le plus redouté et celui à qui l'on offre de temps en temps des sacrifices sous des arbres sacrés.

Chose curieuse! à Nango, c'était une femme qui

était la première sorcière; elle avait vu Nama, disait-on, et elle n'en était pas morte. C'était d'autant plus étonnant que la condition sociale de la femme est tout à fait inférieure à celle de l'homme. La femme bambara est toujours esclave. Quand arrive l'âge de la puberté, au moment où l'on circoncit les garçons, les filles subissent une opération analogue, l'excision. Comment s'est établi cet usage révoltant? Est-ce dans le but de rendre la femme insensible à tout plaisir et par conséquent chaste? En tout cas, le but n'est pas atteint.

Le mari achète sa femme et peut la répudier quand il veut; elle devient sa chose, travaille pour lui, et même elle peut être mise en gage chez un créancier pendant un temps déterminé.

Dans certaines limites, on peut dire qu'elle peut être rendue à ses parents contre remboursement quand elle a cessé de plaire. A la mort de son mari, son esclavage ne finit que si elle a un fils capable de vivre de son travail. Dans tout autre cas, elle fait partie de la succession, et, si elle est encore jeune, elle peut devenir la femme de l'un des fils de son mari. Voilà un usage profondément immoral et réprouvé par les musulmans; il n'a rien de répugnant pour les Bambaras.

Chez les Toucouleurs, la condition de la femme est plus relevée. Elle a certains droits dont elle sait se prévaloir quelquefois contre son mari, quand elle est née libre et qu'elle a été accordée par son père. La femme esclave devient libre aussi, quand elle a un enfant de son maître, mais elle ne cesse pas pour cela d'être dans une dépendance plus étroite. Enfin un homme riche a chez lui un certain nombre d'autres femmes d'une condition infime, qu'on appelle *taras* et qui servent uniquement à ses plaisirs et à ceux de ses hôtes.

Les Bambaras du Ségou sont en général considérés comme les esclaves du roi. Outre les impôts, ils lui doivent le service militaire. Au moment d'une guerre chaque village fournit un contingent de guerriers qui sont armés de fusils gardés en réserve par chaque chef. Ces troupes sont commandées par les chefs de la région, nommés par le roi; on les appelle les *Toubourous*. Mais il existe à Ségou une armée permanente composée de Bambaras, appelés *Soufas*, répartis en trois ou quatre nombreuses compagnies. Quant aux Toucouleurs, ils sont tous et toujours soldats, mais leur service est presque facultatif, et le roi ne peut les forcer à le suivre quand il ne leur plaît pas de le faire. Ils forment une aristocratie militaire, indocile et turbulente, obéissant de fait à un certain nombre de personnages influents de leur nation, qui peuvent ainsi peser sur les décisions d'Ahmadou et quelquefois même empêcher par leur abstention une guerre qui ne leur convient pas; certains villages, comme Dougassou, Koghé, sont connus pour leur esprit d'indépendance; leurs chefs ont chez eux plus d'influence que le roi. Celui-ci, en un mot, n'est roi que des Bambaras; il est seulement le premier des Toucouleurs. C'est naturellement à Ségou que sa prépondérance est le mieux établie; ses partisans les plus dévoués y composent le *Diomfoutou* (maison royale).

J'ai déjà eu occasion plus haut de parler des excès commis par les Toucouleurs après leurs victoires. La conquête, depuis la mort d'Al-Hadj Oumar, a rompu toutes les relations du Ségou avec le Massina, Tombouctou et les Maures du Sahara; la navigation le long du Niger, la meilleure voie commerciale du pays, est interdite en amont, du côté de Bammako, aussi bien qu'en aval. La misère que les vainqueurs entretiennent comme à plaisir chez leurs sujets a bientôt gagné les vieux Talibés prodigues aussi bien les nouveaux venus qui n'ont pas trouvé un ample butin à faire chez l'ennemi. Les maîtres n'ont pas tardé à être aussi misérables que les esclaves. Encore ceux-ci peuvent-ils gagner leur vie en travaillant; mais un Toucouleur ne travaille pas : il ne peut donc vivre que des libéralités du roi, misérables aumônes pompeusement célébrées, ou bien des vols commis au préjudice des Bambaras. Parfois pourtant, lorsque le besoin est trop pressant, une petite armée se forme en vue de piller les pays voisins : le roi, heureux de satisfaire ses guerriers à peu de frais, leur donne un chef connu déjà du temps du prophète, nommé Tierno-Alassane. Ce général est surtout un marabout très dévot qui passe son temps à marmotter des prières, en égrenant son chapelet; il ne monte jamais à cheval sans avoir près de lui un esclave qui le suit portant son Coran sur la tête. Les soldats l'aiment assez parce qu'il ne les gêne en aucune façon et qu'*il ne dit jamais rien.* Aussi l'appellent-ils par plaisanterie : *Moumo* (le muet). Il est permis de croire qu'il n'agit pas davantage et qu'il les laisse libres de tout frein et de toute discipline.

On part vers le sud, pour une destination inconnue, au delà du Mayel-Balevel, pays encore peu exploité où vivent des populations divisées et faibles. Sur la route, amis et ennemis se sauvent devant la colonne. La rivière franchie, les Talibés se hâtent, traînant toujours à leur suite le général bon enfant. Heureux les villages entourés d'un bon tata et qui ont l'audace de se défendre; les pillards ne peuvent s'attarder à faire un siège et passent. Mais quand la fortune les conduit vers un village non fortifié ou mal défendu, ils s'en emparent, massacrent sans pitié tout ce qui fait mine de résister, emmènent le reste en esclavage et font place nette. Quand ils jugent avoir recueilli un butin suffisant, ils retournent à Ségou. Le roi reçoit sa part des dépouilles.

C'est ainsi que les Toucouleurs font le vide autour d'eux, qu'ils ruinent et dépeuplent une contrée déjà pauvre et à peine habitée. On croirait voir revivre, proportions gardées, le régime de la conquête franque en Gaule aux v° et vi° siècles. Clovis et ses premiers successeurs n'ont pas autrement *gouverné* le midi de la Gaule.

Ségou ne manque ni de dissensions intestines qui divisent les Toucouleurs, ni même de rivalités de palais entre les membres les plus influents du Diomfoutou, qui se disputent la faveur du maître; et dans cette guerre sourde où ils n'ont pour armes que l'hypocrisie et le mensonge, les musulmans excellent. Le parti en faveur est maintenant celui de *Seydou*

Djeylia, cousin et gendre du roi; l'autre a pour meneur Abdoul Hamadi, chef des guerriers du Diomfoutou [1]. Entre les deux se tient, sans se compromettre, un personnage peu sympathique, mais très influent, Arzéki, barbier et cuisinier d'Ahmadou; au-dessous d'eux tous est l'homme le plus occupé de Ségou, le bourreau Ali.

L'autorité la plus influente de Ségou est celle de la mère du roi, Fatma, l'ancienne esclave. Pour elle, son fils a les égards les plus délicats; le matin, son premier soin est d'envoyer prendre de ses nouvelles; il va la voir lui-même très souvent, et il la consulte avant de prendre aucune délibération importante. Tout le monde rend à la vieille Fatma les mêmes honneurs qu'au roi lui-même et, à l'imitation du roi, on ne l'appelle que *Néné*, qui veut dire mère. La Néné dispose d'une vaste et riche demeure, pendant que toutes les autres veuves du prophète Oumar (il en survit encore un certain nombre) vivent enfermées dans une autre habitation qui est pour elles comme une prison.

Quant aux frères du roi, ils abondent dans la capitale, Al-Hadj Oumar ayant laissé une postérité des plus nombreuses. Les plus âgés, les plus influents, mènent une vie oisive entre leurs griots et quelques parasites toucouleurs qui leur font leur cour, les grugent à qui mieux mieux, et leur racontent en les massant tous les cancans de la ville. Les plus jeunes

---

1. Nous avons appris depuis peu que Seydou Djeylia est en disgrâce et qu'Abdoul Hamadi a été tué dans un combat près de Niamina (1884).

ne jouissent que d'une considération limitée et n'usent, je crois, du nom de leur père que pour voler le Bambara ou escroquer un étranger plus à leur aise.

A part ces gens, qui vivent des libéralités du roi ou qui recherchent les grâces de sa cour, les autres Toucouleurs lui sont peu dévoués ou même nettement hostiles. Ahmadou a su éloigner de lui l'affection générale par sa méfiance de tyran, son indécision systématique et sa parcimonie que les Toucouleurs traitent d'avarice. Ces derniers prétendent même avoir droit à une part du butin, or, bijoux etc., qu'Al-Hadj Oumar a fait pendant la conquête et qu'il avait promis de partager à la fin de la guerre. Lorsqu'ils réclament, le roi répond que la guerre sainte n'est pas finie et qu'il y a encore bien des Keffirs à soumettre dans le monde. Raison que les Talibés trouvent mauvaise et qui leur permet de se dire volés.

La plupart de ces Talibés besogneux, misérables à Ségou, regrettent leur pays d'origine, le Sénégal. Ils voudraient bien retourner dans le Fouta. Là du moins un peu de mil ne leur ferait pas défaut et ils trouveraient du sel en abondance. Mais le roi a fait du Ségou une vaste prison bien fermée et dont maintenant même il n'a plus les clefs [1]. Les Toucouleurs ne peuvent plus s'aventurer isolément vers le nord à travers un pays ennemi, le Bélédougou, où ils seraient massacrés sans pitié. Le dernier chef de ce pays resté fidèle au roi de Ségou était celui de Mourdia et s'appelait Faliké; un bon mot d'Ahmadou l'a jeté dans

---

1. Voir à la fin du volume la note I.

le parti des rebelles. Un jour qu'on racontait une sottise du chef de Mourdia, le roi s'écria en riant :

« Ce Faliké (ânier) ne sera jamais qu'un Fali (âne). »

Faliké avait l'amour-propre chatouilleux. Irrité d'avoir servi de risée à la cour de Ségou, il fit répondre que, puisque âne il y avait, l'âne allait ruer.

Quelques jours après, il se déclarait indépendant de Ségou, et se joignait aux autres Bambaras du Bélédougou en marche sur Niamina.

Déjà en 1880 il n'y avait plus qu'une route libre pour traverser le Niger : c'était celle de Mourgoula par Dialiba. Mais ne passait pas qui voulait; il fallait y être autorisé. Le roi y avait établi un poste de surveillance rigoureuse, et la mort était le prix de toute tentative infructueuse. La mission Gallieni reçut à Nango bien des confidences de la part d'hommes que les succès d'Oumar avaient attirés à Ségou et qui maintenant demandaient comme une grâce de pouvoir se cacher au milieu des serviteurs des Français pour fuir leur roi.

Un de ceux-ci s'appelait Ahmadi : c'était le premier ingénieur et artilleur du pays après Samba Ndiaye. Il était venu s'installer à Nango et il racontait aux étrangers sa gloire passée et ses misères présentes. Il avait été longtemps en faveur auprès du prophète et de son fils; il avait fait toutes les guerres; c'était lui-même, ajoutait-il naïvement, qui avait tiré ce fameux coup de canon le plus meurtrier qu'on eût vu sur le Niger, car il avait tué un homme ou deux à l'ennemi. Mais, depuis que la grande guerre était finie, les canons du prophète dormaient paisiblement à terre sous le hangar de Samba Ndiaye, et l'artilleur, négligé autant que ses pièces, était tombé dans la misère.

Samba Ndiaye lui-même, interrogé pour savoir si le roi conduirait en personne son armée aux secours de Niamina menacé par les Bambaras, répondit qu'Ahmadou ne se hasarderait au delà du Niger que s'il était sûr que ses Talibés ne l'abandonneraient pas en face de l'ennemi. La méfiance entre le chef et les soldats en est arrivée à ce point. Aujourd'hui, grâce à Samory qui s'avance sur la rive droite du Niger, la dernière voie de communication du Ségou avec le nord est coupée. Les conquérants sont entourés d'ennemis de tous les côtés. Vers quelque point de l'horizon qu'ils se tournent, il leur faudra livrer bataille pour passer. En attendant, ils restent prisonniers dans leur conquête.

Ce n'est pas seulement par son avarice qu'Ahmadou s'est fait tant d'ennemis parmi les Toucouleurs. Il existe entre eux une autre cause de dissensions qui grandit tous les jours et que rien ne saurait détruire, pas même le partage du butin d'Al-Hadji. Dès ses premières guerres, le prophète avait recruté des soldats chez les peuples vaincus. Ahmadou a continué la même politique; il a essayé de s'attacher non seulement les *Soufas* qui l'ont le mieux servi, mais encore les fils des chefs dont il tient la place et que son père a mis à mort. C'est envers eux surtout qu'il s'est montré prodigue de biens et d'honneurs, quoi qu'ils soient toujours ses esclaves. Et comme ceux-ci tiennent tout de lui, n'ont aucun droit sur ses trésors, ni aucun orgueil de race à opposer à la famille du prophète, ils lui sont bien mieux soumis et bien plus obéissants que les Talibés. Aussi leur a-t-il donné auprès de sa personne des postes de confiance et les admet-il à ses palabres comme les principaux de sa nation. Mahmoud, un *kountigui* (chef soufa), tient les clefs du trésor; Baffi, un autre kountigui, est très aimé du roi, qui rit de ses saillies. Ce dernier chef est le type du soudard bambara. Il n'a pourtant pas une figure rébarbative; au contraire, ses traits sont fins et réguliers, sa physionomie agréable et rieuse sous une peau exceptionnellement noire et lustrée. Il n'entend pas un mot de poular, et pourtant il assiste gravement aux palabres qui se tiennent en cette langue, et je crois même qu'il y donne son avis. Il ne se cache pas d'aimer le dolo, mais il sait le dire de façon que le roi le lui pardonne volontiers, sachant d'ailleurs que c'est le plus brave de ses Soufas. Baffi aime la parade et les couleurs voyantes; il n'est pas d'homme plus fier que lui lorsqu'il s'avance en dansant à la tête de sa compagnie, couvert des amulettes les plus grotesques, parmi lesquelles la plus remarquable est une espèce de petit baril de cantinière recouvert d'étoffe de diverses couleurs. Ajoutez à cela un grand parapluie rouge, unique dans le pays, qu'il ne déploie que dans les grandes circonstances, et vous aurez une idée des mascarades dont il est le héros.

Les Toucouleurs méprisent tous les Soufas et détestent particulièrement ceux que le roi distingue et qui sont l'objet de ses faveurs. Toutes ces libéralités, ces honneurs, c'est à eux, à des hommes de leur race qu'ils devraient revenir. Eux, les vainqueurs, qui ont versé leur sang pour la cause sainte, ils sont dans la misère pendant que ces Keffirs, mangeurs de chiens crevés, qu'ils ont tenus sous leurs talons, se pavanent sur de beaux chevaux et les éclaboussent dans la rue. Leur haine rejaillit jusqu'au roi, responsable de ce renversement de l'ordre logique des choses. Mage, il y a vingt ans, a été témoin de ces dissensions intestines; dans sa relation de voyage, il raconte une curieuse scène de défi, en présence du roi, entre un chef toucouleur et un chef soufa avant d'en venir aux mains avec l'ennemi. Aujourd'hui, la haine entre eux va si loin que, dans un combat où les Soufas sont engagés les premiers, il n'est pas rare que les Talibés refusent de leur porter secours ou même tournent bride et se sauvent pour laisser l'ennemi les massacrer à son aise.

Entre les deux races, Ahmadou essaye en vain de tenir la balance égale; il ne peut se passer des Soufas et il n'a pas l'habileté de son père, ni son prestige pour imposer sa volonté aux Talibés. Ce désordre et ces luttes intestines au milieu desquels se débattent les vainqueurs de Ségou, n'ont eu jusqu'à présent d'autre résultat que de les affaiblir d'une manière à peu près irrémédiable : leur renommée d'invincibles a disparu; le nombre des provinces révoltées augmente, et un ennemi puissant, Samory, s'approche. L'édifice du prophète Oumar menace ruine; il ne tient plus que grâce à la désunion de ses ennemis.

En 1880, la situation était déjà critique; les officiers français qui étaient à Nango purent en apercevoir les signes certains ; mais le mal aurait pu être conjuré si les Toucouleurs, à la suite d'une entente sincère avec nous, nous avaient ouvert la route du Niger et s'ils avaient pu assurer à nos traitants la sécurité des communications et la liberté du commerce. Le traité allait enfin pouvoir se discuter. Le roi de Ségou, après cinq mois d'hésitations, avait fini par envoyer à Nango son ministre Seydou Djeylia.

On était à la fin d'octobre 1880. Seydou arrivait avec une suite nombreuse, composée des personnages les plus importants de Ségou et plus de cinq cents hommes de troupe comme escorte. Il devait y avoir une fête brillante pour le recevoir : les officiers furent donc invités à y assister.

« Nous allâmes l'attendre, dit le commandant Gallieni, à l'entrée du village, sous un baobab placé au centre d'une large avenue, pratiquée pour l'occasion au milieu des ronces et des cultures. Marico était en grande tenue de guerre, il portait sur l'épaule un carquois rempli de flèches, et, à la main, un arc dont la corde était faite d'une mince baguette de bambou; de l'autre, une sorte de fouet à manche très court avec lequel il éloignait les curieux qui voulaient empiéter sur l'espace libre laissé devant nous. Les griots du village étaient rangés, prêts à accueillir de leurs chants discordants le beau cortège qui s'avançait.

« Nous vîmes d'abord paraître les Talibés à cheval. Ces guerriers portaient le costume sévère des adeptes de l'Islam : un grand boubou flottant, large pantalon bleu, vaste turban autour du petit bonnet blanc toucouleur, ceinture chargée de gris-gris, de la poire à poudre, du sachet à balles. Ils s'avançaient au grand galop de leurs chevaux, qu'ils arrêtaient brusquement vis-à-vis de nous.

« Les Talibés se rangèrent à gauche de l'avenue. Après vint la compagnie de Baffi, l'un des chefs captifs d'Ahmadou. Elle comprenait les Bambaras du Kaarta soumis au sultan. En tête marchaient les joueurs de tam-tam et de corne bambaras, les joueurs de flûte et les chanteurs. Derrière ce groupe venait Baffi, en grand costume, tout chamarré de gris-gris et une belle hache en cuivre sur l'épaule (il n'avait pas encore son parapluie rouge). Il s'avançait tantôt dansant, tantôt se dandinant, tournant autour de lui-même, se baissant et rasant la terre, puis se redressant. Plusieurs griots, les uns avec des clochettes, les autres criant simplement, le suivaient dans tous ses mouvements.

« En arrière de Baffi et marchant immédiatement sur ses pas, venait la compagnie des Soufas, armés de fusils et formés sur huit rangs, sur un front de trente hommes environ, très serrés les uns contre les autres. Arrivé à près de cinquante mètres de nous, Baffi mit subitement un genou à terre, en nous tournant le dos ; ses hommes imitèrent ce mouvement. C'était, paraît-il, le salut militaire.

« Puis la danse commença : Baffi, toujours suivi de ses griots, exécuta pendant une demi-heure une sorte de danse, pendant laquelle on lui passait successivement des fusils qu'il déchargeait, soit en l'air, feignant de viser quelque ennemi, soit en dirigeant son canon vers la terre, paraissant tuer un adversaire renversé. Cette danse guerrière se termina par une décharge générale de tous les Soufas. »

Ensuite se présenta, avec les mêmes cérémonies et les mêmes danses, une autre compagnie suivie d'un escadron à cheval des Phouls du Bakhounou commandés par Sambourou. Ceux-ci s'avançaient en ligne, sombres et solennels, armés de leurs lances.

Enfin parut après le cortège Seydou Djeylia à cheval, s'avançant à pas lents, au milieu d'une troupe de Talibés. Après le compliment de bienvenue, la fête se termina, les Européens rentrant chez eux, et les troupes avec leurs chefs se dispersant dans le village à la recherche d'une case où se loger.

Le lendemain, les palabres commencèrent et aboutirent, après quatre jours de discussion très serrée, à un traité qui nous accordait la libre navigation du Niger dans tous les pays soumis aux Toucouleurs.

Le traité conclu, la situation des Français ne fut guère améliorée. Il fallait maintenant attendre la signature du roi ; mais, au lieu de penser à ses hôtes et aux promesses qui leur avaient été faites, il s'occupa d'abord de bien d'autres choses. Guerre avec les Bambaras du Bélédougou qui menaçaient Niamina, petites expéditions au sud et au nord, négociations avec Sansandig, fêtes et palabres, tout cela l'absorbait tellement ! A chaque plainte de ses hôtes, il répondait invariablement : « Bientôt, ché Allaho ! (s'il plaît à Dieu) », et les mois s'écoulaient.

« De quoi te plains-tu ? disaient les envoyés du roi au chef de la mission. Tu es plus favorisé que les autres. Songe que Diango, le chef de Koundian, est ici depuis deux ans et n'a été reçu qu'une fois par le roi. Il attend toujours, et pendant ce temps les affaires vont mal à Koundian dont l'ennemi est près de s'emparer. Il y en a bien d'autres à Ségou qui attendent depuis plusieurs années le bon plaisir du roi ; mais il a tant d'affaires. Il a mis sept ans à préparer le retour de sa mère de Dinguiray. »

En effet, parmi les indigènes qui sollicitaient sans succès une audience du roi, il y avait à Ségou un envoyé d'un traitant de Saint-Louis, venu de si loin pour réclamer le payement d'une dette contractée par Ahmadou, et celui-ci depuis trois ans le faisait héberger et ne songeait pas encore à s'acquitter.

L'attente des Européens dura plus de quatre mois encore après la conclusion du traité, au milieu des alternatives les plus pénibles de crainte et d'espoir. Enfin les préparatifs sérieux de départ commencèrent. La nouvelle de la présence d'une colonne française à Kita et de la prise de Goubanko, après avoir produit une vive effervescence à Ségou contre les *espions français,* ne fit que hâter ces préparatifs. Le 10 mars, le roi signait le traité du 3 novembre et, quelques jours après, les quatre officiers, après avoir reçu des chevaux et les vivres nécessaires, reprenaient rapidement la route par où ils étaient venus dix mois auparavant.

KOUMO

KOUMO

Niagassola. — Les tribus nègres. — Mambi. — Désordres de Koumo. — Sa fuite de Niagassola. — Séjour à Goubanko. — Son voyage à Nioro. — Arrivée à Médine. — Les maîtres de langue. — Koumo tirailleur. — Première expédition du colonel Desbordes. — Epidémie à Médine. — Arrivée à Kita. — Hostilité manifeste de Goubanko. — Désertion de Koumo. — Palabre nocturne. — Attaque et prise de Goubanko. — Mort des capitaines Pol et Marchi.

Niagassola est un gros village du Manding situé auprès d'une hauteur qui porte son nom. Il est entouré d'un tata assez solide et ne se distingue des autres villages mallinkés que par un petit faubourg qui encombre les approches de la porte ouest. Autour de l'enceinte s'étend une plaine unie en pente douce vers le sud; quelques maigres jardins sont groupés non loin de là, près des puits, et au delà on ne voit que des broussailles au-dessus desquelles émergent par intervalles quelques beaux arbres. La plupart des cases du village sont rondes et surmontées d'un toit conique en paille; au centre s'élève la demeure du chef entourée d'un fort mur en terre, très haut, qui en fait une sorte de réduit. Les rues sont étroites, sinueuses, malpropres, surtout aux environs du puits intérieur qui est entouré d'un marais boueux et fétide.

C'est à Niagassola qu'habitait vers 1875 un chef descendant d'une famille autrefois puissante sur le Niger et dont les domaines sont maintenant réduits à quelques villages du Manding : il s'appelait Mambi. Les Mambis sont de la tribu des Keïta, la plus noble des Mallinkés, de même que les Kourbaris sont les premiers des Bambaras et les Diallos des Phouls. Les tribus nègres n'habitent pas des cantonnements séparés. Elles vivent au contraire éparpillées et mêlées entre elles dans toute la région occupée par leur race ; mais chacun de leurs membres en conserve soigneusement le nom pour le transmettre à ses enfants et le joint ordinairement au nom propre qui lui a été donné pour le distinguer de ses frères. Il n'existe guère de liens d'affection véritable entre les membres de la même tribu. Mais de l'une à l'autre il se pratique parfois certaines usances bizarres, admises de tous en principe, et dont l'origine est expliquée par des légendes. Ainsi il est permis à un Diakité (tribu phoule) de saisir par la barbe un Diallo sans que celui-ci s'en offense, le père des Diakités ayant autrefois, dit-on, rendu un service signalé au premier des Diallos ; un Traouéré et un Diara (tribus bambaras) se saluent souvent par une question qu'on ne pourrait traduire qu'en latin. En revanche aucun d'eux, même à la guerre, ne doit tuer ni faire esclave un homme de l'autre tribu. Cet usage est certainement le moins respecté de tous.

C'est en s'appelant par leurs noms de tribu que deux nègres se saluent quand ils se connaissent déjà. Une flatterie fréquemment usitée par eux consiste à saluer leur interlocuteur du nom de la tribu reconnue la première de sa nation. Un Soninké de tribu Cissé, souple et intrigant comme la plupart des hommes de sa race, n'abordait jamais un Toucouleur [1] qu'en l'appelant : *Diallo!* gros comme le bras; et l'autre de répondre, visiblement satisfait : *Cissé!* Cette salutation n'empêchait pas les autres, qui sont très nombreuses : elles se déroulaient rapidement comme un chapelet, en formules courtes, pressées, que mon homme interrompait de temps en temps par de nouveaux : Diallo! Ce refrain semblait toujours mettre beaucoup de liant dans la conversation, sinon beaucoup de variété.

L'orgueil de caste existe dans les principales familles. Leurs membres se piquent de plus de bravoure et de plus de générosité que le vulgaire, car ce sont là les deux vertus les plus prisées des nègres, vertus moins rares chez eux qu'on ne croirait, vu leur pauvreté et leur caractère craintif envers nous. Le Mambi qui commandait à Niagassola, et qui y commande encore, connaissait les devoirs que lui imposait le grand nom qu'il portait. J'ignore s'il avait accompli beaucoup de prouesses dans les combats, mais il savait se faire honneur quand il recevait des hôtes dans ses murs, et il était très libéral pour les

---

[1]. Beaucoup de Toucouleurs portent les noms de tribus phoules.

griots qui venaient chanter devant lui la gloire des Mambis passés, présents et futurs. Il avait pour neveu un nommé Koumo, une tête fêlée, un vrai panier percé qui lui causait les ennuis les plus graves, tant il exagérait les brillantes qualités de la famille, surtout pour ce qui tenait à la libéralité. Il était fils de son frère, chef avant lui de Niagassola, son prédécesseur sur le trône du Manding, dirai-je pour parler à l'imitation de certains voyageurs qui ont la singulière manie d'affubler ces sauvages de titres qui jurent avec leurs haillons.

Le *règne* du père de Koumo avait été très agité et *la cour* de Niagassola fortement émue lors des succès des Toucouleurs qui, après la conquête du Birgo, se disposèrent à envahir le Manding. Alpha Ousman, maître de Bangassi et de Mourgoula, fit en effet une pointe dans le pays de Mambi Ier. Ce roi ne pensa guère à mobiliser ses troupes et à former ses corps d'armée ; sans hésiter, il prit son bâton et sa peau de bouc remplie de couscous, puis, suivi de tout son monde, il se réfugia sur la montagne voisine. Ayant ainsi démontré l'utilité des remparts de sa capitale et donné la mesure de son courage, il pensa à traiter, c'est-à-dire qu'il envoya demander grâce à l'envahisseur. Celui-ci se contenta de prendre ce qui lui plut, d'emporter tout ce qu'il put et, en outre, d'imposer un tribut annuel à Mambi. Cela fait, et rendant grâce à Dieu, il rentra à Mourgoula. Après une défense aussi brillante, le repos de Mambi Ier fut encore troublé par les fréquents voyages des Toucouleurs dans son pays. Outre le tribut annuel, les pillards venaient en bandes percevoir dans ses villages, sans le prévenir, de nouveaux impôts. Il mourut pourtant sans laisser de déficit dans ses finances, car s'il avait appris à se laisser piller, il savait encore mieux rançonner son peuple et les Dioulas qui traversaient le Manding.

A sa mort, d'après l'usage, il laissa à son frère Mambi II les biens de *la couronne*, c'est-à-dire tout ce qu'il avait reçu de son père. Quant à ses profits particuliers, à ses économies sur sa liste civile, quelques femmes, une centaine d'esclaves, etc., ils passèrent à son fils Koumo. Le jeune homme, loin de chercher à augmenter l'héritage paternel, ne pensa qu'à en profiter pour mener joyeuse vie. Les femmes de son père furent vendues et remplacées par d'autres. Ses esclaves, il les vendit ou les mit en gage pour acheter des colliers ou des bijoux à ses favorites et pour faire largesse à ses griots après boire, avec les marchandises les plus rares que les Dioulas apportaient à Niagassola. Ses revenus, il les épuisait en vastes jarres de dolo qui, chez lui, coulait tous les jours en abondance, comme si c'était tous les jours fête. Mais aussi comme il était entouré, caressé, adulé par les plus nobles fils du Manding et par les griots les plus célèbres du pays!

« Koumo! ton père m'eût donné ton beau turban rouge que les Dioulas t'ont vendu ce matin. »

Koumo donnait son beau turban rouge.

« Koumo! qu'est-ce qu'une femme pour toi qui peux avoir toutes celles du Manding? Donne-moi ta captive Diéba. »

Et Koumo répondait : « Prends Diéba. »

Quand il sortait dans les rues suivi de sa cour ou qu'il allait en fête dans un village voisin, tout le monde le regardait avec admiration, les femmes se mettaient sur le pas de leur porte pour le voir passer, et les hommes qu'il rencontrait lui disaient humblement : *Keïta !* D'autres, de tribu inférieure, mettaient un genou à terre devant lui et, tout courbés, touchaient le sol du coude droit [1] en répétant : *Keïta !*

Telle était la gloire pour Koumo ; mais ce ne fut qu'un feu de paille ; en moins de deux ans il dissipa ainsi tout son héritage, et toute sa cour disparut en même temps. Alors le jeune prince s'avisa de voler son oncle pour continuer sa vie de plaisirs. Ses larcins mettaient Mambi II dans les colères les plus violentes, car ce prince était très vif et incapable de jamais se contenir. Même un jour, dans un de ces moments si redoutés de ses sujets, il faillit faire un mauvais parti à quelques Toucouleurs venus de Mourgoula pour réclamer le tribut annuel. Cette fois il leur montra la porte et les menaça de les payer à coups de fusil. Il est vrai que l'almamy de Mourgoula n'était plus le terrible Alpha Ousman : c'était Abdalla, un ancien esclave du prophète. D'ailleurs le chef de Niagassola, effrayé lui-même de sa violence, fit courir après les percepteurs de l'impôt deux heures après, leur fit mille excuses et des cadeaux en plus du tribut qu'ils réclamaient. Grâce à ce prompt retour sur lui-même, l'almamy, à la nouvelle de l'algarade

---

1. C'est le salut de l'esclave au maître dans le Manding et le Bélédougou.

de son tributaire, se contenta de déclarer qu'il avait le cerveau fêlé.

Koumo avait encore un autre moyen de se procurer les ressources nécessaires à sa vie déréglée. Lorsqu'une caravane arrivait à Niagassola, il réunissait quelques mauvais garnements de son espèce, partait avec eux avant les marchands et allait s'embusquer sur la route qu'ils devaient suivre. Lorsqu'ils passaient, il se précipitait sur eux avec son monde à coups de fusil, leur volait tout ce qu'il pouvait, et pour les premiers jours allait cacher ses rapines dans un village voisin. Lorsque les caravanes manquaient, et à la suite de ces pillages elles devenaient tous les jours plus rares, il mettait à contribution les villages des environs. Il se cachait dans le voisinage avec deux ou trois de ses amis, et lorsque les esclaves venaient aux champs pour travailler, il les enlevait, puis rentrait triomphant à Niagassola. C'est ce qu'il appelait *faire la guerre*. Mambi recevait des plaintes nombreuses et réparait quelquefois, imparfaitement il est vrai, les dommages causés par son belliqueux héritier.

A la fin, Koumo ne put plus tenir dans le cercle étroit où il vivait depuis son enfance : il voulut courir le monde. Pour cela il fallait des fonds, car il ne voulait pas voyager en mendiant, mais en prince. Parmi les femmes de son oncle il en avait distingué deux qui lui semblèrent plus sensibles à ses soins que les autres. Ce n'étaient certes pas les plus belles, mais il n'avait pas le droit ni l'habitude d'être difficile, étant lui-même d'une laideur repoussante, avec un regard féroce et avec une expression de physionomie bestiale; il faut ajouter qu'il était remarquablement fort et bâti en hercule. La laideur semble être un caractère physique des Mambis. Le vieux chef lui-même, gros et court, a le visage bouffi, le nez encore plus écrasé que le commun des nègres ; il possède comme dernier agrément un œil tout rouge, les paupières renversées, qui empiète désagréablement sur la joue. Les femmes de Mambi devaient donc trouver le neveu encore moins mal que l'oncle, et le complot fut vite formé. Le vieux chef ne possédait pour toute cavalerie qu'un cheval, pauvre rosse vieille et maigre, venue de bien loin, car il n'y a pas de chevaux dans le pays, et que pendant l'hivernage il faisait soigner dans une case où l'on tenait toujours du feu allumé tant que duraient les pluies.

Koumo conçut le hardi projet d'enlever à la fois les femmes et le cheval de son oncle. Il eut soin d'abord de se munir, on ne sait comment, de quelques gros d'or. Puis, une belle nuit, sans que Mambi ait jamais pu se douter comment cela s'était fait, il décampa en emmenant avec lui les femmes qu'il convoitait, ainsi que le cheval et même le palefrenier. La colère de Mambi, à cet attentat, ne connut plus de bornes et dura toute une semaine. Il fit faire des recherches, envoya des courriers sur toutes les routes : ce fut peine perdue. Seulement un des courriers ne revint pas : c'était celui qui avait rejoint Koumo, et que le jeune prince avait décidé à le suivre et à partager sa fortune. Les fugitifs continuèrent donc paisiblement leur route vers le nord. Ils évitèrent Mourgoula, de crainte que l'almamy ne leur fît rebrousser chemin, et se dirigèrent vers Goubanko où ils arrivèrent sans encombre.

Goubanko était alors au lendemain du siège victorieux qu'il avait soutenu contre l'almamy et tous les Mallinkés des environs. Mambi de Niagassola était un de ses ennemis, à cause de sa parenté étroite avec Tokonta de Kita. Koumo n'hésita pas pourtant à s'y réfugier et il y fut bien reçu. Il y avait de nombreuses connaissances, plusieurs des notables du village ayant autrefois habité Niagassola et suivi Koumo dans maintes expéditions pour piller les caravanes ou les villages voisins. Du reste on savait à Goubanko le cas que le jeune prince faisait de l'autorité de son oncle, et il faut ajouter que les chefs avaient reçu quelques services de son père Mambi Ier.

Aussi le nouveau venu avait-il à peine passé la porte, qu'il rencontra des visages connus et que plusieurs amis s'avancèrent vers lui avec empressement. Après les salutations obligées, un de ceux-ci lui demanda :

« Et ton père (oncle et père s'expriment par le même mot en mallinké), comment va-t-il ? »

Koumo, qui aimait parfois à rire, répondit, en montrant sa maigre rosse, par une plaisanterie qu'on peut traduire ainsi :

« Mon père ! il doit aller mal, car je suis parti en emportant ses jambes. »

Mambi en effet ne sortait jamais de son village qu'à cheval.

A Goubanko le fugitif put continuer sans crainte la

même vie qu'à Niagassola. Mais ses ressources étaient moindres : en peu de temps, les deux femmes furent vendues ; le cheval ne tarda pas à suivre le même chemin ainsi que le palefrenier. Le courrier même qu'il avait embauché en route n'échappa à l'esclavage que par la fuite, juste punition de son infidélité à Mambi. Pourtant la vie était facile à Goubanko : Koumo prenait part aux expéditions de ses hôtes, il allait piller avec eux les villages voisins sans en excepter ceux de Kita dont le chef, Tokonta, était, comme nous l'avons dit, un Keïta de ses parents. Mais son humeur vagabonde ne lui permit pas de séjourner longtemps à Goubanko. Peut-être aussi eut-il quelque querelle avec l'un de ses nouveaux compagnons, car il était d'un tempérament vif et irritable comme tous les Mambis.

Quoi qu'il en soit, après une dernière razzia plus fructueuse que les autres, il profita du passage d'une caravane pour se joindre à elle et prendre la route du nord. Il ne s'attarda pas longtemps à Kita où ses exploits étaient trop connus et où il ne fut toléré qu'à cause de sa parenté avec Tokonta. Il continua son chemin avec la même caravane et arriva dans le Nioro, pays que gouvernent et qu'habitent en partie les Toucouleurs. La capitale, Nioro, est une grande ville sur la frontière du désert, très bien fortifiée et contenant dans son enceinte une forte citadelle avec de hautes et épaisses murailles en pierre, bâtie par Al-Hadj Oumar. C'est la demeure de Mountaga, fils du prophète et frère du roi de Ségou, au nom duquel il commande.

Le Nioro est un pays fertile et riche ; il s'y fait un commerce très important, car c'est là que les Maures du désert viennent échanger leur sel de Tichitt avec les esclaves et l'or que les Dioulas apportent du Niger et les étoffes qui viennent de nos comptoirs de Médine et de Bakel. Les Toucouleurs, qui sont les maîtres du pays, y vivent dans une abondance qui fait fortement envie à ceux de Ségou plus malheureux. Le fonds de la population se compose de Bambaras, Sonninkés, Diawaras : ils vivent assez tranquilles sous le joug des musulmans, opprimés, il est vrai, et en butte à toutes les exactions de la part de leurs maîtres, mais au moins défendus par eux contre les ennemis du dehors encore plus sauvages.

Koumo ne pouvait continuer là sa vie de rapines : il était d'ailleurs, aux yeux des Toucouleurs, un trop mince personnage pour être admis dans leur société. Il se décida donc à porter ses pas vers les rives du Sénégal ; il arriva ainsi à Kouniakari où il se joignit à une caravane de Maures qui portaient de la gomme à l'escale de Médine ; lui n'avait que deux esclaves et il comptait les y vendre bien plus cher que sur la frontière du désert.

Kouniakari n'est guère qu'à deux petites journées de Médine. Aussi, dès le lendemain de son départ, il arrivait près du Sénégal. Comme il traversait une grande plaine aride et sèche, il vit un nuage de poussière qui s'avançait rapidement, puis plusieurs cavaliers arriver au galop sur la caravane. Il crut d'abord à une de ces attaques dont il était coutumier dans les solitudes du Manding, et il armait bravement son fusil pour résister aux agresseurs, lorsqu'il vit ses voisins se mettre à rire et se moquer de lui.

Ces cavaliers étaient loin en effet d'être des ennemis : c'étaient des gens qu'on appelle dans nos escales *maîtres de langue*, traduction littérale d'un mot indigène qui veut dire bavard, beau parleur. Leur métier consiste à faire ce que nous appelons en France de la réclame pour celui qui les paye. Chaque traitant pour son service en entretient un ou deux, et quand il apprend qu'une caravane arrive, il les envoie au-devant d'elle pour attirer les voyageurs dans son magasin. Un maître de langue habile peut faire le succès d'une traite ; aussi sont-ils très recherchés et très bien payés.

A l'arrivée des cavaliers, l'aspect de la caravane changea ; la marche, qui avait été jusque-là silencieuse et fatiguée, devint animée et bruyante. Les cris, les appels s'échangeaient d'un bout à l'autre. Chacun des nouveaux venus avait accaparé un ou deux marchands, les suivait en les accablant de salutations et de protestations d'amitié. Koumo fut accosté par l'un d'eux qui, après s'être renseigné auprès d'un voisin, le salua par son nom avec force salamalecs ; cela n'étonna pas trop notre voyageur ; il se croyait homme d'importance, et ce ne fut pas sans un sensible plaisir qu'il entendit prononcer son nom par cet inconnu. Le maître de langue Mahmoudou, après les salutations les plus pompeuses et les plus compliquées, continua par l'éloge le plus extravagant des Keïtas en général, et des Mambis en particulier, le traita de prince illustre et finit par ne lui trouver d'égal sur la terre que son patron à lui, le célèbre Moctar, dont la renommée devait être parvenue jusqu'à Niagassola, car des rives du Sénégal elle s'était répandue dans le monde entier. Moctar possédait, à son dire, des richesses fabuleuses, les marchandises les plus rares, et il était généreux comme un roi : excellent musulman du reste, et qui ne faisait le métier de traitant que pour se distraire et au grand profit des voyageurs qui s'adressaient à lui. Enfin Mahmoudou lui demanda s'il avait beaucoup de gomme à vendre : Koumo répondit qu'il n'avait que deux esclaves. Le maître de langue fit une moue dédaigneuse et, sans transition, alla débiter ailleurs sa harangue.

Tous ces braves gens savent bien qu'ils ne font guère de dupes avec leurs belles paroles ; mais c'est l'usage et ils s'y conforment scrupuleusement. Les voyageurs, en général, savent par expérience que le Moctar si vanté n'est qu'un fieffé coquin qui vend à faux poids des marchandises avariées : mais, par faiblesse, ils se laissent encore entraîner dans sa boutique et y acceptent son couscous et son sirop [1].

Pour Koumo, il avait une marchandise dont il ne pouvait se débarrasser qu'avec certaines précautions. On lui représenta que le commerce d'esclaves devenait tous les jours plus dangereux parce que les *Toubabs* ne voulaient pas en entendre parler et l'avaient interdit à Médine ; qu'il ne pourrait pas traverser le fleuve ; que ce n'était pas sur l'escale même qu'on

---

1. Il est d'usage que le traitant nourrisse et héberge les voyageurs dont il achète les produits.

pouvait traiter ces sortes d'affaires et qu'il lui faudrait attendre sur la rive droite.

On arriva bientôt sur la berge du Sénégal. Koumo parvint, malgré toutes les difficultés, à se défaire de ses esclaves, que l'on emmena plus loin pour leur faire traverser le fleuve et les envoyer dans l'intérieur du pays : on les lui avait payés cinquante pièces de Guinée (environ 750 francs).

Il s'installa alors à Médine où il eut bientôt les plus nobles relations. Il se présenta au vieux Sambala, roi du Khasso, comme envoyé de son oncle Mambi et venu pour demander une armée qui l'aidât à soumettre un voisin turbulent. Mission chimérique qui le posa d'emblée en personnage d'importance dans l'entourage du chef de Médine. Il mena pendant quelque temps joyeuse vie avec ses fils, de qui il apprit à apprécier largement l'eau-de-vie et le vermout, leurs liqueurs favorites; et trop souvent il prit plaisir à constater que le dolo de Niagassola n'était que de la tisane à côté des liqueurs françaises. Les femmes du Khasso, qui ne sont pas farouches, loin de là, lui semblaient même l'emporter à tous les points de vue sur celles de son oncle, et Koumo, qui prisait fort le genre de distraction qu'elles procurent, se voyait plus heureux qu'il ne l'avait jamais rêvé.

Mais tout a une fin en ce monde et sa bourse n'était pas intarissable; il s'en aperçut au bout de deux mois : ses nobles amis l'abandonnèrent, et le griot Tortillard lui-même cessa de venir devant lui célébrer la gloire des Mambis. Koumo se trouva cette fois bien embarrassé : il ne pouvait plus penser à détrousser les voyageurs, car il savait déjà que ce genre d'industrie n'était pas toléré par les Toubabs ; travailler? il ne savait rien faire, et puis il se serait cru avili de se livrer à un travail manuel quelconque : dans son pays, il n'y a que les esclaves qui travaillent.

Il avait rencontré quelquefois dans le village un tirailleur de la garnison du poste, nommé Guimba, originaire du Manding, qui lui avait raconté comment il s'était engagé dans les troupes françaises et lui avait vanté les avantages de la calotte rouge et les douceurs de la ration quotidienne, à heure fixe. Koumo n'hésita pas longtemps; un jour, il alla trouver son compatriote et lui dit qu'il voudrait bien faire comme lui. Guimba le mena aussitôt chez le commandant du poste, et le lendemain il était engagé provisoire, destiné à être envoyé à Saint-Louis par le premier aviso.

C'est ainsi que le fils de Mambi devint tirailleur et, en qualité de recrue, séjourna un an à Saint-Louis.

On était alors en 1880; on préparait la première expédition du Haut-Sénégal, qui devait aller fonder le poste de Kita. Le colonel Desbordes, qui la commandait, venait d'arriver à Saint-Louis et devait emmener avec lui deux compagnies de tirailleurs, où comptait le deuxième soldat Koumo.

Le Sénégal se divise en trois régions caractérisées chacune par un régime hydrographique particulier. Le Bas-Sénégal, qui s'étend de l'embouchure jusqu'à Mafou, est navigable en toute saison et met en communication constante le chef-lieu avec les trois postes de Podor, Dagana et Richard-Toll : il s'étend sur une longueur de 150 milles environ.

Le Moyen-Sénégal se décompose à la saison sèche en une série de biefs successifs, dont les seuils ne sont pas franchissables pour les avisos pendant sept mois de l'année. Du mois de juillet au mois de novembre, au contraire, les bateaux d'un fort tonnage peuvent le remonter jusqu'aux chutes du Félou, près de Médine, qui sont à près de 500 milles de la mer. La communication régulière et rapide avec les postes de Médine, Bakel, Matam et Saldé n'est donc possible que pendant l'hivernage.

Enfin le Haut-Sénégal, en amont du Félou, n'est jamais navigable que pour les petites embarcations et souvent pour les simples pirogues seulement.

Les expéditions qui partent de Saint-Louis pour le Haut-Sénégal ne peuvent donc se mettre en route que vers le mois d'octobre et doivent être de retour au mois de juin suivant, afin de soustraire les Européens fatigués à l'influence de la saison pluvieuse, qui est en même temps celle des fièvres paludéennes.

La première expédition du colonel Desbordes partit de Saint-Louis en octobre 1880, sur des bateaux à vapeur qui devaient la transporter en huit jours à Médine. Mais, cette année-là, la baisse des eaux fut plus rapide que d'ordinaire ; les divers avisos, suivant leur tirant d'eau, laissèrent la colonne échelonnée le long des rives du Sénégal, depuis Saldé jusqu'à Matam. Elle dut continuer le voyage, partie à terre, partie empilée dans les lourds chalands du pays : on n'avait pas de remorqueurs pour leur faire remonter le courant et, suivant l'usage, tous les indigènes, laptots, soldats, ouvriers, durent s'atteler par douzaines

L'expédition remontant le Sénégal.

à de longues cordes fixées au bout des mâts des chalands pour traîner les pesantes machines.

Koumo, comme les autres tirailleurs, fut employé à ce travail. Moins que tout autre, il ne pouvait s'y plaire. Il n'avait jamais été bon soldat ; déjà à Saint-Louis, mêlé aux autres tirailleurs recrutés dans toutes les classes de la population, son orgueil de caste avait été vivement froissé de se voir, pour toutes sortes de corvées, traité sur pied d'égalité avec d'anciens esclaves, auxquels même il lui fallait obéir quand ils étaient caporaux ou sergents, lui Koumo, un Mambi! Un jour, il refusa de se soumettre aux ordres de l'un d'eux, un griot ! race infime et méprisée ! Il dut pourtant plier ; la prison, le cachot, vinrent à bout de sa résistance, mais non de son orgueil. A ce sujet, il alla trouver son commandant et lui expliqua par interprète combien il était blessé de voir le peu d'égards qu'on avait pour lui, un fils de roi ! « Fils de roi ou fils d'esclave, c'est la même chose pour nous », lui fut-il répondu. Sa rancune contre son sergent se changea alors en haine contre les Français. Mais cette haine couvait sourdement et il avait fini, l'exemple aidant, par se courber peu à peu sous le joug de notre discipline, assez douce et très tolérante pour les soldats nègres. Le travail qui lui fut imposé sur les rives du Sénégal, travail qu'il considérait comme excessivement humiliant, l'exaspéra ; il essaya de se révolter encore, il fut puni ; il suivait sombre et silencieux la troupe dont il faisait partie, lorsqu'il trouva une occasion de se dérober et de s'enfuir. Mais où aller? il était en pays toucouleur, race hostile à la sienne ; il se réfugia au poste de Matam qu'on venait de quitter deux jours auparavant. Le lendemain, le commandant du poste le fit appeler, lui montra une lettre et lui dit qu'elle contenait une nouvelle punition pour lui avec le motif bien expliqué. Koumo menaça de son poing fermé le morceau de papier accusateur et s'écria :

« Oh! le *kaïett!* le *kaïett!* (papier). »

Il avait depuis longtemps voué au papier une haine particulière. N'était-ce pas sur ces feuilles détestées que les Blancs savaient conserver fidèlement le souvenir de toutes ses révoltes contre leur autorité? N'était-ce pas elles qui portaient à distance les ordres qui le tenaient esclave?

Il dut rejoindre la colonne, toujours plus furieux contre les Blancs et leur régime d'oppression.

Le voyage le long du fleuve dura vingt-huit jours. Enfin, le 12 décembre, toute la colonne se trouva réunie à Médine, où elle devait compléter son organisation avant de se mettre en route. Elle comptait y trouver aussi quelque repos. Vain espoir! La fièvre typhoïde s'abattit sur elle et, dès les premiers jours, fit de nombreuses victimes. Les Européens campés autour du poste, aussi bien que les tirailleurs abrités dans la plaine sous des gourbis en paille, furent également atteints et, malgré tout, il était impossible de fuir ce foyer d'épidémie, car les moyens de transport étaient insuffisants. Il fallait se livrer à une foule de travaux préparatoires d'autant plus longs et embarrassants que les ouvriers manquaient.

Enfin, le 9 janvier 1881 on put quitter Médine, mais

Fort de Kita.

tristement et péniblement. Le nombre des malades était encore si grand, les Européens semblaient si fatigués que tous les fâcheux pronostics des timorés de Saint-Louis semblaient à la veille de se réaliser. Le capitaine Marchi lui-même, toujours si enthousiaste et si hardi, qui partait le premier avec l'avant-garde, exprimait ses craintes de voir la colonne se fondre en route.

« Je vous donne rendez-vous à Kita, lui répondit le colonel Desbordes, et nous y serons tous ou à très peu près, Nègres et Blancs, je vous en réponds. »

En effet, le 7 février à 10 heures du matin, toute la colonne, en bon état de santé et comme raffermie par une si longue marche, campait dans la plaine de Kita. Elle comptait en tout 400 combattants, dont 150 Européens.

On se rappelle [1] que le capitaine Gallieni avait déjà passé un traité avec les chefs du pays, et le colonel Desbordes le renouvela. Aussitôt l'emplacement du poste fut choisi, avec l'agrément des indigènes, et les travaux commencèrent. Dès les premiers jours, la situation de la colonne était critique à cause de sa faiblesse. L'épidémie qui l'avait, pour ainsi dire, chassée de Médine n'avait pas permis d'organiser le service des approvisionnements avec tous les détails qu'il comportait. On y travailla bien en route, on le compléta, mais les premiers convois de vivres se firent attendre. Quelques difficultés avaient même surgi avec certains villages que l'on était obligé de

---

1. Voir le récit *Dio*, p. 177.

traverser, et l'on avait dû passer outre. Les indigènes étaient déçus à la vue du petit nombre d'hommes qui s'avançaient avec tant de hardiesse dans l'intérieur du pays. Eh quoi? ce n'était que cela? Et cette poignée de soldats avait la prétention de les protéger contre leurs ennemis et de les défendre contre les incursions des Toucouleurs ! Mais Goubanko tout seul pouvait en venir à bout ! De la méfiance à l'hostilité il n'y avait qu'un pas. Les convois circulaient, il est vrai, mais difficilement. Notre respect même pour les propriétés des indigènes leur semblait une preuve de notre faiblesse.

A Goubanko, le mépris pour les Français était ouvertement affiché, et déjà les jeunes gens parlaient d'aller enlever leurs convois.

Koumo, après son escapade de Matam, avait paisiblement suivi la colonne jusqu'à Kita. Mais sa résolution était prise : son retour si près de Goubanko où il comptait tant d'amis ne fit que l'affermir. Le surlendemain de l'arrivée, il était de garde la nuit. Quand il fut en faction, vers dix heures, il prit résolument la route de Goubanko : il arriva dans ce village deux heures après.

Il eut de la peine à se faire ouvrir les portes : il croyait que, comme d'habitude, le village serait à cette heure-là plongé dans le sommeil. Loin de là, une agitation extrême régnait dans tous les coins ; tous les habitants étaient sur pied, les notables réunis sur la grande place du village, autour d'un grand feu et discutant avec la plus grande animation. Koumo eut bien vite retrouvé ses amis qui l'accueillirent avec joie. Il excita l'attention et la curiosité générales quand il eut dit qu'il venait de chez les Blancs, qu'il raconta son engagement et sa désertion.

Alors tout le monde l'accabla de questions ; tout le monde voulut savoir ce qu'étaient ces étrangers et quel effet faisaient leurs canons. Koumo, en orateur habile, ménagea ses réponses et voulut d'abord connaître la cause de cette agitation nocturne. On lui apprit que la veille un homme était venu de la part du colonel, qui leur avait annoncé ses intentions pacifiques, mais en même temps avait demandé à acheter chez eux du mil et du bétail. Qu'eux avaient répondu qu'ils n'avaient rien à donner ni à vendre à des hommes qu'ils ne connaissaient pas, surtout quand ils les soupçonnaient d'être amis de Tokonta. Que, dans la journée même, il était venu un autre messager enjoignant au chef de Goubanko de se rendre à Kita, sans quoi il serait considéré comme ennemi des Français et traité comme tel. C'était la paix ou la guerre. Qu'enfin, malgré toute la résistance et les protestations des jeunes gens, les vieillards avaient décidé que le chef obéirait à l'ordre des Français dont ils avaient peur.

La menace du colonel Desbordes était pleinement justifiée par la situation critique où se trouvait la colonne et que nous avons en partie exposée plus haut. On annonçait comme prochaine l'arrivée d'une armée du Bélédougou pour chasser les étrangers que l'on considérait comme des ennemis depuis que la mission Gallieni avait été pillée à Dio. Et Goubanko, qui avait de fréquentes et amicales relations avec le

Bélédougou, n'avait pas été de bonne foi avec cette mission ; les guides qu'il lui avait donnés avaient été soupçonnés de trahison et avaient disparu d'une manière mystérieuse sur les bords du Ba-Oulé en entrant dans le Bélédougou.

Si les villages du Fouladougou imitaient seulement la réserve hostile dont Goubanko donnait l'exemple, nos convois étaient perdus, et la colonne isolée, réduite à la famine, n'aurait même pas pu faire une retraite honorable sur Bafoulabé. Il n'y avait qu'un moyen de sortir de cette impasse : agir vivement et vigoureusement, prouver notre force, malgré notre petit nombre. Nous nous trouvions jetés dans un pays troublé par les luttes presque journalières des indigènes, et notre mission était d'y mettre un terme. La persuasion ne pouvait faire abandonner leurs prétentions aux oppresseurs et donner la paix aux faibles : la force seule en était capable.

Les jeunes gens de Goubanko, enhardis par le souvenir de la défaite de l'almamy, tenus en haleine par leurs pillages continuels, fiers de leur renommée d'invincibles déjà répandue au loin, ne voulaient à aucun compte entendre parler de transaction. Les chefs, moins enthousiastes, se souvenaient des malheurs passés et craignaient d'en voir revenir d'aussi terribles. Ils avaient donc décidé qu'ils se rendraient à la sommation des Français ; ils optaient pour la paix.

L'arrivée de Koumo changea la face des choses. Encore sous l'impression des rigueurs qu'il avait subies, plein de haine pour cette égalité humiliante qui l'avait accouplé lui, un Mambi, à d'anciens esclaves, craignant aussi d'être rendu aux Français si la paix était acceptée, il s'éleva violemment contre la décision des chefs. Il s'adressa directement à eux; il leur dit que les étrangers étaient peu nombreux, malades, incapables de se tenir debout; que leurs canons ne faisaient que du bruit; que s'ils leur cédaient aujourd'hui, ils deviendraient leurs esclaves, comme il l'avait été lui-même, car les Blancs sont insatiables de domination et veulent tout régler à leur guise; qu'ils empêcheraient tous les pillages; qu'ils leur prendraient même leurs esclaves et feraient mourir les maîtres de faim et de misère; qu'enfin ils ne s'établissaient à Kita que pour relever Tokonta et ruiner Goubanko.

Il ne dépensa pas son éloquence en pure perte; les chefs ne se décidaient à plier devant le colonel qu'avec la plus grande répugnance. Lorsque Koumo leur eut exagéré la faiblesse des Français et les eut menacés de la paix forcée avec leurs voisins, la discussion recommença de plus belle. Les jeunes gens, repris d'une nouvelle fougue guerrière, revinrent encore à la charge auprès de leurs pères, et enfin, sur de nouvelles assertions plus ou moins fantaisistes de Koumo, il fut solennellement décidé qu'aucune satisfaction ne serait donnée aux étrangers.

La nuit entière s'était écoulée pendant cette orageuse discussion. Le colonel Desbordes, informé du résultat dans la journée, se décida à agir tout de suite. Le 11 février à quatre heures du matin, la colonne partit de Kita et prit la route de Goubanko : à sept heures elle arrivait devant le village. Les habitants s'attendaient à l'attaque et avaient accompli dans les alentours toutes les cérémonies accoutumées en pareil cas. Les sorciers avaient décrit sur la poussière des sentiers des dessins magiques; ils avaient tué la poule noire, observé ses contorsions pendant qu'elle agonisait et l'avaient pendue en grande pompe à un arbre au bord du sentier de Kita.

Quand les guerriers virent l'ennemi s'approcher, ils tentèrent une sortie qui fut vite repoussée; puis, à leur grand effroi, ils entendirent les coups de canon commencer l'attaque. Une heure après, le village était en feu et la brèche se faisait. La colonne était rangée vers le nord, du côté de Kita; à droite et à gauche se tenaient les indigènes de Tokonta, attendant la fin de la lutte pour se précipiter sur les vaincus. A onze heures, la brèche était suffisante, le fossé comblé et la colonne d'assaut marcha vers l'enceinte, conduite par le commandant Voyron; le premier tata fut aussitôt enlevé : pour prendre le deuxième, il fallut faire avancer la compagnie d'ouvriers sous les ordres du capitaine Archinard. La défense était énergique et à chaque instant plus vive. Un troisième assaut fut nécessaire pour emporter la troisième enceinte où les plus braves des survivants s'étaient retirés. Cette dernière partie du combat fut aussi la plus meurtrière : acculés dans leurs derniers retranchements, les défenseurs se battirent en désespérés et ne laissèrent que des cadavres au milieu de l'incendie qui dévorait le village.

Enfin Goubanko était pris. Koumo, il faut le dire, s'était vaillamment battu et restait parmi les morts.

La prise de Goubanko si vivement enlevé étonna profondément tous les pays mallinkés jusqu'au Niger. Jamais ils n'avaient vu mener si rapidement une action militaire; les premiers jours la nouvelle ne trouva que des incrédules. Ce fort village si redouté détruit en trois heures! L'almamy de Mourgoula fit mettre aux fers comme mauvais plaisant le premier qui osa le lui annoncer.

Tel fut le premier essai de résistance à notre occupation pacifique du Soudan. C'était la protestation des oppresseurs sans frein, incapables de renoncer à la vie de violence et de rapines qui leur avait tant profité jusque-là. Koumo, qui nous avait vus de près, avec ses instincts d'aventurier pillard pour qui la force est tout, avait pu entraîner les chefs, non parce qu'il leur avait parlé de patrie à défendre ou d'indépendance légitime à conserver, mais parce qu'il leur avait montré dans un avenir prochain la fin de la guerre et du pillage, c'est-à-dire leur décadence. Il l'avait payé de sa vie.

Pour la cause adverse, un sang bien plus précieux avait coulé. Parmi les victimes on compta, à l'assaut, le capitaine Pol, de l'artillerie de marine, jeune officier doué des qualités les plus brillantes, et qui n'exprimait qu'un regret en expirant, c'était de ne pas mourir d'une balle allemande; le surlendemain, c'était le capitaine Marchi, de l'infanterie, qui succombait aux fatigues éprouvées pendant cette chaude journée.

Quelques jours après ce tragique épisode de la campagne, la première pierre du fort de Kita fut posée en présence de la colonne sous les armes, et à cette occasion le colonel Desbordes pouvait dire :

« Des esprits superficiels et chagrins prétendent que les Français n'ont pas les vertus nécessaires pour coloniser; à savoir : l'audace dans l'exécution, la persévérance et le travail dans l'organisation. L'histoire est là pour protester contre ce jugement injuste, et quant à nous, je suis convaincu, grâce à votre patriotisme, que nous serons dignes de ceux qui ont porté si loin et si haut le nom de la France, notre pays bienaimé. »

Le poste de Kita domine maintenant et protège ces pays mallinkés si longtemps divisés et ravagés; il leur assure la paix. Devant la porte, à droite et à gauche, ont été creusées deux tombes, celle de Pol et celle de Marchi. Ils dorment sous une pierre qui porte leur nom, à l'ombre de deux arbres que la main d'un ami a plantés à leurs chevets. Ces noms rappelleront à ceux qui viendront après eux, le courage et le dévouement des ouvriers de la première heure.

KÉNIERA

KÉNIERA

Le prophète Samory. — Voyage du lieutenant Alakamessa à Galaba. — Siège de Kéniera. — La colonne française à travers le Manding. — Passage du Niger. — Découragement des indigènes. — Prise de Kéniera par les musulmans. — Les vainqueurs sont surpris par les Français. — Combat. — État de la ville après le siège.

L'Afrique est aujourd'hui le pays des prophètes : Dans le Soudan, de l'Atlantique à l'Océan, c'est la parole de Dieu qui soulève les masses, c'est au nom de la religion que se font les guerres les plus sanglantes. Je n'ai pas à parler ici des événements dont le Haut-Nil est le théâtre : à l'occident, vers le Sénégal, les manifestations de la divinité sont plus fréquentes que sur le Nil, leur action destructrice est encore plus terrible. C'est comme un orage qui se forme dans un coin de terre jusque-là ignoré, dont la violence croît à mesure qu'il s'éloigne de son pays d'origine. Il s'étend sur des régions quelquefois très vastes et ne laisse que des ruines partout où il s'est abattu.

La religion n'est qu'un prétexte; ces inspirés n'ont

d'autre but que de se tailler un empire aux dépens de leurs voisins ou de leurs maîtres. C'est une manière de parvenir spéciale au pays ; une révolution, en apparence religieuse, faite au profit d'un homme ou d'une race.

On a déjà vu dans un précédent récit naître et grandir la puissance d'Al-Hadj Oumar. Vers 1870, un nouveau prophète surgit dans le Fouta : il s'appelait Ahmadou et on lui donnait le titre de Cheikou. Mais celui-ci n'eut pas la prudence du premier. Dès ses débuts, il eut la malheureuse inspiration d'entrer en lutte avec les Français. Il leur livra une bataille décisive à Coki, dans le Cayor, où il fut vaincu et tué (1875). Un peu plus tard, un nouvel apôtre se rendait redoutable dans un pays plus lointain et plus sauvage, vers les sources mêmes du Niger : c'était Samory.

Les renseignements quelque peu précis que l'on peut avoir sur ces hommes ne remontent tout au plus qu'à la période de leur vie où leurs succès les ont mis en pleine lumière.

Leurs premières années, leurs débuts même dans la carrière prophétique, servent de thème à des récits fantaisistes où se donne libre carrière, tantôt l'enthousiasme des prosélytes et tantôt la haine des vaincus. De Samory, moins encore que des autres, on ne sait rien que de très vague sur sa vie avant 1880.

Son vrai nom, tel que le prononcent les indigènes de son pays est *Sambourou*. Il est, dit-on, Soninké ; de cette race agricole et commerçante qui fournit au Soudan la plupart de ses colporteurs et de ses marchands d'esclaves, race intelligente et rusée, seule capable par sa souplesse de traverser impunément avec ses caravanes les pays les plus divers et les plus hostiles. Les Soninkés ou Saracolés passent pour des hommes paisibles et qui n'ont aucun goût pour les choses de la guerre, au moins dans le Ouassoulou. Aussi, du jour où Samory devint chef de bande, ses compatriotes dirent-ils que de Soninké il s'était fait Mallinké.

Sambourou est né vers 1830, sur la rive droite du Niger, au sud de Bammako; on ne sait pas exactement dans quel village, mais cela importe peu, et la vie du prophète a été si agitée dès ses premières années, que la confusion est toute naturelle. Il est né libre, mais dans son enfance il fut fait prisonnier au sac de son village, pendant une de ces razzias si fréquentes au Soudan, et emmené en esclavage. Il eut pour maître un marabout nommé Moro, riche et assez instruit, dont il devint l'élève et plus tard l'homme de confiance. Il voyagea pour le compte de Moro, trafiqua, fut ânier, comme Mahomet chamelier, et probablement visita en cette qualité nos postes de Médine et de Bakel. Mais, tout en faisant les affaires de son maître, Sambourou acquit une grande influence, non seulement sur les autres élèves et les serviteurs du marabout, mais encore sur les notables du village où il vivait. C'est à son intelligence supérieure qu'il devait la considération dont il jouissait; certaines qualités physiques dont il était doué, étaient bien faites aussi pour imposer à ceux qui le connaissaient. Sa haute taille, sa voix forte et impérieuse devaient plus tard être pour lui des moyens de domination sur ses partisans. Moro avait sans doute tiré grand profit de l'habileté et du travail de son disciple; mais l'amitié ne devait pas toujours durer entre ces deux hommes; le marabout en vint un jour à se souvenir que Sambourou n'était après tout que son esclave. Soit que celui-ci fût lassé de travailler pour un étranger, soit que le maître fût jaloux de l'autorité que prenait l'esclave sur son entourage, ou qu'il voulût le punir de quelque acte d'insubordination, le futur prophète fut mis aux fers. Cette humiliation lui fut très sensible; pour être remis en liberté, il dut contenir sa haine et faire des promesses d'obéissance. Mais sitôt qu'il fut délivré, il ne chercha qu'à assurer sa vengeance. Plus que jamais il se montra zélé musulman, ardent à convertir les Mandingues infidèles, à fanatiser les croyants. Puis, lorsque son maître, alarmé de son influence croissante, voulut encore sévir contre lui, il se révolta, parla de sa mission divine, entraîna quelques partisans enthousiastes et réussit à se saisir de Moro qu'il mit aux fers à son tour en lui disant:

« Je vais répandre au loin la parole de Dieu : toi, tu prieras ici pour le succès de mon entreprise. »

C'est ainsi que Samory débuta dans la carrière d'inspiré.

Ses premières luttes sont ignorées; pourtant on peut croire que peu de chefs se joignirent à lui dès le commencement. Ses premiers disciples, c'est-à-dire ses premiers soldats, furent les jeunes gens ordinairement oisifs de familles aisées, à qui la guerre semblait le moyen le meilleur et le plus commode d'acquérir des richesses. Il sut par quelques expéditions faciles et heureuses inspirer confiance à sa bande et, comme Al-Hadj Oumar dans le Fouta, il vit bientôt le nombre de ses partisans augmenter, car le bruit de ses premières victoires se répandit rapidement dans le Ouassoulou. Il lui en arriva de tous les villages, mais dans ce pays l'enthousiasme religieux avait moins de part à l'entraînement général, la race étant aussi moins vive et moins forte que dans le Fouta : c'était surtout l'espoir du pillage qui lui attirait des soldats. Samory accueillait tout le monde avec plaisir, sans même imposer aux nouveaux venus les pratiques rigoureuses de sa religion. Il pillait, d'ailleurs, indistinctement musulmans et infidèles, les premiers parce qu'ils doutaient de sa mission providentielle, les autres pour glorifier le nom de Dieu.

La situation politique du pays favorisait singulièrement de telles entreprises. Depuis le Ségou jusqu'aux sources du Niger, il n'existait pas d'agglomération puissante capable de lui résister. On y trouvait bien quelques groupes de villages réunis sous un seul chef, mais le lien politique de ces petits royaumes était très faible, l'autorité des rois y était nominale, les dissensions intestines et les rivalités entre villages voisins permettaient toujours au prophète de trouver un allié à côté d'un ennemi. A part la région montagneuse du sud-ouest, qui lutte encore, il eut bientôt soumis le Ouassoulou; puis, ce pays ne suffisant plus à son ambition et à la rapacité de ses soldats, il se décida à porter la guerre dans les pays voisins, vers le nord.

Il ne procède pas dans la conquête avec la fougue

impétueuse des Toucouleurs ; sa manière de combattre n'est pas non plus la même. Il envoie d'abord des émissaires dans le pays dont il veut s'emparer ; il fait des cadeaux à quelques notables, et grâce à la jalousie des familles rivales il s'y forme rapidement un parti, d'abord sous le couvert de la religion. Le terrain suffisamment préparé, il saisit un prétexte, envahit le pays convoité, pille et détruit les villages que les habitants abandonnent le plus souvent à son approche, aidé dans son œuvre de destruction par ses partisans qui l'attendent et se joignent à son armée. Si quelque village résiste, il en fait le siège ; il établit tout autour un blocus rigoureux et il attend que la famine ou la peur le lui livre sans combat.

Souvent les vaincus de la veille deviennent ses soldats le lendemain. Les malheureux, dépouillés de tout, leur famille détruite ou emmenée en esclavage, acceptent comme un bienfait le droit de s'enrôler sous les drapeaux du prophète et d'aller porter chez des voisins le pillage et la ruine dont ils ont été victimes eux-mêmes. Ils essayent ainsi de regagner sur d'autres quelque chose qui remplace les biens qu'ils ont perdus.

L'armée de Samory augmente donc tous les jours, s'alimente par la conquête, et son élan va toujours grandissant par delà les ruines qu'elle accumule. Les vaincus, tous les jours plus nombreux, soldats par nécessité sous les drapeaux ennemis, entretiennent toujours le plus pressant besoin de guerre et de pillage. Où s'arrêtera ce flot envahissant ? Il a long à courir encore avant de rencontrer, vers l'est, une digue assez puissante pour l'arrêter.

Vers l'ouest, dans la partie montagneuse du Ouassoulou, qu'habitent une population belliqueuse et des cavaliers hardis, le prophète a rencontré une résistance qui jusqu'ici ne s'est pas lassée; la guerre s'y poursuit encore avec des chances diverses. Vers le nord au contraire, en descendant le cours du Niger et de ses affluents, les succès des musulmans ont été brillants et rapides. Depuis quatre ans, le nom de Samory est connu dans tout le Soudan occidental, et ses guerriers n'y rencontrent plus aucune résistance. Suivant les usages du pays, ils entretiennent la terreur qu'ils inspirent par des exécutions en masse, d'une cruauté sauvage. Quelques grands villages seuls ont osé se défendre, et de ce nombre a été Kéniera.

C'était un des plus grands marchés de la rive droite du Niger. Il s'y faisait un trafic considérable d'esclaves et d'or du Ouassoulou contre le sel et les étoffes venus du nord. Les Dioulas en parlaient comme d'une grande ville très riche.

Elle s'étendait dans une plaine dominée au nord et au sud par des collines en pente douce; elle était entourée d'une forte muraille en terre et plus loin, de maigres jardins, comme on en voit dans le pays, où les indigènes cultivent quelques plantes potagères et des papayers autour des puits.

Samory convoitait cette proie depuis longtemps et avait essayé de se créer un parti à Kéniera. Mais les chefs avaient repoussé ses avances, et peut-être même avaient-ils malmené les rares partisans qu'il y avait recrutés. La puissance du prophète avait grandi rapidement, ses dévastations s'étendaient de plus en plus vers le nord, la ville se sentit menacée et, ne se jugeant pas assez forte pour résister toute seule, elle chercha des secours de tous les côtés. Ses voisins, avec qui jusqu'alors elle avait entretenu des relations amicales, terrorisés par les sanglantes exécutions des musulmans, espérant peut-être conjurer par leur soumission l'orage qui les menaçait, ne voulaient pas l'aider dans une lutte dont l'issue n'était que trop prévue. Abandonné à lui-même, le chef de Kéniera, Bagoba, ne désespéra pas encore. Les Dioulas qui fréquentaient le marché, lui avaient souvent parlé des Français, de leurs armes irrésistibles et il savait que depuis peu ils s'étaient établis à Kita, après avoir châtié un village réputé le plus fort du pays, Goubanko, qui avait essayé de leur résister. Bagoba envoya donc une ambassade à Kita pour implorer notre secours, au mois de juillet 1881.

Le commandant du poste, M. Monségur, leur fit une réception cordiale, les encouragea à la résistance, mais il ne voulut s'engager à rien avant de s'être bien rendu compte de la situation du pays, encore peu connu. Il crut pouvoir tout au moins essayer de la médiation : il fit partir dans ce but M. Alakamessa, un de nos officiers indigènes, très brave et des plus consciencieux, en qui il pouvait avoir toute confiance.

Au plus fort de l'hivernage, au moment des pluies les plus abondantes, notre officier traversa le Manding, franchit le Niger, vit lui-même à Kéniera les chefs et les ressources de la ville, puis se dirigea vers Galaba, au sud, où résidait alors Samory. Ce ne fut pas sans peine qu'il y parvint, après une vingtaine de journées de marche. Bien que musulman zélé, il fut accueilli avec méfiance par le prophète, qui ne l'admit en sa présence qu'après bien des hésitations. Lorsqu'il osa lui parler de concorde ou même de clémence à l'égard de Kéniera, Samory répondit avec violence, s'emporta, voulut d'abord faire couper la tête au négociateur, puis le condamna à la prison perpétuelle et enfin se contenta de lui annoncer dix ans de détention. Mais Alakamessa n'était pas homme à subir passivement les caprices du prophète : à force d'audace et d'énergie, il parvint à s'échapper, retrouva son chemin et, peu poursuivi, grâce à la mauvaise saison, il revint à Kita à la fin du mois d'octobre. Le sort de Kéniera était décidé, et quelque temps après, à la fin des pluies, Samory réunit son armée et se dirigea vers le village qu'il avait condamné.

La terreur qu'il inspirait était si grande qu'aucun ennemi n'osa faire obstacle à sa marche; il n'y eut pas de combat autour du village; les habitants consternés laissèrent l'ennemi s'installer à son aise dans les environs sans lui disputer aucune position. Ils se renfermèrent dans leur tata, attendant passivement les attaques, décidés seulement à tout souffrir plutôt que de se rendre. De leur côté, les musulmans ne firent aucune tentative sérieuse pour s'emparer du village de vive force; ils employaient leur tactique habituelle, qui est de réduire l'ennemi par la famine.

Le siège commençait dans des conditions désastreuses pour Kéniera, excellentes pour Samory. On était au mois de novembre; la récolte était encore sur pied ; les habitants n'avaient eu ni le courage, ni peut-être même la pensée de détruire ce fruit de leur labeur. Ils n'avaient en fait de vivres qu'un peu de mil restant de l'année précédente, du maïs et quelques autres grains qui ne pouvaient pas les mener bien loin. Au contraire, l'armée de Samory avait tout en abondance ; la récolte que Kéniera n'avait pas détruite allait servir aux assiégeants pour venir à bout de ceux qui l'avaient semée.

Dès les premiers jours, le blocus fut rigoureux. Samory avait fait construire sur les hauteurs qui dominaient Kéniera quatre redoutes palissadées dans l'une desquelles il se tenait lui-même avec sa maison. Les armées nègres sont composées des éléments les plus disparates ; je ne parlerai pas du costume, qui présentait quelque chose d'uniforme dans celle de Samory. Tous ses guerriers portent de grands chapeaux coniques, surmontés d'une touffe de paille ; ils se couvrent d'un boubou couleur de rouille sur lequel ils cousent des amulettes sans nombre, et souvent dans le dos ils brodent certains insignes hiérarchiques. Mais ce qu'il y a de remarquable dans cette foule qui compose l'armée, c'est le nombre de femmes et d'enfants que les guerriers emmènent avec eux dans leurs expéditions. Les femmes font la cuisine et les enfants ont pour occupation principale de soigner les chevaux et d'aller leur couper du fourrage pendant que les cavaliers s'étendent paresseusement sous de légers gourbis en paille à l'abri du soleil, leur fusil à portée de la main.

Cela composait autour de Kéniera un second village, plus bruyant et plus animé, d'où, plusieurs fois par jour, partaient des troupes d'une centaine de cavaliers hurlant, caracolant, passant et repassant au galop près des murs où ils lâchaient leur coup de fusil comme dans une fantasia, à la grande épouvante des assiégés. Mais les cavaliers ni même les fantassins ne se hasardaient dans les jardins où le sol semé de trous, coupé de creux profonds, rendait les évolutions difficiles. Aussi les habitants pouvaient-ils aller puiser chaque jour l'eau qui leur était nécessaire, mais chaque fois il leur fallait pour cela engager un combat avec l'ennemi. Ils n'avaient pas un moment de répit; les alertes continuelles, les coups de fusil, même la nuit autour des murs, entretenaient la peur, énervaient les courages; l'abattement était général.

On résistait pourtant encore et l'on attendait du secours. D'où viendrait-il? On n'avait d'espoir que dans les Français, et Kita était bien loin. Le chef, Bagoba, avait, au moment de l'investissement, envoyé de nouveaux messagers au poste, mais on n'en avait aucune nouvelle, on pouvait tout espérer et tout craindre.

Décembre et janvier passèrent ainsi, dans les alternatives les plus énervantes. Les provisions s'épuisaient; les riches seuls pouvaient encore manger quelque peu de couscous, mais ils le cachaient au fond de leur case, sans quoi ils n'auraient pu se dispenser de le partager avec les voisins ou les passants. Le silence morne n'était troublé que par les cris ou les coups de feu venus de la plaine. On n'entendait plus autour des cases les coups du pilon dans les grands mortiers en bois, ni le bavardage des femmes, ni leurs joyeux claquements de main quand elles écrasaient le mil pour le repas du soir. Quelques habitants erraient comme des ombres d'une case à l'autre, s'arrêtaient sur les tas d'immondices comme autrefois les chiens ; aujourd'hui, il n'y avait plus même de chiens pour leur disputer quelque os oublié ; tous les animaux avaient été mangés.

Les plus misérables, les esclaves notamment, perdirent les premiers courage : chaque jour, il y eut des désertions. Les malheureux, exténués, prenaient leur course en sortant du tata, affolés entre les deux camps, levaient les bras en l'air et s'approchaient des assiégeants en criant et demandant grâce. Les femmes étaient bien reçues, car elles devenaient captives, et c'était la meilleure part du butin ; les hommes faits étaient souvent massacrés, et malgré cela il en arrivait tous les jours. Les chefs du village ne faisaient rien pour empêcher ces désertions, mais ils ne parlaient pas encore de se rendre.

Les Français pourtant devaient venir, mais il sembla que, cette année-là, tout se réunit pour la perte de cette malheureuse cité. On se souvient encore de cette fièvre jaune qui régna si meurtrière à Saint-Louis en 1881 et qui paralysa tous nos moyens d'action le long du Sénégal. Ce ne fut que très tard que le colonel Desbordes put réunir à Kaye la petite colonne qui devait ravitailler Kita. Arrivé dans ce poste, il fut informé par Alakamessa de tous les détails de son voyage, des insultes de Samory, de la détresse de Kéniera. Il avait l'ordre de ne pas dépasser

Le colonel Desbordes.

Kita; une expédition sur la rive droite du Niger à 250 kilomètres du poste était hasardeuse, et l'on devait avoir à y lutter avec un ennemi vingt fois supérieur en nombre, exalté par les victoires récentes. Mais si cette marche audacieuse pouvait, en cas d'insuccès, être taxée plus tard d'imprudente, l'inaction devait bien plus sûrement nous créer à bref délai les plus graves embarras. Le colonel connaissait trop bien les habitants du Soudan pour ne pas savoir qu'une insulte laissée impunie est toujours interprétée par eux comme un signe de faiblesse qui a pour effet immédiat d'augmenter leur audace. Déjà toute la contrée jusqu'au Niger s'était sans combat livrée à Samory : sur la rive gauche du fleuve, dans le Manding, le pays de Kangaba, au mépris d'un traité passé avec nous, venait d'en faire autant. Dans le pays de Niagassola, à 100 kilomètres de Kita, la population affolée abandonnait les villages et se réfugiait dans des retraites plus inaccessibles; les chefs se réclamaient de nous et sollicitaient la protection qui leur avait été promise l'année précédente.

Nous avions donc le plus grand intérêt à intervenir dans le Ouassoulou avant que Samory fût assez puissant pour menacer nos postes. Enfin pouvait-on ne pas être pris de pitié à la pensée du sort affreux réservé aux vaincus et devait-on laisser s'accomplir une aussi sanglante iniquité sans faire un effort que nous commandait la grande œuvre de civilisation que nous poursuivons en Afrique? Aussi malgré la distance, malgré le petit nombre de ses soldats et les obstacles prévus, le colonel Desbordes se décida à partir et fit ses préparatifs en conséquence. Le pays à traverser était inconnu sur le plus long parcours ; on avait un grand fleuve à franchir, on ne devait compter sur aucune assistance, même de la part de nos amis ; on devait tout porter avec soi, même les vivres de nos animaux. De plus, il fallait se hâter pour arriver à temps: mais les difficultés, les embarras les plus imprévus semblaient s'accumuler à mesure que le temps devenait plus précieux. Un dernier accident, le retard d'un convoi de vivres, par suite d'un ordre mal compris, compléta la série des malheurs qui allaient peser sur la destinée de Kéniera.

Le 11 février 1882, la petite colonne se mettait en marche ; elle se composait en tout de 220 combattants avec deux canons. Personne ne savait parmi les soldats quel était l'objectif de l'expédition. Le colonel avait fait savoir qu'il allait rendre visite à l'almamy de Mourgoula et avait donné l'ordre aux Mallinkés de Kita et des environs de ne pas le suivre. Cependant, dès le lendemain, une foule de guerriers rejoignit la colonne. Ils voulaient, disaient-ils, combattre à côté des Français si l'occasion s'en présentait. Au fond, c'était pour piller en notre nom et dévaster plus à leur aise en profitant du désordre qu'au besoin ils savent créer, même dans les villages amis. De pareils auxiliaires sont encore plus nuisibles au moment du combat ; affolés aux premiers coups de fusil, ils se réfugient derrière les troupes, gênent tous les mouvements et peuvent être cause d'une panique. Aussi, pour la seconde fois, l'ordre fut-il donné aux Mallinkés de rentrer dans leurs villages, mais, après avoir fait mine de s'éloigner, ils reparaissaient le lendemain encore plus nombreux. Le colonel se décida à faire une exécution mémorable. Il en fit réunir environ 150, tous armés de magnifiques fusils du pays. Quand ils furent en ligne, on leur fit déposer leurs armes à terre, puis ils reculèrent de quelques pas. En ce moment on alluma un grand feu et le colonel leur fit dire qu'ils avaient eu tort de s'obstiner à le suivre, car maintenant on allait brûler leurs fusils. Tout d'abord, croyant à une plaisanterie, ils se mirent à rire. Mais les figures grimaçantes changèrent d'expression lorsqu'ils virent les tirailleurs saisir leurs armes une à une et les jeter au feu; les mines s'allongèrent et devinrent si comiquement navrées que l'exécution se termina au milieu des rires et des quolibets des tirailleurs et des muletiers, et ces derniers surtout en sont démesurément prodigues. Le jour même, on fut délivré de ces alliés si gênants.

Le lendemain, la colonne campait à Sitakoto, à six kilomètres au nord de Mourgoula. Ce village était gouverné, ainsi que le Birgo, au nom du roi de Ségou par un chef qui prenait le nom d'almamy. C'était celui qui avait tenté sans succès de prendre Goubanko; pourtant il avait été autrefois puissant; aujourd'hui dans la décadence rapide de l'empire d'Al-Hadj Oumar, il ne lui restait plus aux yeux des vaincus qu'un certain prestige, grâce auquel on lui obéissait encore. Dès que l'almamy fut informé de la présence des Français à Sitakoto, il s'effraya et envoya l'ordre au colonel Desbordes de ne pas aller plus loin. Une pareille injonction n'était pas sérieuse et ne pouvait pas influer sur la marche de la colonne : le lendemain matin à huit heures, celle-ci arrivait devant Mourgoula. L'almamy sembla se calmer aux assurances pacifiques qui lui furent faites, d'autant plus volontiers que le colonel lui annonçait seulement une promenade militaire dans le Manding.

Il fallait se hâter, car le sort de Kéniera allait se décider. Les dernières nouvelles étaient très mauvaises, on ne savait plus maintenant si on arriverait à temps : les indigènes disaient même que tout était fini et que la ville s'était rendue. Ce n'était pourtant pas encore vrai; mais les assiégés désespéraient et essayaient d'entrer en pourparlers avec leur redoutable ennemi. Samory se montrait sourd à toutes les prières; il voulait le village à sa discrétion; il l'avait promis à ses troupes, et celles-ci commençaient à s'impatienter de cette longue résistance.

En quittant le Birgo, la colonne française entrait dans le Manding et se dirigeait vers Niagassola. Dans ce pays, la population était franchement notre amie, elle avait même demandé notre protection; ayant subi le joug des musulmans, elle sait combien il est lourd et elle a fait quelquefois de timides tentatives pour le secouer. Maintenant, elle était presque indépendante grâce à la faiblesse des conquérants, mais son indépendance était bien précaire, menacée tous les jours par les Toucouleurs, auxquels naguère encore ses chefs payaient tribut, et par Samory, dont les cavaliers y faisaient de fructueuses razzias.

Quelques villages, ignorant ce que voulaient les Français ou peut-être pour obéir à une vieille habitude de prudence, s'enfuyaient dans la montagne à leur approche ; la plupart, du plus loin qu'ils apercevaient l'avant-garde, allaient au-devant d'elle et regardaient défiler la colonne en faisant des gestes amicaux et en répétant mille fois le mot de bienvenue, *Anissagai*. C'est ainsi que l'on traversa Niagassola, Oudoula, Diassa, etc., et l'on arriva le 25 février au matin à Falama, sur le Niger. Ce grand fleuve étale son cours dans une vaste plaine et il n'est visible, pour ainsi dire, que lorsqu'on met le pied dans son lit. Ses berges sont basses ; ses rives, d'un accès facile, sont couvertes d'une végétation souvent épaisse ; les gués sont nombreux en cette saison ; quelques pirogues étaient déjà réunies à Falama. Le passage de l'infanterie commença aussitôt, pendant que les cavaliers remontaient un peu plus haut et traversaient à gué. L'opération ne fut pas longue ; en moins de deux heures, la colonne entière reformée campait sur la rive droite.

On se trouvait maintenant à une quarantaine de kilomètres de Kéniera, c'est-à-dire de l'armée de Samory. Mais la population, loin d'être agitée par le voisinage des envahisseurs ou par l'attente de leur prochain passage, offrait au contraire le spectacle le plus attristant d'une torpeur que rien ne pouvait secouer, d'un désespoir hébété qui semblait avoir tout paralysé. Le chef du pays, Bala, vint voir le colonel, accompagné d'un grand nombre de notables. Ces indigènes semblaient encore plus abattus, plus consternés que le reste des habitants. Reçu avec bonté, interrogé avec ménagement, Bala répondait à peine. On ne put pas lui tirer un mot au sujet de Kéniera, si le village tenait encore, de quelles ressources il pouvait encore disposer. Il répétait lentement, les yeux vagues, la tête affaissée sur ses genoux, que son pays était perdu, que tout était fini.

Impatienté de voir tant de lâcheté, le colonel Desbordes finit par dire à ce chef qu'il était l'allié et le protecteur de braves gens qui essayent au moins de résister. Mais que si les guerriers étaient devenus si lâches, il allait s'adresser à leurs femmes pour l'aider à les défendre; et Bala lui répondit ces simples mots : « Tu as raison : nos femmes sont plus braves que nous. » Puis, se tournant vers le docteur Martin-Dupont dont il avait appris la qualité au cours de la conversation, il lui dit gravement :

« As-tu un médicament qui puisse nous donner du courage à moi et à mes hommes ? »

Telle était la terreur qu'inspirait Samory, tels étaient les malheureux qu'il fallait sauver! Le colonel Desbordes crut un moment que ses exhortations, ses menaces avaient produit quelque effet. Près de deux cents guerriers des environs vinrent lui offrir leurs services le soir même. C'étaient de grands beaux hommes, couverts d'amulettes, armés jusqu'aux dents, coiffés de vastes chapeaux à panache dont l'aspect était vraiment redoutable. Ils furent bien accueillis, encouragés, et ils montraient tous une haine si grande contre le prophète qu'on pouvait croire qu'elle leur soufflerait un peu de courage dans la lutte prochaine. D'ailleurs, il était bon, la première fois que notre drapeau franchissait le Niger, de le

Passage du Niger.

montrer conduit, acclamé par les possesseurs du sol, et s'avançant non pas pour couvrir une conquête, mais pour défendre les opprimés.

On n'avait encore au sujet de Kéniera aucune nouvelle précise. Tout ce qu'on savait, c'est que l'armée de Samory était encore autour du village et que peut-être on arriverait à temps. La colonne reprit sa marche en avant, escortée par nos nouveaux alliés qui, pour se faire reconnaître, portaient tous une petite branche verte à leur grand chapeau. On ne croyait pas que la ville eût succombé; on pensait bien que si ce malheur était arrivé, la nouvelle s'en serait répandue aussitôt, car un tel événement intéressait toutes les contrées voisines. Chacun sentait le prix du temps; l'ardeur des officiers s'était communiquée aux soldats, et, chose possible dans cette petite colonne, chacun avait à cœur d'arriver vite, de prévenir un massacre qui devait être épouvantable. Les fatigues étaient grandes, mais on les supportait gaiement, tant la cause en semblait généreuse à tous.

Le lendemain, la marche ne se ralentit pas; on prit dans la journée quelques heures de repos et, la chaleur tombée, on repartit. Vers six heures, on entendit quelques coups de feu à l'avant-garde. Alakamessa revint bientôt avec un prisonnier. On venait de rencontrer pour la première fois des soldats de Samory. Ils étaient deux; l'un avait pu prendre la fuite. Aussitôt on interroge le prisonnier qui nous restait, et cette fois on eut la nouvelle précise et désespérante. Kéniera s'était rendu depuis trois jours, et depuis trois jours le village brûlait, les exécutions en masse se faisaient, le partage du butin était presque fini. C'était donc en vain qu'on avait dépensé tant d'audace et fait des marches si pénibles! La tristesse gagna tout le monde, la fatigue sembla revenir; une demi-heure après on campa. Mais l'ennemi était encore à Kéniera; il semblait s'y attarder à plaisir, comme pour savourer à son aise la proie conquise et les supplices des vaincus. On ne pouvait penser à retourner sur ses pas, sans infliger au moins une défaite aux musulmans; quelques survivants d'ailleurs pouvaient encore être sauvés.

Le lendemain matin à huit heures, on campait près d'un ruisseau à quatre ou cinq kilomètres de Kéniera. On savait qu'il y aurait combat le jour même, et le colonel, avant d'engager l'action, faisait prendre à ses hommes un peu de repos. Devant le camp s'élevait une colline à pente douce sur laquelle passait le sentier du village; la grand'garde y était postée sous les ordres du lieutenant Péru.

Samory avait été surpris par cette brusque arrivée des Français; il ne savait même pas qu'ils étaient en route, et leur marche avait été si rapide, ses hommes étaient si occupés au partage du butin, que la première nouvelle lui en fut apportée par le fugitif de la veille qui s'était heurté à l'avant-garde. Mais il avait appris en même temps que les Français étaient peu nombreux et il était lui-même si exalté par la prise de la ville qu'il ne s'émut pas à l'idée d'avoir à livrer bataille. Au contraire, il fit le fanfaron; il dit que justement il voulait quelques Blancs pour servir de jouets à ses femmes et qu'il tenait surtout à avoir la tête du colonel. Le matin, après la prière, il réunit ses troupes en colonne et marcha vers les Français, les cavaliers aux ailes.

La hauteur qui domine Kéniera au nord faisait face à celle où notre grand'garde était campée : entre les deux s'étendait un vallon de moins de deux kilomètres de largeur. Dès que l'ennemi parut sur la colline opposée, la grand'garde le signala. Aussitôt les faisceaux sont rompus, les cavaliers montent en selle à la hâte, et, trop peu nombreux pour former le carré, nos fantassins s'avancent sur deux lignes. Pendant ce temps, les cavaliers ennemis prennent la tête de leur colonne et arrivent au galop sur la grand'garde qui les reçoit par un feu nourri et les oblige à se rejeter à droite et à gauche.

Quelques minutes après, l'affaire devenait générale.

Dans tous les combats de nègres, on voit se reproduire les traits propres aux peuples primitifs. Les héros de l'Iliade s'injuriaient pendant la lutte; les nègres qui se piquent de courage apostrophent aussi leurs ennemis avec force bravades et provocations. Alakamessa, haut de taille, plus visible encore sur son cheval au milieu de fantassins, entre deux commandements français à ses tirailleurs, s'écriait en mallinké :

« Me voici, moi, Alakamessa, à qui Samory a voulu couper la tête dans sa case; qu'il vienne maintenant, le lâche, se mesurer avec moi. Honte à lui! Morr! [1] »

---

1. Morr! est l'exclamation qui, chez les Mallinkés, exprime le mépris le plus profond.

Un de nos interprètes, Mahmadou-Alpha, se précipitant au galop au-devant de l'ennemi, défiait les guerriers au milieu des coups de fusil, tout en exécutant la fantasia la plus animée. Quant à nos alliés à la branche verte, ils étaient loin de se livrer à des exercices aussi dangereux. Dès les premiers coups de fusil, ils avaient disparu et il fut impossible de les apercevoir tant que dura le combat.

Samory n'était pas habitué à voir un ennemi lui tenir tête; il sembla tout dérouté de rencontrer une résistance aussi énergique. Ses troupes, après leur première attaque, reculent vivement et bientôt épouvantées par le bruit du canon et l'effet de la mitraille, prennent la fuite vers Kéniera. La colonne française les poursuit alors et cette poignée d'hommes gagne la hauteur de Kéniera en chassant devant elle, comme un troupeau, la cohue des guerriers ennemis.

Enfin on voit la plaine de Kéniera, les ruines fumantes du village. Le spectacle, de loin, était désolant : à mesure qu'on s'approchait pour s'emparer des quatre redoutes des assiégeants, il devenait horrible. Dans la plaine, autour du village on voyait des cadavres et des têtes coupées; un peu plus loin s'élevait un bûcher, amoncellement de cendres, de tisons encore brûlants et d'ossements noircis où le prophète avait jeté nombre de victimes lorsque les puits du village avaient été pleins de cadavres. Il variait ainsi les genres de supplice, selon sa commodité probablement, et le bûcher n'empêchait pas que l'on ne coupât des têtes. Nos soldats trouvèrent même des malheureux râlant encore, portant des blessures difformes et que leurs bourreaux n'avaient pas eu le temps d'achever.

Toutes ces horreurs n'étaient pas encore aussi navrantes que la vue des faméliques tout nus, décharnés, vrais squelettes que l'on aurait pu prendre pour de vivantes statues de la faim et qui tendaient les bras vers nos soldats à leur approche. Les vieilles femmes, les enfants surtout, gisaient sans force, exténués, continuant encore leur plainte de la veille et demandant à manger. C'étaient des aveugles ou des infirmes, que l'ennemi ne pouvait utiliser comme captifs et qu'il laissait ainsi mourir de faim.

L'ennemi ne défendit aucune de ses redoutes; celle qui servait d'habitation à Samory fut prise quelques minutes après que le prophète venait d'en partir précipitamment. Il était tard, la journée très chaude; la colonne prit un peu de repos. On visita le village, on en fouilla tous les recoins afin de sauver ce qui donnait encore signe de vie.

Parmi ceux que le chef de Kéniera avait envoyés à Kita au moment de l'investissement, il y avait un notable qui était revenu avec les Français et leur avait même servi de guide. C'était un gros homme, riche et considéré, qui vit sa maison détruite et ses serviteurs massacrés; ses femmes et ses fils avaient été enlevés; il n'avait plus rien de ce qui constitue la richesse dans ce pays. De tout ce qu'il avait laissé chez lui, il ne retrouva que sa mère, à moitié morte de faim. Le soir il disait au colonel Desbordes :

« Je suis bien malheureux, je n'ai plus rien, mais je ne me plains pas, car j'ai retrouvé ma mère. » Partout et toujours, comme nous l'avons fait remarquer, ce sentiment d'amour filial est vivace et domine tous les autres chez ces nègres.

On ne pouvait penser à poursuivre l'ennemi avec les faibles moyens dont on disposait. Il fallait, au contraire, revenir en arrière, abandonner ces ruines et marcher avec prudence au milieu de la cavalerie ennemie que l'on n'avait pas pu entamer. Dès le soir on revint au campement du matin où nos spahis avaient laissé quelques-uns de leurs paquetages. Les cavaliers ennemis les avaient enlevés, et le lendemain on put voir des manteaux rouges sur le dos de ceux qui surveillaient de loin la marche de la petite colonne française.

Celle-ci revenait à Kita sans avoir pu pleinement atteindre son but; elle avait du moins mis le vainqueur en fuite et nettement marqué aux yeux de ces populations que notre mission dans le pays est une mission de délivrance.

SAMBOU

(HISTOIRE D'UN ESCLAVE)

SAMBOU

(HISTOIRE D'UN ESCLAVE)

L'esclavage au Soudan. — Captivité de Sambou. — Ses fuites fréquentes. — Voyage de la caravane. — Les marchands d'esclaves. — Sambou vendu au Toucouleur Birama. — Travaux des champs. — Révolte des esclaves. — Leur fuite. — Les esclaves dans le désert. — Découragement. — Leur capture par des Mallinkés. — Leur arrivée à Kita. — La justice française.

On a souvent dit que la plaie du Soudan, c'est l'esclavage; ce n'est que trop vrai : mais il est bon de remarquer qu'au Soudan l'esclave peut occuper deux conditions sociales très différentes que nous confondons sous une même appellation. Il y a l'esclave qui sert d'objet de trafic, comme le serait un mouton; il y a aussi l'esclave né chez son maître et qui n'a jamais eu d'autre condition. La vie de ce dernier n'a rien d'insupportable pour un nègre; il est vrai qu'il est considéré comme faisant partie du patrimoine de la maison, mais en réalité, il est traité comme s'il était membre de la famille; on a pour lui les égards que l'on aurait chez nous pour un vieux serviteur; on ne craint pas de lui confier ce qu'il y a de plus précieux, il voyage souvent seul pour les affaires de son maître qui lui donne une arme et l'emmène volontiers à la guerre avec lui. Enfin il peut posséder; il peut avoir des esclaves à son tour, car non seulement son maître est obligé par l'usage à certaines libéralités envers lui, mais encore il a dans la semaine un certain nombre de jours dont il peut disposer pour son profit personnel.

Al-Hadj Oumar faisait de ses esclaves des chefs puissants qui commandaient à des hommes libres. Bien des Européens ont offert à des *captifs de case* de payer la rançon de leur liberté; je n'en connais pas qui aient accepté. Parmi ceux-ci il y en a qui s'engagent comme tirailleurs; ils deviennent donc légalement libres et, leur congé terminé, ils pourraient jouir de leur liberté sous la sauvegarde de nos lois. Pourtant ils reviennent tous volontairement à leur ancienne condition qui n'a rien d'humiliant pour eux et rapportent même leurs maigres économies à leur maître, ou, comme ils disent, à leur père. Ils en agissent de même quand ils le quittent pour se livrer au commerce ou à la navigation. Le captif de case considère la famille de ses maîtres comme la sienne propre et y revient toujours. Il faut donc bien que la vie y soit pour lui douce et facile.

Tout autre est la condition de l'esclave de trafic. Dans celle-ci l'homme est réduit à l'état le plus misérable; il devient une marchandise, une monnaie qui a cours partout, dont la valeur, suivant les pays, est *un bœuf, deux barres de sel* ou *douze pièces de guinée*.

Les malheureux, objet d'un pareil commerce, sont le plus souvent des prisonniers de guerre ; quelques-uns ont été volés dans leur jeunesse ; d'autres, en plus petit nombre, ont été vendus, mis en circulation par leurs parents mêmes, pendant une année de disette.

Voilà la véritable plaie du Soudan que n'ont pu extirper ni les prohibitions sévères de nos comptoirs de la côte, ni la chasse que nos navires ont faite aux *marchands de bois d'ébène*. Elle s'étale encore dans l'intérieur du pays avec tout son hideux cortège de misères et de souffrances. La source qui alimente le commerce des captifs, ce sont les guerres perpétuelles qui désolent ces contrées. A la prise d'un village, tout ce qui n'est pas tué est emmené pour être mis en vente, et commence une nouvelle et douloureuse existence.

Imposer la paix aux turbulents est le moyen le plus prompt et le plus sûr de mettre un terme à ce honteux trafic. Un des premiers effets de notre occupation du Haut-Sénégal, jusqu'à Bammako, a été d'apaiser toutes les querelles et de prévenir les luttes entre les villages : il ne s'y fait plus d'esclaves. Quant aux vols d'enfants, ils peuvent être rendus impossibles ou tout au moins réparés dès qu'on en est prévenu : on en verra un exemple à la fin de cette histoire.

Sambou était issu d'une bonne famille du Ouassoulou. Son père, Famsa, jouissait d'une honnête aisance et possédait une demi-douzaine d'esclaves dans un village des environs de Kankan. Ils descendait de la tribu phoule des Diakités qui étaient venus dans le pays à une époque lointaine. De ses pères, Famsa n'avait conservé que le nom ; le croisement des races avait été tel que ses traits ne rappelaient plus rien de cette origine dont il était fier. Son fils, Sambou, par un effet d'atavisme assez fréquent, avait la peau rouge des Phouls ; mais ses traits grossiers, son nez épaté, ses lèvres lippues de Mallinké ressortaient davantage sous cette couleur claire. Ses yeux pourtant étaient vifs, et dénotaient plus d'intelligence qu'on n'en trouve d'ordinaire chez les indigènes.

Un an après sa circoncision, il devait être âgé de quinze à seize ans, son père reçut la visite de deux amis qui venaient de Kankan où ils étaient allés acheter du sel. Ils voyageaient à pied, précédés de deux esclaves qui portaient chacun une barre sur la tête. Famsa les accueillit de son mieux et tua même un coq pour leur faire honneur. Ils reconnurent ces attentions d'une manière bien peu délicate. Le lendemain matin, au moment de partir, ils rencontrèrent Sambou sur la porte et le prièrent de les accompagner un bout de chemin pour les guider au milieu des nombreux sentiers des environs du village. L'enfant partit en avant : quand ils furent assez éloignés, au milieu d'un bouquet d'arbres, ils se saisirent de lui, aidés de leurs esclaves, lui firent les plus terribles menaces, et, après lui avoir lié les mains derrière le dos, le contraignirent à marcher devant eux. Par malheur, la petite troupe ne rencontra personne du village. Ils allèrent ainsi toute la journée et ne s'arrêtèrent que le soir dans un village inconnu à Sambou.

Sambou.

Il ne mangea pas ce soir-là, et le lendemain, pour avoir une poignée de pistaches, il dut porter une barre de sel dont un captif se déchargea. Le soir, nouvelle étape : malgré sa fatigue, il essaya de se sauver la nuit. Il fut surpris en train de couper ses liens, fut battu cruellement, et le lendemain il dut faire une nouvelle marche, plus pénible que les précédentes ; à peine si on lui permit de boire.

Enfin il arriva au village de ses deux ravisseurs. Ceux-ci, craignant de le voir s'échapper, le mirent aussitôt aux fers. Quelques jours après, ils le vendirent dans un village voisin à un homme riche, nommé Famori, pour deux barres de sel. Sambou cette fois fut bien traité, bien habillé, et il se serait résigné à son sort si on ne l'eût envoyé aux champs travailler avec les autres esclaves. Il se sauva ; mais la nuit suivante, pressé par la faim, il se rapprocha d'un village pour y voler quelques fruits ou des épis de mil. Le temps était clair, les chiens vigilants ; à leurs aboiements on accourut, et le maraudeur fut découvert et pris, puis garrotté et jeté au fond d'une case jusqu'à ce qu'on décidât de son sort. Famori parvint à savoir où était son fugitif ; il le demanda aussitôt, et comme c'était un homme influent et respecté de la contrée, il lui fut rendu.

« Tu n'étais donc pas bien chez moi, lui dit-il lorsqu'il le revit. Que te manquait-il ? N'avais-tu pas du lakh-lallo en abondance et ne t'avais-je pas donné un beau boubou ! Deux fois même je t'ai fait cadeau d'un bon morceau de sel. »

Le sel est un assaisonnement de luxe dans ce pays,

à peu près ce qu'était le sucre en France sous le premier empire. Il coûte très cher (une valeur de 6 à 7 francs le kilogramme) et les pauvres gens le considèrent comme une friandise. Ils n'en ont pas souvent et le remplacent par de l'eau de cendres dont ils arrosent certains de leurs mets. Il est même d'usage que l'hôte n'en offre pas à ses invités, et ceux-ci doivent en apporter eux-mêmes pour assaisonner le repas. La libéralité de Famori n'était donc pas commune. Sambou ne s'excusa pas auprès de ce brave homme, comme il aurait peut-être pu le faire, en racontant son histoire; il aurait pu lui dire qu'étant né libre il n'avait pas pu résister à la tentation de rejoindre sa famille. Il répondit, au contraire, qu'il était content de son maître, enchanté de le servir et il fit un conte pour expliquer sa disparition. Cela ne dut pas lui coûter grand effort, car il a été connu plus tard pour un menteur quelquefois extravagant. Famori ne l'en fit pas moins mettre aux fers quelques jours, puis le renvoya au travail des champs. Sambou se sauva encore, fut repris, vendu et revendu huit ou dix fois, subit les punitions les plus dures chez ses divers maîtres, sans que jamais on pût triompher de sa ténacité : dès qu'on l'appliquait à un travail quelconque, il se révoltait et fuyait.

Il faut avouer qu'au fond Sambou, comme tous ses congénères, se souciait peu de la liberté en elle-même. Ce n'était pas l'esclavage qu'il trouvait insupportable : ce qu'il redoutait, avant tout, c'était le travail. Plus tard il disait :

« Mon père ne m'a jamais dit d'aller aux lougans,

gagner du mil pour un autre : Il ne me l'a pas dit. (*Kotè*). »

Un jour, après une dernière escapade probablement, il fut mené au grand marché d'esclaves de Tentou, où il fut vendu à des dioulas de Nioro qui venaient échanger leur sel sur la rive droite du Niger. Il y avait alors près de trois ans qu'il avait quitté la maison paternelle ; c'était maintenant un jeune homme robuste, très bien fait, et les marchands le payèrent sans hésiter trois barres de sel. C'est le prix le plus élevé où arrive la marchandise humaine dans ce pays. Sambou était fier de ce souvenir et le rappelait avec complaisance.

Chez ses différents maîtres, malgré son indocilité et son horreur du travail, il avait eu des alternatives de bien-être et de misère. Cependant ses souffrances n'avaient jamais été longues et il avait pu se soustraire aux plus dures fatigues ; car les villageois du Soudan ne sont pas des maîtres vigilants ni sévères. Son sort changea bien quand il fut au pouvoir des marchands d'esclaves. Ceux-ci n'avaient aucun intérêt à se l'attacher par de bons traitements ; il était seulement pour eux une marchandise qu'ils voulaient faire arriver dans le Nioro sans avaries autant que possible. La route était longue, coupée de déserts, et il fallait la parcourir en se dérobant, souvent par des marches forcées, aux mille embûches que les indigènes tendent aux dioulas pour les dépouiller.

Les marchands ayant terminé toutes leurs affaires, se disposèrent à partir. Ils avaient environ cent cinquante captifs. Les noirs, quand ils n'ont qu'un ou deux esclaves dont ils veulent prévenir la fuite pendant la marche, ont un moyen bien simple pour les empêcher de se sauver : ils leur attachent de très près un bâton au bras et à la jambe du même côté; cela suffit pour empêcher un homme de courir. Mais quand il s'agit d'un nombre considérable de prisonniers, ils tressent autour du cou de chacun d'eux des colliers en lanières de peau : tous ces colliers sont ensuite reliés les uns aux autres d'une manière indissoluble par des bâtons solides qui maintiennent toujours chaque prisonnier à une distance invariable de celui qui le précède et de celui qui le suit. La caravane dont Sambou faisait partie avait formé ainsi plusieurs groupes qui devaient toujours marcher, s'arrêter et dormir ensemble et dans le même ordre. Les plus indociles avaient en outre les mains attachées derrière le dos, pendant la marche; Sambou, reconnu comme un des sujets les plus dangereux, était de ces derniers.

La plupart de ces misérables avaient été achetés à Samory après la prise de Domla; le captif commençait à se vendre à vil prix; le nouveau prophète en donnait une douzaine pour un cheval, et les dioulas espéraient encore faire bientôt de meilleures affaires. Kéniera était assiégé dans ce moment, et si ce village succombait, les prises seraient considérables, car c'était un des grands villages de la contrée. Les expéditions militaires et les opérations commerciales étaient les sujets des conversations des marchands qui se proposaient de se défaire promptement de leur convoi actuel pour revenir aussitôt que possible et profiter de la bonne aubaine qui se préparait.

Convoi de captifs.

Ils traversèrent rapidement et sans encombre les pays de la rive droite du Niger et ils franchirent ce fleuve à Dialiba. Ils entraient alors dans le Manding, la contrée la moins sûre pour les caravanes. C'est là que se faisaient les marches les plus pénibles et, pour éviter les villages suspects d'hostilité, les longs détours dans le désert où souvent on ne trouvait pas une goutte d'eau pour se désaltérer en route. Les forces des plus robustes s'épuisent vite alors, les pieds et les jambes se couvrent de plaies que la marche avive et augmente. Les plus faibles ralentissent le pas et raidissent la chaîne commune; le carcan écorche le cou des prisonniers, comme un bât mal ajusté blesse une bête de somme; les plus valides penchés en avant aux cris de leurs maîtres, saisissant à deux mains le bâton rigide où ils sont attachés, s'épuisent en efforts pour faire avancer les traînards. Ceux-ci, tirés en avant par leurs compagnons de chaîne, poussés à coups de fouet par les marchands, finissent par prendre le pas. En approchant de Mourgoula, une vieille femme, placée derrière Sambou, exténuée de fatigue, incapable d'aller plus avant, se jeta à terre avec désespoir, et à toutes les objurgations des dioulas répondait d'une voix morne : « Tuez-moi ! » « Marche, Sambou, » finirent-ils par crier. Et Sambou la traîna quelque temps comme une masse inerte sans qu'elle essayât de résister ou de se lever. Alors froidement, son maître épaula son fusil et la tua à bout portant. Sambou, moitié de peur, moitié de la secousse, tomba à côté du cadavre.

« C'est pour l'exemple, dit l'assassin, et puisque je

ne puis l'emmener, un autre ne l'aura pas [1]. » On détacha le collier du cadavre pour reconstituer la chaîne, et la caravane se remit en marche.

Pourtant les dioulas, instruits par une longue expérience, connaissent à peu près la limite des souffrances qu'un être humain peut endurer : ils perdent donc peu d'esclaves de ce fait et réussissent assez bien à faire arriver leur marchandise à Kita, exténuée, mais vivante encore.

En quittant Siracoro, au nord de Mourgoula, la caravane rencontra la colonne française qui se dirigeait vers le Niger et allait au secours de Kéniera. Les dioulas avaient caché leurs esclaves dans le bois, assez loin du sentier, dès qu'ils avaient aperçu l'avant-garde. Ils furent menés par les spahis au colonel Desbordes à qui ils donnèrent quelques renseignements, et pendant ce moment de repos Sambou vit défiler devant lui ces Blancs qu'il voyait pour la première fois et ces canons dont il avait entendu parler comme d'engins redoutables auxquels rien ne pouvait résister.

Il apprit alors de quelques-uns de ses compagnons qui avaient été dans les villages du Sénégal que les Européens ne faisaient pas d'esclaves, qu'ils défendaient d'en avoir à ceux qui dépendaient d'eux ; que les soldats noirs les servaient volontairement et que lui-même pourrait s'engager à leur service s'il se présentait à eux. Je passe les histoires extraordinaires

---

1. Un fait du même genre s'est passé dans les environs de Kita en janvier 1882.

qui ont cours dans le pays sur notre compte et qui nous représentent comme doués de moyens surnaturels pour vaincre nos ennemis. On commence même à dire que notre arrivée et notre domination universelle ont été prophétisées depuis longtemps par de vieux sorciers morts aujourd'hui. La conclusion que tira Sambou de tous ces récits fut que les Français étaient les plus forts et qu'il pourrait vivre libre sous leur protection. Donc il n'avait qu'à se sauver et à aller les trouver : c'est en formant de nouveaux projets de fuite qu'il arriva à Kita.

Les dioulas s'arrêtent deux ou trois jours dans ce pays. C'est pour se reposer des fatigues passées et faire des provisions pour les trois jours de marche dans le désert qui sépare Kita des premiers villages du Kaarta. Sambou employa ce temps à combiner un moyen d'évasion pour se réfugier dans notre poste militaire qui s'élève tout près de Makandiambougou. Il avait remarqué dès le premier jour un nommé Ibrahima, fils de Tokonta, qui rôdait autour des prisonniers. Il lui fit dire par une vieille femme qui leur portait leur calebasse de couscous, qu'il serait volontiers son esclave s'il voulait le délivrer la nuit suivante. Ibrahima, dans l'espoir d'acquérir pour rien un esclave de si bonne volonté, lui fit répondre de se tenir prêt. La nuit en effet, il franchit le mur de l'enceinte où dormait la caravane et se mit en devoir de couper les liens du captif. Mais les dioulas veillaient; ils accoururent au bruit; une bagarre s'ensuivit et Sambou ne gagna à cette tentative que d'être plus solidement amarré, et très étroitement surveillé. Le lendemain, il prit avec la caravane le chemin du nord.

Nous ne pouvons le suivre à toutes ses étapes : lui-même plus tard en avait oublié les détails et il racontait seulement qu'il avait passé par Nioro d'où, revenant vers le sud-ouest, on l'avait conduit à Diala dans le Diawara. Là il avait été vendu à un riche Toucouleur nommé Birama qui possédait déjà un grand nombre d'esclaves.

Tant de malheurs et d'insuccès pour recouvrer sa liberté l'avaient rendu prudent et dissimulé : il essaya d'abord de gagner les bonnes grâces de son maître. Il mentit, se dit musulman, fit la prière plusieurs fois par jour derrière Birama, et n'effaça jamais la tache de poussière qui reste au front des croyants après le *salam*. Il réussit d'autant mieux à tromper tout le monde, que le dioula, quand on l'avait marchandé, avait vanté outre mesure ses qualités morales, et l'avait donné comme un modèle de sagesse et de fidélité. Il avait même montré le plus vif regret de se séparer d'un si bon serviteur, et cet attendrissement final avait coûté cinq pièces de guinée de plus à l'acheteur trop confiant.

Aussi l'emploi de Sambou, dès les premiers jours, fut-il facile et agréable. Assis à côté de Birama toute la journée, il le massait, vantait sa piété et sa richesse, et s'empressait, sitôt que son maître en manifestait le désir, de lui apporter à boire, de lui bourrer et allumer sa pipe qu'il lui remettait respectueusement, un genou à terre.

Pourtant, soit qu'il n'eût pas eu le temps de gagner

entièrement son amitié, soit que ce fût l'usage dans la maison de Birama, il dut, comme les autres, aller travailler aux champs lorsque la saison fut venue. Or nous savons quels étaient ses principes à cet égard ; il dissimula encore : il partit avec une vingtaine de compagnons pour les lougans de son maître qui étaient à trois heures de marche à l'est du village. Il y avait là une mare qui fournissait de l'eau à tous les esclaves et deux ou trois huttes de paille pour les abriter la nuit. Cinq femmes les avaient suivis pour piler le couscous et préparer leur nourriture. Tout ce monde était conduit et surveillé par trois esclaves principaux, hommes de confiance de Birama, armés de fusils et munis d'une bonne quantité de poudre.

Sambou, les premiers jours, travailla ferme pour inspirer confiance à ses surveillants. Il mettait d'autant plus d'ardeur au travail que, n'étant pas complètement guéri des ulcères qui lui couvraient les jambes à la suite des fatigues de son long voyage, il avait appris d'un sorcier vénéré du village un remède bizarre qui, paraît-il, devait être infaillible pour lui rendre la santé.

« Tu as gagné la maladie par la terre, lui avait dit ce singulier praticien ; elle te remonte par les jambes : donc, il faut toujours te tenir debout pour la faire descendre. Pour te débarrasser de la mauvaise influence qui envahit tes membres, il faut mieux encore : il faut la chasser par la force et la faire passer dans les arbres en les frappant à coups de hache ou dans la terre à coups de pioche. »

Cette recommandation avait plus d'empire sur l'esprit de Sambou que n'en avaient eu les promesses ou les menaces de tous ses maîtres passés. Aux lougans de Birama, il devint un travailleur infatigable, un bûcheron acharné. Il mangeait debout et ne s'étendait qu'à regret sur sa natte pour se livrer au sommeil. Aussi faisait-il l'admiration de ses surveillants qui le proposaient comme modèle aux autres esclaves. Sambou laissait dire, s'applaudissait de son succès et s'attachait à faire plus intime connaissance avec ses compagnons de captivité. Tout en bûchant ferme, ses idées de fuite s'étaient développées dans sa tête, grâce à ses expériences antérieures, et il ne voulait cette fois tenter la fortune que lorsqu'il aurait toutes les chances pour lui. Il avait compris que s'il était facile à un homme seul de se sauver, il ne lui était pas possible de conserver longtemps sa liberté. Au contraire, une troupe d'hommes bien unis pouvait se faire respecter des chasseurs du désert et arriver au pays des Blancs. Car c'était là maintenant le but unique de ses efforts.

Il y avait parmi les esclaves un nommé Guibi, grand et vigoureux garçon, qui avait une certaine influence sur ses compagnons. C'est à lui que Sambou s'adressa d'abord avec mille précautions. Guibi aimait à flâner probablement et subissait de fréquents reproches de la part des surveillants. Il goûta ses idées et s'associa volontiers à ses projets. A eux deux ils en eurent gagné bientôt deux ou trois autres parmi les plus énergiques, et ils négligèrent le reste, soit par crainte d'être trahis, soit dans l'espoir d'être suivis dès qu'ils se mettraient en route.

Une nuit, ils assaillirent leurs surveillants qui dormaient sans défiance et en tuèrent deux pendant que le troisième réussissait à se sauver à Diala. Ils firent main basse sur tout ce qu'ils trouvèrent en fait d'armes et de provisions de bouche, obligèrent les femmes à les suivre et se hâtèrent de prendre la route du sud pour franchir le Bakhoy à trois journées de là.

Ils étaient neuf hommes, quatre femmes et deux enfants; ils avaient comme armes trois fusils, quelques lances et des haches. Ils partirent pleins de confiance et, au point du jour, ils étaient déjà loin des lougans de Birama. Celui-ci le lendemain réunit cinq ou six cavaliers de sa famille ou de ses amis et les lança à la poursuite des fugitifs. Sambou n'avait pas perdu de temps en route; seulement il fallait faire de grands détours, éviter les villages et même tout sentier tracé. Les cavaliers furent bientôt sur leur piste et les atteignirent le second jour de leur fuite. Les esclaves firent feu sur eux, puis se sauvèrent vers des roches escarpées qui s'élevaient sur leur gauche et qui heureusement n'étaient pas bien éloignées. Les cavaliers de Birama les poursuivirent, rattrapèrent une femme, les deux enfants et leur tuèrent un homme. Mais ils n'osèrent ou ne purent escalader les rochers, et pendant qu'ils se mettaient en observation autour de l'asile improvisé, ils envoyèrent demander du secours dans un village voisin.

Heureusement un orage violent éclata pendant la nuit, les Toucouleurs ne firent pas bonne garde: favorisés par une pluie torrentielle et une obscurité profonde, les assiégés parvinrent à s'échapper. Ils prirent alors la direction de l'est, vers la région la moins habitée pour éviter les rencontres fâcheuses autour des villages. Les Toucouleurs les suivaient à la trace : le surlendemain trois ou quatre cavaliers parvinrent encore à les rejoindre, leur tuèrent deux hommes, dont Guibi, et firent deux prisonniers. Le reste s'enfuit en désordre, après avoir blessé un des assaillants, et réussit à se sauver derrière un gros marigot que les chevaux ne pouvaient franchir. Une femme s'égara et ne reparut plus; la poursuite s'arrêta là, les cavaliers craignant de s'engager trop loin dans le désert.

Quant aux fugitifs, ils étaient réduits à quatre hommes et trois femmes; il leur restait encore deux fusils et deux lances. Mais ils avaient perdu toutes leurs provisions de bouche et ils ne pouvaient plus vivre que de vol ou de chasse. Sambou, le plus décidé, était le chef. Il essaya d'abord de trouver de quoi manger pour ses compagnons. Le hasard les conduisit vers un petit village de cultivateurs, habité seulement pendant l'époque des semailles, comme était le leur aux environs de Diala. Sambou voulut y voler quelques provisions : mais sa tentative réussit mal; les cultivateurs résistèrent, lui tuèrent un homme, et lui-même fut blessé. Découragé par cet insuccès, il se rejeta délibérément sur sa droite vers le Ba-Oulé, afin de quitter au plus tôt le pays ennemi. Sa troupe vécut d'herbe et de racines pendant deux jours. Le troisième jour il découvrit à une certaine distance un chasseur qui portait une biche sur les épaules, suivi d'un enfant, la tête surmontée de calebasses qui devaient être remplies de miel sauvage. Il se cacha sur le chemin que suivait cet homme, le tua et s'empara de tout, même de l'enfant, qui dut le suivre garrotté, comme il l'avait été lui-même autrefois. Ce souvenir lui vint-il à l'esprit? Ses malheurs passés, la vie de misère dans laquelle il se débattait encore, lui inspirèrent-ils au moins quelque pitié pour cet enfant qu'il vouait ainsi à l'infortune? Ce serait mal connaître la race que de le croire. Sambou accomplit ces deux crimes froidement, sans aucun remords, parce qu'il avait faim et qu'il était le plus fort. Peut-être même ce meurtre et cette capture lui semblèrent-ils de simples représailles, par conséquent des actes de justice. La biche fut mangée en commun, mais il considéra l'enfant comme sa propriété particulière.

Enfin on arriva au Ba-Oulé.

Ici un grave embarras suspendit la fuite de la petite troupe. Une des femmes était enceinte et à une période avancée de la grossesse; elle fut prise de douleurs et enfanta sous un rocher, au bord de la rivière. Les compagnons de Sambou voulaient continuer quand même, mais il parlait volontiers en maître; il les fit attendre deux ou trois jours que l'accouchée pût les suivre, car c'était la femme qu'il s'était adjugée et il ne voulait pas l'abandonner. Il espérait aussi pendant ce temps faire des provisions pour le reste du voyage. Le Ba-Oulé foisonne d'hippopotames qui se laissent approcher et tirer d'assez près. Mais Sambou et ses amis eurent beau se mettre à l'affût la nuit et le jour, leurs balles semblaient impuissantes contre l'épaisse cuirasse de ces pachydermes [1].

Dès que l'accouchée put marcher, on repartit dans la direction du sud. La faim talonnait les fugitifs. Les privations qu'ils subissaient depuis huit jours les avaient déjà exténués, et maintenant, avec les herbes, les racines et les fruits verts dont ils se nourrissaient, ils parvenaient à peine à se tenir debout continuant péniblement leur route. Heureusement l'eau, grâce à la saison, ne leur manquait pas. Ils allèrent ainsi pendant trois ou quatre jours, chaque jour plus faibles, soupirant après une habitation quelconque, puisqu'ils étaient au pays des Blancs et qu'ils pensaient y trouver un terme à leurs maux. Les femmes se traînaient à peine, le nouveau-né était mort d'inanition, la mère n'ayant pas eu de lait à lui donner, et Sambou était presque obligé de porter l'enfant qu'il avait volé.

Enfin le cinquième jour, ils virent de la fumée dans le lointain; ils se reprirent à espérer et se dirigèrent de ce côté. Ils étaient à peine à cent pas d'une case que quatre hommes armés sortirent à l'improviste d'un fourré voisin et les mirent en joue. Les malheureux jetèrent leurs armes et s'assirent à terre anéantis. Les quatre hommes leur attachèrent les mains derrière le dos et les conduisirent dans la case voisine. Les prisonniers demandèrent aussitôt à manger : on leur apporta un peu de couscous et de l'eau.

---

1. Une balle de chassepot, à une quarantaine de pas, traverse la peau d'un hippopotame, quand elle la frappe normalement.

Ils restèrent deux jours garrottés dans cette case. Sambou eut beau protester, dire qu'il venait trouver les Français à Kita, ses nouveaux maîtres lui imposèrent silence avec des menaces. Ainsi donc il fallait se résigner à porter la chaîne encore : c'est en vain qu'il luttait, il était toujours vaincu. Après tant de dangers et tant de souffrances, il n'avait réussi qu'à changer de maîtres. Quelle opiniâtreté n'aurait pas été abattue? Le troisième jour, il était dirigé sur Kita avec ses compagnons et il arrivait au village de Sambakoto.

Depuis que les Français avaient élevé un poste à Kita, ils avaient ordonné à tous les chefs de village de rendre compte des prises qu'ils feraient dans la *brousse*, et des réfugiés qu'ils recevraient chez eux. C'était, disaient-ils, afin de pouvoir répondre aux chefs des pays voisins lorsqu'ils demanderaient des nouvelles de leurs fugitifs : au fond ce n'était qu'un prétexte pour rendre les prisonniers à la liberté et s'assurer que les réfugiés n'étaient pas traités en esclaves. C'était pourtant, disaient les indigènes, contraire à la promesse que les Blancs avaient faite, en arrivant dans le pays, de ne jamais dépouiller personne de son bien ni de rien changer à leurs croyances. Mais le commandant du poste répondait que ces prisonniers n'étaient pas la propriété de ceux qui les avaient ramenés, pas plus que la pièce d'argent perdue dans la rue n'appartient à celui qui la trouve. Les chefs de Kita, peu convaincus par la logique des Blancs, n'osant pas résister ouvertement, cachaient, s'ils pouvaient, leurs captures.

Celui de Sambakoto, nommé Sambadian, ne voulut

pas se risquer à perdre une si belle proie : sept captifs ! Dès le lendemain, il en vendit un dans un village voisin. Sambou eut peut-être connaissance de ce règlement du poste et de la désobéissance de Sambadian. Quoi qu'il en soit, sa confiance dans les Blancs n'était pas diminuée et, si près d'eux, il devait tenter un dernier effort. Il était devenu habile en évasions; celle-ci lui réussit.

Le 28 juillet 1882, deux officiers du poste étaient assis hors de l'enceinte, sous un kiosque où il est d'usage de recevoir les étrangers, lorsqu'un nègre, demi-nu, arriva en courant, se jeta à terre devant eux, tout essoufflé en répétant à plusieurs reprises : « *Toubabou! Toubabou!* » L'interprète, appelé aussitôt, l'interrogea : c'était Sambou. Il ne put d'abord que dire ceci :

« Je viens de loin, de bien loin pour trouver les Blancs (Toubabou). Je suis né libre, mon père était libre et l'on m'a volé ; je me suis sauvé toujours, toujours : je veux être votre esclave. »

Enfin il se calma et il put mieux s'expliquer; il raconta en partie son histoire dont de nombreux témoignages attestèrent la vérité pour bien des détails.

Le chef de Sambakoto dut amener les autres captifs et racheter les deux qu'il avait eu le temps de vendre. Un d'eux ne voulut pas profiter de la liberté qui lui était offerte maintenant; il demanda à retourner chez Sambadian.

« Va où tu veux, lui dit-on; mais souviens-toi que tu restes libre. »

Ce n'était donc que pour changer de maître que ce malheureux s'était exposé à tant de dangers !

Sambadian se trouvait, malgré l'amende, moins puni qu'il ne l'avait craint : mais celui qui se trouva lésé par la justice française, ce fut....? On ne devinerait pas qui : ce fut Sambou. Il réclama comme sa propriété cet enfant qu'il avait volé, après le meurtre du chasseur dans le désert. Il ajoutait que si on voulait le rendre à son père, au moins fallait-il que celui-ci le lui payât un bon prix. Allez donc raisonner avec des hommes pareils.

L'enfant était de Kouroundinkoto ; son père fut prévenu par une caravane qui passait et vint bientôt le chercher. Quant à Sambou, malgré cette *spoliation* dont il a été victime, il tremble à la pensée de s'éloigner du poste : il dit qu'il a assez voyagé.

DABA

DABA

Situation du Bélédougou. — Les Français sur le Ba-Oulé. — Les tirailleurs. — Mari Siré. — Marche sur Daba. — Préparatifs de ce village. — Arrivée de la colonne à Sognimabougou. — L'avant-garde à Daba. — La brèche. — L'assaut. — Résistance énergique des habitants. — La crémation des morts. — Épilogue.

Le pillage de Dio [1] avait rempli de joie le vieux Nampa. Tant de belles étoffes, de grands sabres et une foule d'autres objets dont il ne connaissait même pas l'usage lui firent bien vite oublier les pertes dont son village les avait payés. Mais ce qui le combla, ce fut la prise des deux espingoles et des deux pierriers que possédait la mission Gallieni. Pour lui, comme pour les siens, c'étaient là ces fameux canons des Blancs, ces armes fatidiques qui assurent toujours la victoire et donnent tant d'audace à ceux qui les possèdent. Pour ces canons, il n'admit pas de partage et les garda tous les quatre malgré les protestations des

---

1. Voir le septième récit, page 194.

villages alliés. Il se voyait maintenant inexpugnable dans son tata et le chef le plus puissant du Bélédougou, l'égal du roi Ahmadou qui, lui aussi, possède quatre de ces engins redoutables. Mais l'année ne passa pas sans que de graves préoccupations ne vinssent l'assaillir. Après l'hivernage, en décembre 1880, on apprit dans le Bélédougou qu'une véritable armée d'Européens arrivait à Kita. On se souvient que c'était la première expédition du colonel Desbordes au Haut-Sénégal, celle qui eut pour résultats la fondation du poste de Kita et la prise de Goubanko.

Dans le Bélédougou, on ne douta pas que les Blancs n'arrivassent pour châtier les pillards de Dio; l'alarme fut universelle au delà du Ba-Oulé. Bien des villages plus ou moins compromis se hâtèrent d'envoyer des messagers au colonel Desbordes pour protester de leur innocence et demander notre amitié. Ils cachaient leurs démarches à Nampa, à qui même ils faisaient peut-être pendant ce temps des serments d'amitié. A Dio, la crainte fut si vive qu'un grand nombre de notables reprochèrent au chef sa perfidie à l'égard de la mission Gallieni, lui montrèrent tous les maux qu'elle allait maintenant attirer sur eux, et après une vive dispute (on n'en vint pas, il est vrai, aux coups de fusil) ils quittèrent le village et allèrent se réfugier à Kouloucoroni, à quelques lieues de là. Nampa seul, au milieu de toutes ces défaillances, garda une attitude énergique.

Les esprits se calmèrent un peu quand on vit que les Français s'installaient à Kita et ne semblaient pas vouloir pousser plus loin. Daba se rassura complètement lorsqu'il apprit que des messagers venaient de nos postes, porteurs de paroles conciliantes et promettant le pardon à Nampa, à condition qu'il ferait amende honorable. En effet, le soin constant du colonel Desbordes était d'éviter toutes les querelles et d'attirer à nous les populations, non pas en faisant un étalage intempestif de force, mais en leur montrant que nous sommes dans ce pays des pacificateurs et non des conquérants ; que notre présence est un gage de sécurité et de liberté pour tous. Nous avions tout intérêt à nous attacher les Bambaras pour résister aux Toucouleurs qui, par la force des choses, sont nos ennemis communs irréconciliables. C'était si évident que les peuplades du grand Bélédougou, celles qui n'étaient nullement en cause dans l'affaire du pillage de Dio, s'adressaient à nous à Kita, comme à leurs protecteurs naturels. Mais Nampa ne voulait pas le comprendre ; toutes les propositions de paix furent rejetées. Ses réponses étaient chaque fois plus arrogantes, car il pensait que nos déclarations pacifiques n'étaient qu'un aveu de faiblesse ou d'impuissance, et il finit par déclarer qu'il saurait faire repentir ceux qui approcheraient du Ba-Oulé. Il avait vu pourtant les fuyards de Goubanko, qui lui avaient raconté avec quelle rapidité leur village avait été enlevé ; les chefs du grand Bélédougou avaient essayé de le ramener à des idées pacifiques ; il s'entêta et ne voulut rien entendre.

Les choses en étaient là lorsque le colonel Desbordes arriva à Kita le 16 décembre 1882. Il y trouva des envoyés du grand Bélédougou, qui lui proposèrent de se charger eux-mêmes de Daba ; d'autres, venant de Bammako, lui faisaient les mêmes offres et le suppliaient d'arriver au plus tôt, car le parti de Samory devenait puissant dans leur village et l'on annonçait comme prochaine l'arrivée du prophète lui-même. Le colonel savait qu'il ne pouvait compter sur ces alliés pour une action rapide et décisive ; il ne rejeta pas leurs offres, mais il se prépara à marcher seul vers Bammako et à culbuter la résistance qu'il pourrait rencontrer en route.

Dès le 1er janvier 1883, l'avant-garde était à Koundou, à trois kilomètres du Ba-Oulé, et envoyait une dernière sommation à Nampa. Celle-ci était laconique :

« Voulez-vous, oui ou non, être nos amis et nous laisser passer ? »

Cette fois, la proposition fut longuement et solennellement discutée. On commençait à s'apercevoir que si nous parlions de paix, ce n'était pas par faiblesse et que Daba n'était pas loin du Ba-Oulé où campaient les Français. Plusieurs des chefs jusque-là résolus à combattre et autrefois des plus acharnés contre la mission Gallieni, faiblirent en se sentant menacés de si près et parlèrent de soumission. Mais un des frères du chef, appelé Goumo, celui-là même qui s'était vainement opposé à l'attaque de la mission Gallieni, se leva alors et dit à ceux qui commençaient à trembler :

« Vous n'avez pas voulu m'écouter lorsque je vous ai dit, il y a deux ans, qu'il ne fallait pas piller les Blancs ; vous m'avez traité de lâche. Les lâches, ce sont ceux qui aujourd'hui ont peur des représailles ; vous avez voulu piller les Blancs : il faut en supporter les conséquences. Nous nous battrons. »

Goumo était respecté et écouté autant que Nampa lui-même. Les hésitants se rallièrent à lui et la guerre fut décidée. Tous les chefs regagnèrent leurs villages où ils durent faire préparer du couscous en abondance. Ils devaient le plus tôt possible réunir tous les guerriers et se joindre à ceux de Daba. Le chef de ce village ne voulait pas attendre les Français derrière ses murailles ; il déclara qu'à cinq jours de là (le 15 janvier) il serait sur le Ba-Oulé pour les attaquer s'ils ne venaient pas eux-mêmes au-devant de lui. Dès le lendemain, ces projets furent connus de l'avant-garde, et le 13 janvier la colonne entière campait sur le Ba-Oulé.

Cette colonne comptait à peine 500 combattants. Les tirailleurs, qui composaient plus de la moitié de l'infanterie, sont des indigènes, engagés volontaires recrutés dans les postes du Sénégal et péniblement dressés par nos officiers de l'infanterie de marine. Ils sont commandés par eux, et leurs cadres comprennent un certain nombre de sous-officiers européens.

On trouve parmi les tirailleurs des hommes de toutes les races de cette partie de l'Afrique, mais surtout des Toucouleurs et des Bambaras qui oublient leur haine de race et vivent fraternellement sous notre drapeau. A force de patience, on arrive à en faire de braves soldats ; ils sont vigoureux, habitués à tous les climats, précieux surtout en campagne, où l'on peut leur imposer des fatigues et des privations que les Européens ne sauraient supporter. Ils ne se plaignent jamais des souffrances qu'ils endurent quand ils sont conduits par un chef en qui ils ont confiance ; et il est si facile de leur en inspirer! Ils sont capables des plus grands efforts, quand ils s'attachent à leurs officiers, car l'idée de patrie est inconnue de ces pauvres gens, et par suite ils n'ont qu'une notion très vague du devoir ; mais ils acquièrent vite l'esprit de corps et vont même jusqu'à mépriser leurs congénères qui ne portent pas comme eux la veste bleue et la chéchia rouge.

Ils aiment leur métier, ils sont fidèles à notre drapeau parce qu'ils sont toujours traités par nous en hommes libres et en soldats, parce que, grâce à nos usages militaires, ils n'ont jamais à subir de traitements humiliants.

Malgré tout, ils restent nègres par certains côtés ; on ne peut les soumettre à toute la rigueur de notre discipline et plusieurs sont d'assez mauvais soldats à la caserne. On leur permet d'emmener leurs femmes en campagne, lorsque leur absence doit être longue, et qu'il y a un changement de garnison ; mais il faut rendre cette justice aux *tirailleuses* qu'elles sont loin d'être gênantes, qu'elles vivent de la ration de leurs maris, qu'après avoir fait l'étape derrière la colonne, la tête chargée de lourds fardeaux, elles s'occupent, sitôt arrivées au campement, de la cuisine et de mille autres soins de ménage pendant que leur homme se repose ou fait reluire son fusil. Cependant elles sont insupportables dès qu'il survient un sujet de dispute entre elles ; ce sont alors des cris, les objurgations les plus véhémentes, une véritable tempête qu'on ne peut apaiser. Ah! elles se moquent bien des ordres et de la discipline! Heureusement que les maris sont là;

Mari Siré.

chacun distribue force gourmades à sa femme, et peu à peu les deux parties finissent par entendre raison.

Une cinquantaine de spahis du Sénégal composaient la cavalerie de la colonne. N'oublions pas les Bambaras auxiliaires, conduits par Garan Mari Siré, un des personnages les plus importants du Haut-Sénégal.

C'est l'héritier des rois Massassis du Kaarta, qu'Al-Hadj Oumar a vaincus et chassés de leur pays. Son nom est connu jusqu'au Niger ; toute sa vie il a cherché des occasions de combattre les Toucouleurs, dont il est resté l'ennemi comme aux premiers jours. Il représente aux yeux des indigènes la protestation contre la conquête. Mari Siré n'a rien pourtant de chevaleresque dans les mœurs ni dans le caractère : c'est un pillard avide comme ses pères, un prétendant rapace qui cherche à se refaire un patrimoine et à se créer des amitiés qui pourront lui être utiles plus tard. Sa bravoure est incontestée chez les noirs de son pays ; ce qui est réellement incontestable, c'est son prestige qui a semblé grandir dans la défaite, et sa supériorité intellectuelle sur tout son entourage. Après avoir mené une vie errante pendant près de vingt ans et avoir pris part à toutes les luttes dont le pays avait été le théâtre contre les Toucouleurs ou leurs amis, Mari Siré vieilli, et peut-être fatigué, avait demandé l'hospitalité au village de Fatafi dans le Gangaran. C'est là qu'il était lors de la première campagne du Haut-Sénégal en 1880. Il vint aussitôt offrir ses services au colonel Desbordes qui les accepta et il assista ainsi à la prise de Goubanko ; il prit peu de part aux opérations de la deuxième campagne, et enfin, dès qu'il sut que la colonne française était de retour à la fin de 1882, il se hâta d'aller la rejoindre à Kita.

Le colonel acceptait cette fois plus volontiers son concours, à cause de la notoriété de ce chef dans le Bélédougou et de son hostilité connue contre les Toucouleurs. Mais il n'avait consenti à l'emmener que sous la promesse formelle d'une obéissance absolue à ses ordres et du respect le plus scrupuleux du bien d'autrui. Mari Siré avait toujours l'air désolé quand on semblait le soupçonner d'une indélicatesse ; mais ce n'était que pour la forme et il en riait après en vous demandant un peu d'eau-de-vie. Il avait avec lui vingt-cinq cavaliers et à peu près autant de fantassins, la fine fleur de l'ancienne noblesse du Kaarta, soldats encombrants, faisant plus de bruit que de besogne, mais utiles par leur connaissance du pays et que l'on employait surtout comme courriers.

Tous ces princes étaient fiers et même un peu fanfarons ; ils inspiraient à nos tirailleurs le plus grand respect ; quelques-uns de ceux-ci avaient peut-être été leurs esclaves ; tous autrefois auraient tremblé devant eux ; aujourd'hui ils les considéraient encore comme fort supérieurs à eux. Et pourtant voyez ce que peut faire la discipline et une préparation méthodique à la guerre. A Daba, ces mêmes tirailleurs, entraînés par leurs officiers, vont donner à leurs princes l'exemple de la bravoure ; ils courront à l'assaut lorsque Mari Siré n'osera pas.

Telles étaient les troupes qui étaient campées le 13 janvier 1883 sur la rive droite du Ba-Oulé, à une cinquantaine de kilomètres de Daba. Elles étaient accompagnées d'un grand convoi de mulets porteurs de vivres et de munitions et d'un grand nombre d'ouvriers maçons et charpentiers qui devaient être employés à construire le poste de Bammako.

L'arrivée rapide de la colonne avait changé les projets de guerre générale de Nampa : le soulèvement du pays tout entier qu'il voulait nous opposer, difficile en tout temps, était désormais impraticable. Les villages sur lesquels il comptait le plus et qui auraient pu lui fournir un appoint de deux mille hommes environ, en étaient encore à palabrer. Dès que notre présence sur le Ba-Oulé leur fut connue, ils cessèrent leurs préparatifs et nous envoyèrent des messagers de paix. Quelques-uns même ajoutaient qu'ils seraient heureux d'être débarrassés d'un voisin trop puissant et si compromettant. Quand à Nampa, réduit à ses seules forces, il se décida à concentrer dans son village de Daba tous ses moyens de résistance.

Ce village était situé sur une éminence à pente très douce au sud et à l'ouest. Il était entouré d'un fort mur en terre, haut de plus de trois mètres, dont le contour à crémaillère était peu régulier. Les cases, ainsi que cela se pratique dans le pays, étaient tout en terre avec des murs épais et un toit à terrasse grossier, mais solide. Chaque notable en possédait plusieurs qui se reliaient entre elles par un mur à hauteur d'homme, ce qui faisait de toute la demeure un réduit fermé. Les ruelles étroites et sinueuses rendaient la défense très facile, et certainement une telle place était imprenable aux armées nègres autrement que par la famine.

C'est là que Nampa réunit toutes ses forces; les guerriers de tous ses villages s'y rendirent à son appel avec le cérémonial accoutumé, c'est-à-dire précédés de leurs griots, qui chantaient en battant le tambour de guerre.

La colonne française avait quitté le 14 de grand matin son campement du Ba-Oulé. Elle avait à peine fait cinq à six kilomètres, lorsque au petit jour les éclaireurs se heurtèrent à un cadavre étendu en travers du sentier. C'était un nègre de Guisoumalé qui avait été tué presque à bout portant d'un coup de feu à la nuque. Les assassinats sont si rares dans le pays malgré la rudesse des habitants et la sauvagerie de leurs mœurs, qu'on n'hésita pas à donner à ce meurtre des motifs d'ordre politique. Les habitants de Guisoumalé accusèrent hautement les gens de Daba d'avoir tué leur concitoyen, qui conduisait à la colonne française quelques bestiaux demandés par le colonel. Les deux compagnons de la victime s'étaient sauvés en jetant leurs fusils et prétendaient avoir reconnu des partisans que Nampa avait envoyés en éclaireurs sur la route.

Ce meurtre pouvait donc passer pour un premier acte d'hostilité; mais comme l'accusation n'était pas suffisamment prouvée, le colonel Desbordes ne voulut pas en tenir compte dans ses relations ultérieures avec Daba.

Le 15, au lever du soleil, l'avant-garde arrivait devant le premier village ennemi, Sognimabougou. Les environs en étaient déserts; on voyait sur la crête des murs quelques têtes qui dépassaient à peine et des canons de fusil qui brillaient au soleil. Il ne fallait pas se laisser arrêter par ce premier obstacle et, s'il y avait un coup à frapper, c'est à Daba qu'il fallait le porter, puisque c'est là qu'était le centre de la résistance. L'avant-garde se forma donc en ligne et essaya de parlementer. Mari Siré s'était porté à côté du chef de la petite troupe et criait d'une voix forte :

« C'est moi Mari Siré qui vous parle ; envoyez quelqu'un vers nous ; on ne lui fera aucun mal. »

Après bien des hésitations, un habitant se risqua à sortir. Il y eut de longs pourparlers, des allées et des venues et enfin il fut convenu que le village serait épargné, à condition qu'il ne ferait contre nous aucun acte d'hostilité ; au contraire, les Français ne faisant la guerre qu'à contre-cœur, le chef du village serait considéré comme notre ami, s'il voulait nous donner une preuve de son amitié en nous vendant du mil. Le chef accueillit ces propositions d'autant plus volontiers que son village se trouvait dégarni de ses défenseurs les plus braves, partis la veille à l'appel de Nampa.

Le gros de la colonne arrivait en ce moment ; on était encore trop loin de Daba pour y arriver à une heure propice et on campa à Sognimabougou.

Que faisait-on à Daba pendant ce temps ? Tout le monde y était décidé à la lutte, et le vieux chef était inflexible plus que jamais. Vers midi arrivèrent quelques hommes de Sognimabougou, derniers messagers de paix envoyés par les Français. Ils furent hués quand ils exposèrent l'objet de leur mission, et des clameurs sauvages couvrirent leur voix.

Le village était déjà rempli de guerriers ; il en arrivait encore de tous les côtés par petites bandes, qui apportaient les nouvelles les plus invraisemblables. Tout le Bélédougou se soulevait, les Blancs, déjà malades, pouvaient à peine se tenir debout, leurs canons ne pouvaient plus partir. Tous ces contes étaient accueillis au milieu des cris de joie et des commentaires les plus extravagants. L'enthousiasme qui régnait dans le village semblait grandir à chaque instant, à mesure que les guerriers devenaient plus nombreux. Ils avaient des canons, ils avaient de bons fusils et beaucoup de poudre, derrière leur épais tata, ils pouvaient bien défier les Français et de là les rejeter dans le pays d'où ils venaient. Ajoutez encore à ce sentiment de leur force une vague croyance à un destin inflexible qui leur faisait dire après la défaite :

« Notre heure était venue. »

Au coucher du soleil, il y eut une alerte : quelques cavaliers vêtus de rouge avaient paru dans les broussailles voisines. Mais ils s'étaient repliés tout aussitôt, avant que les guerriers eussent eu le temps de se porter vers eux et de leur envoyer leur coup de fusil. C'étaient les spahis de l'avant-garde qui venaient de faire une reconnaissance jusqu'au village.

La nuit arriva ; une nuit claire et froide ; l'air à peine agité par un souffle de vent. De grands feux étaient allumés dans les cases, au milieu des petites cours et sur les places. Tout autour les guerriers se pressaient, les calebasses de dolo circulaient de mains en mains et se vidaient fréquemment, pendant que les griots, déjà ivres, exaltés par l'appréhension de la lutte prochaine, chantaient et dansaient. Les chants mêlés de cris perçants étaient scandés par de violents coups de tam-tam ; une musique sauvage les accompagnait, où dominaient les trois notes lugubres de la trompe bambara, qui sont le fond de l'air national.

C'est une singulière *Marseillaise* ; on croirait, au lieu d'un air guerrier, entendre ronfler le serpent de nos églises les jours d'enterrement.

C'est ainsi que Daba attendait la lutte du lendemain. Toute la nuit, la brise porta jusqu'aux avant-postes français ces cris de colère et d'enthousiasme. Et plus d'un parmi ceux qui les entendaient au loin, pouvait se croire transporté aux temps antiques de l'Europe, aux luttes de nos aïeux sauvages et prenait en pitié ces malheureux sur lesquels était suspendu un désastre désormais inévitable.

Le lendemain, au petit jour, la colonne française avait repris sa marche. On savait que Daba était proche et qu'il y aurait combat le jour même. Vers sept heures, on entendit une vive fusillade et les feux de salve de nos troupes. C'était l'avant-garde qui engageait l'action.

Elle avait remonté lentement, au milieu d'une épaisse végétation, la pente douce vers Daba, guidée par le son du tam-tam qui retentissait encore. Puis, arrivée sur la lisière des hautes herbes, elle s'était brusquement trouvée en vue du village, à cent cinquante pas au plus.

Une centaine de guerriers étaient groupés au pied du mur ; un bien plus grand nombre en garnissaient la crête et les toits des maisons voisines. A la vue des nôtres, le tam-tam cessa de battre et il se fit un grand silence. Le chef de l'avant-garde espéra que peut-être, comme la veille à Sognimabougou, une tentative suprême ne serait pas infructueuse : souvent le nègre poussé à bout ne demande qu'un prétexte pour se soumettre. Il se porta quelques pas en avant de sa troupe avec son interprète, Maka Diara. Mais, au moment où celui-ci levait la main pour faire signe d'écouter en criant : *Tiéo* [1] *!* la fusillade éclata; l'interprète, blessé à mort, tomba. Alors les tirailleurs se portent à hauteur de leur chef et répondent au feu de l'ennemi. Ils le chassent dans l'intérieur du village, puis quand le tata fut complètement dégarni de défenseurs, ils se replient une centaine de mètres pour attendre le gros de la colonne.

Ce ne fut pas sans assister aux exploits burlesques des Bambaras de Mari Siré. Ces braves, le feu cessé, se précipitèrent en avant, pas trop loin, brandissant leurs fusils, faisant feu au hasard en prenant des poses comme dans une fantasia de cirque. Ils revinrent, l'air glorieux et inspiré, mais n'oublièrent pas, dans leur enthousiasme, de s'approprier le mince bagage d'un officier qu'un domestique trop nerveux avait jeté dans un coin pour s'enfuir plus vite, au premier coup de fusil.

Les habitants s'étaient renfermés dans leur tata; ils attendaient maintenant ce que ferait l'ennemi. Pendant une demi-heure, ils ne virent que les spahis tourner autour du village; quelques-uns restaient immobiles pour les surveiller et ils pouvaient distinguer leur veste rouge au milieu des hautes herbes : ils tiraient sur tous ceux qui semblaient à portée. Puis ils entendirent nos clairons qui sonnaient, c'était la colonne qui arrivait. Peu après, elle était massée à

1. *Tié* veut dire homme ; c'est ainsi qu'on s'interpelle en bambara.

l'est du village, d'où, le point d'attaque choisi, les coups de canon commencèrent. Les défenseurs, du haut de leurs murs, à travers les meurtrières, répondaient à coups de fusil quelquefois bien dirigés, mais la lutte était inégale; la brèche se faisait peu à peu, des pans de mur tombaient et lorsqu'un obus éclatait au milieu de la foule entassée dans un coin, on pouvait entendre, par intervalles, les cris aigus des victimes. Les captifs, la plupart des guerriers des villages voisins, fuyaient par les portes opposées du village. Nampa, Dansoa son frère et toute leur famille ainsi que les habitants, restaient pour nous tenir tête et combattre jusqu'au bout.

Enfin le bruit du canon cessa : ils se précipitèrent tous vers la brèche avec leurs armes, leurs fusils et leurs pierriers. Cachés derrière le mur, au milieu des cases voisines écroulées, ils se préparaient à soutenir une lutte désespérée.

Pendant ce temps, la colonne d'assaut s'était formée. Le capitaine Combes en prenait le commandement. Ceux qui marchaient les premiers étaient ces mêmes tirailleurs, esclaves hier, aujourd'hui hommes et soldats. Leurs maîtres de la veille, ces Kaartans qui les avaient fait trembler autrefois, avaient refusé d'aller à l'assaut comme eux. A leur suite venait l'infanterie de marine pour les soutenir.

Le capitaine Combes lève son sabre, les clairons sonnent la charge et la colonne s'avance vers la brèche. Pour humble et obscur qu'en soit le théâtre, une pareille scène n'en est pas moins grande; il n'en est pas de mieux faite pour exalter les cœurs.

Brèche du village.

La colonne marchait rapidement; sitôt qu'elle fut à bonne portée, un feu violent l'accueillit. Elle n'en continua pas moins au milieu des balles, sans hésitation; sa course devenait à chaque instant plus rapide. Enfin elle touche à la brèche; le capitaine Combes, le premier, y monte; les défenseurs sont vite délogés de leur première position. Alors, comme un flot, toute la colonne, nègres et blancs, se précipite dans le village et disparaît dans la poussière, dans la fumée, au milieu du crépitement de la fusillade. La lutte y fut longue et opiniâtre. Les Bambaras se retranchaient derrière chaque mur et nous disputaient le terrain pied à pied. Pour les déloger de leurs abris, nos soldats montaient sur le toit des cases, franchissaient les murs, enfonçaient les portes des cases. Le chef de la colonne, de quart d'heure en quart d'heure, renseignait le colonel sur les péripéties du combat; mais ce qui rassurait encore mieux tous ceux qui attendaient anxieux au dehors l'issue de la lutte, c'étaient ces clairons éclatants qui sonnaient sans relâche et que l'on entendait, malgré le roulement des coups de fusil.

Après une heure et demie de combat, le village était pris. Les derniers défenseurs avaient pu emporter presque tous leurs blessés en fuyant, et quelques-uns d'entre eux furent trouvés morts dans les environs. Nampa n'avait pas survécu à sa défaite; Goumo, son frère, gisait étendu devant sa case, tué d'un coup de feu en pleine poitrine. Leur famille entière était détruite, à l'exception d'un frère, Dansoa, qui, malgré ses blessures, était parvenu à se sauver. Un de leurs fils survivait aussi : il était absent au moment de l'attaque, ayant été envoyé par Nampa demander des secours aux villages du sud.

Nos pertes étaient aussi très fortes, eu égard à notre petit nombre. Presque tous les officiers qui avaient pris part à l'assaut étaient blessés, le lieutenant Piquart mortellement. Les sous-officiers, les soldats avaient aussi payé leur tribut de sang. Il y avait en tout une cinquantaine d'hommes hors de combat.

La colonne campa autour du village pendant qu'on démolissait les saillants principaux. Le soir, malgré les fatigues de la journée, malgré les pertes douloureuses, la gaieté était revenue dans le camp comme d'habitude. Il y avait même plus d'animation et plus d'entrain et ceux qui avaient pour la première fois essuyé le feu, marchaient plus fièrement, racontaient volontiers les détails du combat qu'ils avaient vus de leurs yeux et pensaient peut-être avec plus de douceur à la famille absente et à la patrie lointaine.

Le lendemain, on rendait les derniers honneurs aux morts. On ne pouvait penser à les enterrer simplement comme en Europe. On savait que dans ce pays, lorsque les indigènes seraient revenus, ils auraient déterré les cadavres pour faire des amulettes : amulettes précieuses quand elles contiennent des ossements d'un blanc. Pour épargner aux nôtres cette insulte suprême, on se décida à brûler les corps, et la cérémonie funèbre s'accomplit au milieu même du village où ils étaient tombés. Le bois des cases écroulées forma le bûcher et il ne pouvait pas en être de plus glorieux.

Daba pris, toute résistance ultérieure était impossible ; quelques jours suffirent pour amener par de petites expéditions dans les villages voisins la soumission de tous les chefs et la pacification complète du pays. En moins de huit jours, la route de Bammako, désormais libre, fut rendue absolument sûre pour nos convois.

Les survivants de Daba s'étaient réfugiés dans des villages éloignés, ou bien s'étaient cachés dans les retraites inconnues des environs. Dansoa, le frère de Nampa, n'avait pas pu, à cause de ses blessures, s'éloigner beaucoup de son ancien village. Il vivait au milieu des broussailles, grâce au dévouement de ceux qui ne l'avaient pas quitté. Un jour, un de ceux-ci, dans une course aux environs pour procurer des vivres à son chef, fut pris par une de nos colonnes mobiles et amené devant le colonel Desbordes. Le chef de l'expédition désirait vivement savoir où était réfugié le vaincu, afin de lui donner une preuve de notre modération et d'assurer ainsi d'une manière durable la pacification de la contrée : il savait, à n'en pas douter, que l'indigène qu'on lui amenait pouvait lui indiquer la retraite où se cachait Dansoa. Mais il eut beau l'interroger, lui faire les plus belles promesses, le prisonnier resta impassible et déclara ne rien savoir. Il le menaça de le faire fusiller, le fit conduire devant un mur avec un peloton de tirailleurs pendant que l'interprète lui expliquait qu'il allait au dernier supplice ; il resta inébranlable et répondit seulement :

« Je ne puis dire ce que je ne sais pas. »

Il ne sourcilla même pas devant les fusils qui s'abaissaient pour faire feu.

Enfin, de guerre lasse, le colonel le fit relâcher en lui disant :

« Va trouver ton chef où il est, et dis-lui que ce n'est pas à des braves comme vous que je veux faire du mal. Qu'il vienne me trouver et nous serons amis. »

Le Bambara partit. Quelques semaines après, dès que ses blessures lui permirent de marcher, Dansoa se rendit à Bammako à cette invitation du colonel Desbordes. Le Bambara dont nous venons de parler accompagnait son chef et fut reconnu par l'officier français.

« Tu savais, lui dit-il, lorsque je t'ai interrogé à Sognimabougou, où était Dansoa.

— Oui.

— Et si je t'avais fait fusiller?

— Je croyais que tu voulais faire du mal à Dansoa, et je me serais laissé tuer plutôt que de te dire où il était. »

Voilà les traits dont ces sauvages sont capables et il est bon de citer ces exemples de dévouement et d'abnégation qui feraient honneur à des hommes de notre race. Je ne sais s'ils sont fréquents, mais ils montrent bien que ce peuple n'est pas indigne des efforts que fait la France pour le rapprocher du niveau des nations civilisées.

DOUABOUGOU

DOUABOUGOU

Les Dosémanes. — Ngolo Traouéré chez Samory. — Invasion du Manding. — Fassina dans le Bélédougou. — Attaque de la ligne de ravitaillement des Français. — Affaire de Falani. — Détachement français à la poursuite de Fassina. — Sibi et Kassaba. — Combat du Boudanko. — Marche sur Douabougou. — Destruction de ce village.

Les Dosémanas habitent la partie occidentale du petit Bélédougou, au nord de Bammako. Ils ont pour limite du côté des Béléris, peuple dont ils font partie, un gros affluent du Ba-Oulé, et ils sont séparés du Manding, à l'ouest, par une région montagneuse, aride et déserte, soulèvement des monts Manditékrou. Leur canton se compose de huit ou dix villages dont Douabougou était le principal, et qui étaient souvent en querelle avec leurs voisins de Guinina et de Diako. Toutes les dissensions n'avaient cessé qu'un jour ; ce fut pour résister à l'invasion des Toucouleurs d'Al-Hadj Oumar. Dans le péril commun, ils avaient fait cause commune avec les autres cantons du Bélédougou, et c'est grâce à cett union qu'ils eu avaient pu chasser les étrangers après une courte soumission.

L'indépendance reconquise, les rivalités de village avaient reparu, la discorde ayant été suscitée surtout par les prétentions de Nampa à la domination générale. Lorsque la mission Gallieni était entrée dans le Bélédougou et que les gens de Daba avaient organisé un complot pour la piller, les Dosémanas s'étaient tenus à l'écart, non sans envier ensuite à leurs voisins les riches dépouilles qu'ils avaient conquises. Plus tard, ils apprirent sans émotion l'arrivée des Français sur le Ba-Oulé et n'envoyèrent aucun secours à Daba, trouvant peut-être juste que ceux qui avaient profité du pillage fussent les seuls à en subir le châtiment. D'ailleurs tout le pays avait été surpris par l'action rapide de notre petite colonne; avec la lenteur habituelle des nègres, les Dosémanas, l'eussent-ils voulu, n'auraient pu prendre parti que trop tard dans la querelle. Il est même probable qu'ils virent avec une satisfaction égoïste l'humiliation et la ruine d'un voisin trop puissant. Ils donnèrent pourtant l'hospitalité au fils de Nampa qui avait survécu à la destruction de sa famille, mais ils s'empressèrent de demander l'amitié du vainqueur, sans même qu'il eût traversé leur pays. Ils entrèrent alors en relation avec le poste de Guinina et avec la colonne qui campait à Bammako. Nos officiers chargés de missions topographiques furent assez bien accueillis dans leurs villages et ne remarquèrent chez eux que la méfiance ordinaire des nègres quand ils ont affaire à des étrangers.

Douabougou, le village principal, avait pour chef Baïri, un vieillard cérémonieux et assez proprement vêtu, qui était en même temps le chef des Dosémanas. Un jour que le capitaine Vallière était dans les environs pour lever la carte du pays, on le pria de venir assister à un palabre pour une affaire de la plus grande importance. Il s'y rendit et trouva, à l'ombre d'un bel arbre du village, tous les petits chefs assis en rond sous la présidence de Baïri. Au milieu du cercle, il y avait un tas de pièces de cinq francs et un autre de petite monnaie en argent. Tous contemplaient alternativement les deux tas, puis se regardaient entre eux, silencieux et embarrassés. Lorsque l'officier arriva, on lui fit place à l'autre bout du cercle, en face de Baïri.

« Le colonel, dit celui-ci, nous a envoyé cet argent et nous a demandé en même temps cinq mille moules de mil. Que faut-il faire?

— Si vous êtes amis du colonel, répondit Vallière, il faut lui vendre le mil qu'il vous demande. Pour vous montrer qu'il ne veut piller personne et qu'il a confiance en vous, il vous en envoie le prix d'avance.

— Io! mais tout cet argent est-il pour moi seulement ou pour les autres chefs aussi? Comment faut-il le partager?

— L'argent est pour tous ceux qui donneront le mil; plus ils en apporteront, plus ils devront en avoir.

— Io! oh! oh! » fit toute l'assemblée satisfaite.

Et Vallière dut leur montrer par de nombreux exemples combien il reviendrait à chacun pour cent, deux cents ou trois cents moules de mil.

Comme il parcourait le village, quelqu'un lui montra assis sur le pas d'une porte le fils de Nampa, qui avait l'air de se dissimuler au milieu d'un petit groupe d'indigènes. Il s'approcha de lui, le rassura sur ses intentions et il lui demanda entre autres choses pourquoi ses parents avaient toujours repoussé si résolument nos propositions de paix et voulu la guerre avec tant d'entêtement, contre les Blancs qu'ils savaient plus forts qu'eux, ainsi qu'il venait de le déclarer un peu auparavant.

« Pourquoi ? répondit-il ; c'est parce que notre heure était venue. Nous avons été longtemps les premiers dans notre pays ; maintenant c'est votre tour. »

Voilà toute la leçon que les indigènes savent tirer des événements : *c'était écrit*.

Jusqu'aux premiers jours du mois de mars, rien ne troubla le calme des Dosémanas, malgré les suggestions qui leur venaient des Maures de Bammako, avec qui ils avaient eu de tout temps des relations de commerce et qui avaient envoyé dans le pays un esclave dévoué et discret. Mais un événement imprévu vint tout brouiller.

Le chef Baïri avait eu autrefois dans le village un parent nommé Ngolo Traouéré, de caractère peu commun chez des nègres : cet homme était hardi et entreprenant, très ambitieux, querelleur et toujours en dispute avec ses voisins. Sa vie de pauvreté lui pesait, il trouvait l'agriculture une profession trop vile et il se sentait une vocation décidée pour la guerre et ce qui s'ensuit, c'est-à-dire le pillage et le commerce des esclaves. Tout d'abord il avait été séduit par les

Ngolo Traouéré.

beaux bénéfices que réalisaient les dioulas dans leur trafic; un jour, il y avait cinq ans de cela, il était parti de Douabougou avec une caravane pour le Manding en emmenant ses deux femmes et les trois ou quatre esclaves qui composaient toute sa fortune. Il ne s'adonna pas longtemps au commerce.

Les récits merveilleux que l'on faisait déjà de Samory, de ses victoires et des pillages fructueux qui en étaient la suite, l'enflammèrent de zèle pour l'islamisme et l'attirèrent dans le Ouassoulou. Il alla trouver le nouveau prophète et se présenta, dit-on, comme l'envoyé de Baïri et de tous les Dosémanas. A ce titre, il prit rang parmi les chefs, combattit et pilla avec les conquérants, assista à la prise de Kéniera et à la défaite qu'y subit Samory à l'arrivée des Français. Les musulmans ne s'étaient pas tenus pour battus; ils avaient au contraire, proclamé que cette surprise ne comptait pas, qu'au contraire, la colonne française ayant aussitôt rebroussé chemin, les véritables vainqueurs c'étaient eux.

Pour le prouver, Samory alla mettre le siège devant Courba, un grand village au sud-est de Kéniera, le prit au bout d'un mois de siège et le livra à toutes les horreurs qui accompagnaient ses victoires. Il fit plus, il annonça qu'il irait jusqu'à Kita et commença par envahir le Manding, dont un gros village des bords du Niger, Kangaba, s'était déclaré pour lui. Ayant ainsi établi son quartier général sur la rive gauche du fleuve, il menaça d'abord le village principal du pays, Niagassola. Son avant-garde se porta de ce côté pour faire des ponts sur les marigots difficiles, car on était en hivernage, et pour rançonner les petits villages qui étaient sur la route. Mambi, effrayé, envoya demander secours à Kita, déclarant qu'il était décidé à quitter son village à l'approche de l'ennemi, comme autrefois son frère à l'approche des Touçouleurs. On était alors à la fin du mois d'août 1882 et le commandant du poste de Kita ne put que lui envoyer des encouragements, et, comme secours, une centaine de guerriers de Goubanko ralliés à notre cause depuis près d'un an. Ce secours si faible, mais dont l'importance fut exagérée à la manière habituelle des nègres, fit réfléchir le prophète. Malgré ses premières déclarations et les encouragements qu'il recevait de Mourgoula, il changea de plan, rebroussa chemin et dirigea l'invasion vers le nord-est, le long du Niger, en prenant pour objectif Bammako, où les Maures l'appelaient avec insistance et lui promettaient des succès bien autrement sûrs que ceux qu'il pourrait obtenir à Kita. Il chargea son frère Fabou de poursuivre ces nouveaux projets d'invasion, tandis que lui-même retournait vers le sud, dans le Ouassoulou, où des tribus encore insoumises lui donnaient fort à faire.

Fabou ne se hâta pas dans sa marche sur Bammako, ne se doutant pas que d'autres plus avisés pussent y arriver avant lui. Il apprit presque le même jour le départ des Français de Kita, la prise de Daba et leur arrivée sur le Niger. Tant de célérité n'était pas dans ses habitudes : comme les nègres ne comprennent rien à notre manière d'agir, il s'imagina qu'il allait être bientôt attaqué lui-même par le colonel Desbordes et se tint sur la défensive. Mais il sut bientôt, à n'en pas douter, par les renseignements qui lui venaient de Bammako, que nous nous installions près du village et que nous n'étions pas disposés à nous en éloigner. Il reprit alors sa marche en avant, occupa successivement tous les villages frontières du Manding, y accumula des approvisionnements suffisants pour toute la campagne et enfin se décida à aller attaquer lui-même la colonne française, puisqu'elle ne venait pas à lui. Mais il voulut combiner une attaque propre, selon lui, à assurer la destruction complète de l'ennemi et qui consistait à couper notre ligne d'approvisionnements à travers le Bélédougou, en même temps qu'il nous attaquerait de front.

C'était Ngolo Traouéré qui lui avait suggéré cette idée, afin d'avoir à jouer un rôle important dans la campagne qui se préparait et de reparaître dans son pays entouré du prestige des conquérants et armé de leur puissance. Il promit à Fabou l'appui des Dosémanas et peut-être le concours des villages voisins, comme Guinina et Diako.

La seule route qui, à travers les solitudes arides du Manditékrou, va du Manding à Domila, le premier village des Dosémanas, part de Sibi, qui est dans la plaine du Niger. Ce village fut attaqué, pris en peu de jours et aussitôt Ngolo se rendit à Douabougou.

Il y arriva avec une suite de plusieurs cavaliers, se donnant des airs de grand chef et éblouit ses compatriotes par le nombre de captifs qu'il amenait avec lui, le récit des victoires extraordinaires de Samory et les cadeaux qu'il fit au nom de ce prophète à Baïri et à plusieurs notables. Il trouva beaucoup de docilité à Douabougou, mais il n'en fut pas de même dans les autres villages où il avait envoyé des messages très pressants. Les Béléris ne se souciaient guère de voir arriver dans leur pays ces nouveaux musulmans dont la réputation de rapacité égalait celle des musulmans toucouleurs. L'expérience qu'ils avaient faite de ces derniers leur avait semblé trop dure pour accepter volontiers cette autre invasion. Après quelques palabres, presque tous les chefs déclarèrent donc qu'ils aimaient encore mieux voir chez eux les Français qui les laissaient libres et ne leur volaient ni leurs femmes ni leurs bestiaux, que les musulmans de Samory, avec qui rien de ce qu'ils possédaient ne serait en sûreté. Ngolo, furieux de ce mécompte, persista dans ses projets, menaça ses compatriotes de la colère de Samory et ajouta que toutes les protestations étaient inutiles, que l'armée était déjà en marche et qu'elle arriverait même contre leur gré.

On était aux derniers jours de mars 1883; Fabou était campé avec ses troupes à Nafadié et à Dialiba, à une quarantaine de kilomètres de Bammako, lorsqu'il reçut avis de Ngolo que tout était prêt, qu'il n'avait plus qu'à envoyer un fort détachement pour que tout le pays se soulevât en masse contre les Français et enlevât le poste de Guinina qui protégeait notre ligne de ravitaillement dans le Bélédougou. Fabou, confiant dans les promesses de Ngolo, ordonna à un de ses lieutenants, Fassina, qu'il avait laissé à Kassaba, près de Sibi, avec une cinquantaine de cavaliers et deux cents fantassins environ, de se rendre à l'invitation de leurs partisans et d'envahir le pays des Dosémanas.

Cependant les menaces de Ngolo avaient produit une terreur panique dans toute la région voisine, avant même que Fabou eût donné l'ordre du départ. Les indigènes croyaient déjà l'ennemi chez eux ; ils le voyaient sur toutes les routes : les plus petits événements, les indices les plus légers étaient grossis d'une manière fantastique, colportés de village en village et les nouvelles les plus extravagantes arrivaient à l'officier qui commandait à Guinina. Un jour on lui annonce qu'une *armée* marchait sur Koulicoro, point très éloigné pourtant de la frontière. Renseignements pris, ce n'était qu'*un cavalier* suivi de *deux piétons*, qui y allait en visite : ainsi du reste. Les habitants fuyaient précipitamment leurs villages, se réfugiaient sur les hauteurs voisines au milieu des rochers pour laisser passer l'orage. Guinina lui-même n'y tint pas, bien qu'il fût protégé par le petit poste voisin. Il est vrai que celui-ci, sérieusement menacé, était à peine capable de défendre sa petite enceinte. Diako seul sur notre ligne montra une certaine énergie et resta impassible au milieu de l'émotion générale. Tout cela était la suite des menaces de Ngolo, le détachement de Fassina n'ayant pas encore quitté le Manding.

Le lieutenant qui commandait le petit poste de Guinina, recevant de tous les côtés des nouvelles de l'invasion, ne pouvait, par sa seule présence et ses exhortations, s'opposer à cette fuite générale : s'attendant lui-même à être attaqué à tout moment, il informa le colonel Desbordes de sa situation critique.

Le 31 mars, une colonne commandée par un capitaine, et composée d'environ quatre-vingts hommes, dont une soixantaine de noirs, partit de Bammako et arriva le lendemain à Guinina. Les renseignements qu'elle y trouva étaient des plus confus et même contradictoires : tout le monde prétendait savoir où était l'ennemi, personne ne l'avait vu. Quelques-uns accusaient Douabougou d'avoir attiré ce fléau sur le pays; on prononça même le nom de Ngolo Traouéré ; mais c'étaient les ennemis invétérés de Baïri qui parlaient ainsi, et s'il était nécessaire de châtier les coupables, il fallait bien se garder, surtout en ce moment, de se faire l'instrument d'une vieille rancune.

Pourtant tous ces bruits contradictoires concordaient en un point : c'est que le quartier général de l'ennemi était à Kassaba et le chef de la colonne pensa que le moyen le plus sûr de savoir s'il en était parti était d'y aller soi-même. Les guides éprouvés ne lui manquaient pas ; plusieurs réfugiés de Sibi se présentèrent pour le conduire sur la route du Manding que personne, un mois auparavant, n'avait voulu indiquer aux officiers de la mission topographique.

On partit donc et, le 2 avril au soir, on campait à Domila-Koura, à quatre heures au sud de Guinina. La marche avait été pénible, car cette région est coupée de nombreux ruisseaux ; l'un d'eux avait exigé la construction d'un pont de branchages pour les animaux ; un autre, profond et fangeux, avait des berges si raides, que plusieurs fantassins européens, montés sur des mulets afin de pouvoir fournir des marches rapides et longues, s'étaient étalés au milieu de la vase. Heureusement l'étape était là tout près, et ce fut aux éclats de rire de leurs camarades que les malheureux crottés firent sécher au feu leur unique pantalon.

La gaieté ne manquait pas ce soir-là au campement; ce qui faisait défaut aux Européens, c'était un petit supplément à la ration, qu'on peut presque toujours se procurer dans les villages amis quand on voyage en petite troupe. Mais Domila-Koura était désert depuis les menaces de Ngolo et, bien que les habitants y eussent abandonné nombre de poulets et de canards, défense fût faite d'y toucher, car les indigènes étaient réfugiés dans les environs et s'aventuraient le jour dans leurs maisons, afin d'y prendre quelques provisions pour leurs femmes et leurs enfants.

Un dernier incident vint égayer la petite troupe avant l'extinction des feux. Malgré la défense dont je viens de parler, un Bambara de Mari Siré, nommé Faliké, entra dans le village et se mit en devoir de ramasser quelques poulets pour le souper de son maître. Aux cris des bêtes effarouchées on envoya voir la cause du désordre, et bientôt après deux tirailleurs revinrent, ramenant avec eux le délinquant avec la pièce à conviction, le cadavre d'un poulet. On le présenta au chef de la colonne, qui connaissait particulièrement cet indigène :

« C'est toi qui es entré piller les cases du village ? Qui es-tu ? Sans doute un ennemi, un espion de Samory ?

— Mais, capitaine, je suis Faliké : je ne suis pas un homme de Samory que Dieu confonde ! Regarde-moi, tu me connais ; je suis Faliké, Faliké qui t'a acheté tant de fois du lait et du dolo à Bammako.

— Le Faliké que je connais n'est pas un voleur, et ce soir la nuit m'empêche d'y voir clair. Tu mériterais que je te fasse fusiller comme un pillard et un espion de l'ennemi.

— Mais je suis Faliké, répétait-il consterné de se voir méconnu ; je ne suis pas espion de Samory ; je suis Faliké, etc., etc. »

Enfin il fut relâché au milieu des moqueries de ses camarades, qui lui criaient : C'est Faliké ! *Faliké ! Abé Faliké !*

Le lendemain matin au petit jour, on repartit.

Pendant que la petite troupe cherchait à joindre cet ennemi invisible, mais dont l'existence n'était que trop démontrée, Fassina exécutait l'ordre qu'il avait reçu de Fabou.

Le 1er avril il partait de Kassaba, gravissait le col de Sibi et le 2, lorsque les Français quittaient Guinina, il arrivait à Douabougou. Il dut être étonné en route de ne pas rencontrer les villages amis et dévoués que Ngolo avait promis : partout la solitude. Il marchait vite et ses hommes n'eurent même pas le temps de piller le petit village de Guinigué qui était sur leur chemin. Mais à Douabougou l'accueil qu'il reçut fut propre à lui faire illusion sur les sentiments des Béléris. Je passe sur les réjouissances de l'arrivée, les coups de tam-tam et les chansons des griots : Fassina tenait surtout au solide et voulait bien employer son temps. Il installa ses hommes sous des gourbis à l'ouest du village et demanda aussitôt des renseignements précis sur la distribution de nos forces dans le pays. On ne connaissait pas encore ce jour-là à Douabougou l'arrivée de notre détachement à Guinina et Fassina put être satisfait de ce qu'il apprit.

A Falani, entre Diako et Bammako, la brigade télégraphique conduite par un Wolof de Saint-Louis, Mademba, chef de service très actif et très intelligent, plantait des poteaux avec le secours de quelques indigènes de Diako ; à Dio campaient des officiers de la mission topographique avec le capitaine Bonnier. On savait qu'ils n'avaient avec eux que deux ou trois âniers et leurs domestiques.

Dès le lendemain, 3 avril, Fassina envoya deux détachements, l'un à Falani enlever la brigade télégraphique, et l'autre sur la route de Dio afin d'y surveiller les officiers topographes qu'il n'osait pas encore attaquer on ne sait pourquoi. Ce dernier détachement eut une fortune inespérée : près du petit village de Mandiambougou, il rencontra un troupeau de bœufs conduit par des bergers phouls qui, à sa vue, prirent la fuite sans même décharger leurs armes. Les cavaliers mallinkés ramenèrent en triomphe leur prise à Douabougou. Tout autre fut le retour de ceux qui étaient allés à Falani.

Conduits par leurs amis de Douabougou, ils arrivèrent sans être aperçus jusque assez près de la brigade télégraphique, grâce au couvert du bois environnant. Ils chargèrent alors les ouvriers éparpillés autour de leurs poteaux ; les manœuvres bambaras se sauvèrent aussitôt, mais les Wolofs saisirent leurs armes, se rallièrent bravement autour de leur chef, Mademba, et répondirent à l'attaque par des coups de feu. Ils réussirent même à se mettre à l'abri derrière le mur en ruines de Falani, où ils résistèrent avec succès. Ils eurent un blessé ou deux, tandis qu'ils tuèrent ou blessèrent plusieurs de leurs agresseurs : ceux-ci regagnèrent donc piteusement leurs quartiers à Douabougou.

Fassina comptait bien ne pas s'en tenir là et organiser d'autres razzias sur notre ligne, lorsqu'un indigène venu de Guinina lui apprit l'arrivée d'une troupe française dans ce village et son départ dans une direction inconnue. Il ajouta sans doute que les Français étaient très nombreux et formaient une véritable armée. Les nègres, je l'ai déjà dit, y voient centuple quand ils se mêlent d'observer et savent encore exagérer quand ils racontent. Le colonel Desbordes disait qu'il faut toujours diviser par cent les nombres donnés par les informateurs indigènes et qu'il s'était rarement trouvé au-dessous de la vérité. Mais Fassina ne connaissait pas cet emploi pratique de la division et il était, ainsi que ses congénères, disposé à tout croire, comme les autres à tout amplifier. Il devint d'autant plus méfiant et craintif qu'il avait été plus audacieux dans sa marche à travers le Bélédougou. Il se crut perdu, s'il restait un jour de plus à Douabougou. Mais Ngolo Traouéré n'avait pas perdu courage ; il essaya en vain de rassurer le lieutenant de Fabou et de rendre quelque énergie à ses soldats effrayés. Rien n'y fit : il n'obtint pour réponse que des récriminations;

quelques-uns allèrent même jusqu'à l'accuser de trahison. Où étaient en effet ces alliés qu'il avait promis et le soulèvement annoncé contre les Blancs?

Les habitants du village étaient encore plus découragés que les soldats de Fassina. Ils ne savaient, dans leur perplexité, s'il fallait rester ou fuir en masse le châtiment qu'ils sentaient imminent. Fassina les abandonnait après les avoir compromis sans retour : il partait sans s'inquiéter de ce qu'ils deviendraient, avec l'intention de gagner la frontière du Manding par une marche forcée, malgré la grande distance à parcourir. Que répondraient-ils aux Français, quand ceux-ci viendraient leur demander compte de leurs intrigues avec l'ennemi?

On tint un grand palabre à la porte du village, sous les gourbis en paille que leurs alliés venaient d'abandonner. Ngolo par entêtement, ou peut-être parce qu'il se voyait perdu dans l'esprit de Fabou après un pareil échec, était resté. Quelques notables proposaient de quitter tout de suite le village et de se réfugier sur les hauteurs voisines en attendant que l'orage fût passé.

« Qu'irez-vous y faire? répondit Ngolo. Ignorez-vous que tous nos voisins, devenus nos ennemis, y sont déjà et qu'ils ne vous feront pas grâce! »

Il serait toujours temps de fuir, ajoutait-il, lorsqu'on saurait les Français en marche sur le village. Sans doute les récriminations, les accusations de tout genre se produisirent contre lui pendant cette orageuse discussion. Une nouvelle imprévue vint pourtant lui rendre toute son autorité. Un indigène qui arrivait tout courant de Diako, raconta au milieu de l'assemblée les nouvelles de Bammako. Il y avait eu, disait-il, un grand combat entre le colonel et Fabou. Les Français avaient été vaincus et poursuivis ; Bammako venait d'acclamer Fabou et l'aidait à exterminer les étrangers. Ngolo jouait de bonheur ; toutes les alarmes se dissipèrent, il trancha du maître plus que jamais dans son village, en y attendant l'arrivée de Fabou, qu'il croyait prochaine.

Le détachement français ignorait ce qui se passait à Douabougou et poursuivait sa route vers Sibi. Le 9 avril, il traversait les ruines du vieux Domila et de là s'enfonçait dans la région déserte qui le sépare du Manding. Le pays est beau, bien arrosé, couvert de grands arbres sur une distance de huit ou dix kilomètres. Mais le reste de la route jusqu'à Sibi est détestable : la région est très accidentée, rocheuse et très souvent dénudée ; dans cette saison on y trouve à peine quelques flaques d'eau stagnante à l'ombre d'épais palmiers, le long du lit du Boudanko ; ce marigot coule près du bord occidental des monts Manditékrou, à huit ou dix kilomètres de Sibi. La descente dans la plaine du Manding est extrêmement dangereuse. Le sentier s'enfonce dans un défilé entre deux hautes masses de rochers, serpente au milieu d'un écroulement de grosses pierres mobiles sur lesquelles il faut marcher avec précaution, et parfois sur de gros blocs polis et inclinés le long desquels le plus prudent est de se laisser glisser assis. Les mulets et les chevaux à vide ne descendirent qu'à grand peine, les chargements furent portés sur la tête des hommes ;

la petite pièce de 4, démontée, n'arriva au bas de la côte qu'après avoir failli tuer deux des porteurs, dont un fut blessé. Le passage dura trois heures et la distance à parcourir était à peine d'un kilomètre !

Enfin à onze heures la colonne put se reformer dans la plaine.

Les spahis s'étaient déjà portés en avant pour explorer les alentours de Sibi. Les trois villages qui le composaient étaient presque entièrement brûlés depuis une vingtaine de jours. On voyait en divers endroits des squelettes et des crânes, témoignage de la lutte qui s'y était livrée et des exécutions faites par les vainqueurs. Une partie des habitants étaient encore réfugiés au milieu des rochers de la montagne et ne se hasardaient que la nuit à descendre dans le village pour recueillir quelques vivres que l'ennemi n'avait pas encore pu emporter. Le jour, les hommes de Samory y venaient à leur tour piller ce qui restait et quelquefois essuyaient le feu des habitants cachés dans les rochers les plus proches.

A l'arrivée des Français, tout ce monde invisible sortit comme par enchantement de ses retraites et une foule de tout âge s'avança vers eux avec des démonstrations de joie. Dans l'un des villages, il y avait quelques pillards ; à la vue des spahis, ils s'enfuirent dans toutes les directions ; trois ou quatre se sauvèrent, un fut tué et deux restèrent prisonniers. Il n'y avait pas de temps à perdre si l'on voulait arriver à Kassaba avant que l'alarme fût donnée.

Kassaba est à une lieue à peine de Sibi ; un éperon de la montagne sépare les deux villages. Il était onze heures; on se mit en marche rapidement et moins de trois quarts d'heure après on était en vue du village.

Celui-ci, encore mieux que Sibi, était complètement soudé à la montagne; son mur d'enceinte s'arrêtait contre ses rochers; plusieurs gros arbres touffus l'entouraient du côté de la plaine et formaient un paysage ombragé et frais qui semblait délicieux à nos soldats sous le soleil de midi. A leur arrivée, on pouvait distinguer quelques habitants paresseusement étendus à l'ombre sous les rochers élevés du village, où ils étaient allés respirer l'air frais à cette heure chaude de la journée.

Dès le premier coup de canon, toute la population se précipita vers la hauteur. En quelques minutes, les rochers se couvrirent de grappes humaines qui grimpaient avec la plus grande agilité : on aurait dit par places un tapis mouvant de boubous blancs et jaunes. Des coups de feu pourtant nous répondaient; mais les tirailleurs enfoncent bientôt les portes du village, y font quelques prisonniers, puis y mettent le feu. Le soir on revint camper à Sibi.

Enfin le chef de la petite colonne put être renseigné exactement sur l'invasion, ses causes et les projets des ennemis. Quant à leur nombre, il savait l'importance qu'il devait attacher au millier d'hommes que les indigènes lui annonçaient. Maintenant, il savait, à n'en pas douter, que Douabougou était le quartier général de Fassina, et que très probablement il l'y trouverait. Ce village enlevé, l'ennemi n'ayant plus aucun point d'appui dans le Bélédougou, serait obligé de se retirer rapidement vers le Manding. Dès le matin du 5 avril, le col de Sibi fut occupé par une partie des tirailleurs, afin d'y rendre toute surprise impossible pendant que l'on remonterait la pièce et les munitions. Les habitants de Sibi avaient été réquisitionnés pour les transporter à travers le défilé. Ils s'y prêtèrent volontiers et, vers sept heures du matin, la longue caravane se mit en marche, suivie par tout ce qui avait survécu à la ruine de Sibi et qui, depuis lors, vivait comme des fauves aux environs de leur village détruit. Ces malheureuses familles quittaient définitivement leur pays dévasté pour aller chercher dans le Bélédougou ou à Bammako un asile plus sûr contre les incursions des musulmans. Pour les nègres, le sentiment de la patrie ne s'étend pas au delà de leur village; mais ils ont pour le coin de terre où ils sont nés l'attachement le plus durable. Lorsque, après de longues années, la paix leur semble revenue ou que l'ennemi qui les avait chassés le leur permet, ils reviennent à leur ancien village et, auprès de ses ruines qu'ils respectent, de nouvelles cases sont construites, une nouvelle muraille s'élève pour les protéger, d'autres puits sont creusés : les champs sont défrichés, la vie recommence dans ce désert. Il y a pourtant des régions trop facilement accessibles à l'ennemi, et souvent ce sont les plus fertiles, comme le bord des grandes rivières. Celles-là sont définitivement abandonnées par les anciens habitants lorsqu'ils ont été trop cruellement et trop souvent éprouvés. On demandait à un habitant du Birgo, qui, avant l'invasion des Toucouleurs, habitait les bords du Bakhoy, pourquoi il ne retournait pas avec les siens rebâtir son ancien village.

« Nous ne pourrions pas y vivre tranquilles. » Et il ajoutait tristement, en baissant la tête au souvenir peut-être de quelque scène sauvage dont il avait été témoin : « Le Bakhoy fait mal à voir. »

Les habitants de Sibi s'étaient donc décidés avec peine à quitter leur village et à aller attendre dans un autre pays des jours meilleurs. Il ne voulaient à aucun prix rester à la merci des pillards de Samory.

Lorsque le canon et les munitions furent en haut de la côte, une agréable surprise attendait les porteurs. On les réunit en cercle et on leur paya le prix convenu dans la plaine, un franc à chacun. Ce qui les étonnait, c'était moins la pièce blanche qu'ils avaient dans la main que l'exécution de la promesse faite deux heures auparavant, et ils le disaient naïvement. Ces pauvres gens sont si habitués à être exploités, à subir les abus de la force, que rien ne les étonne comme de nous voir respecter les faibles et même les méprisés de leur race à l'égal des plus puissants. Au fond, ce respect du fort pour les faibles ne fait que les étonner ; quelques-uns même, c'est visible, nous en veulent de nous voir appliquer ces principes d'équité si nouveaux pour eux. Mais ils finiront par comprendre, et déjà notre réputation de justice est reconnue et appréciée dans le pays.

Les fugitifs de Sibi demandèrent l'autorisation de suivre la colonne pour se réfugier dans le Bélédougou. Malgré les embarras qu'ils devaient nous causer pendant la marche et peut-être le danger pendant une attaque si l'on parvenait à joindre l'ennemi, cette demande ne pouvait leur être refusée. La petite colonne, suivie maintenant d'une foule où l'on comptait un grand nombre de femmes et d'enfants, quitta les bords du plateau et s'achemina vers l'étape voisine, le long d'un sentier tracé sur des cailloux rouges ferrugineux, à travers un pays aride, à peine couvert de broussailles, d'où l'on ne distinguait quelques bouquets d'arbres que vers l'horizon, au loin, au fond des dépressions de terrain.

Cette première marche, lente et pénible, nous conduisit au bord du Boudanko, près des flaques d'eau qui croupissent au milieu de ses rochers. Quelques palmiers qui bordaient la rive nous promettaient de l'ombre pour la journée; l'étape du lendemain devait être longue, on devait partir à la nuit, on savait que l'on ne trouverait un peu d'eau bourbeuse qu'à plus de vingt kilomètres au delà et que le chemin serait difficile. Aussi de bonne heure le silence s'établit dans le camp à l'heure de la sieste, pendant que des tirailleurs en sentinelle surveillaient les passages par où l'ennemi pouvait se présenter.

Fassina avait quitté Douabougou le matin du 5 avril, dans l'intention de gagner le Manding le soir même, ou tout au moins de ne s'arrêter qu'au Boudanko, d'où il pourrait prendre des informations sur la route qu'avaient suivie les Blancs. C'était donc pour le moins quarante kilomètres qu'il avait à faire dans la journée; mais une pareille étape n'a rien d'exagéré pour les indigènes, même sous leur soleil de feu, quand elle ne se renouvelle pas trop souvent.

Il prit donc rapidement le sentier de Sibi et put reconnaître les campements que le détachement français avait occupés deux jours auparavant. Les marches des indigènes sont faites sans ordre, ou du moins ils n'ont pas d'éclaireurs pour les mettre à l'abri d'une surprise. En tête de la colonne marchaient des cavaliers; l'un d'eux portait l'étendard de Fassina, au bout d'un long bambou; ensuite venaient cavaliers et fantassins tout mêlés, à la file indienne, s'étendant sur une ligne de près d'un kilomètre. En arrière suivait le troupeau de bœufs qui avait été enlevé près de Mandiambougou.

Vers quatre heures, la tête de la colonne longeait le lit du Boudanko et elle se hâtait pour arriver au campement habituel. Nos sentinelles avancées avaient aperçu l'ennemi de loin dans ce terrain accidenté. Aussitôt tout le détachement prévenu se met en ligne et se porte en avant sur le sentier, pendant que les spahis, suivis des Bambaras de Mari Siré, filaient rapidement le long du marigot pour prendre l'ennemi entre deux feux.

Le poste d'observation, loin de se replier, engage l'action dès qu'il est à portée. Quelques minutes après, les tirailleurs avec le lieutenant Pollacchi arrivent à sa hauteur et le combat s'établit. La troupe de Fassina était dans l'ordre le plus défavorable pour résister à notre attaque; ses hommes essayent de se déployer en ligne en face de nous et filent en courant devant le front des tirailleurs en déchargeant leurs armes. Mais ils ne pouvaient tenir longtemps contre la rapidité de notre tir; le désordre gagne bientôt toute la colonne.

À ce moment, les spahis et les cavaliers bambaras conduits par le lieutenant Rouy chargent la gauche de l'ennemi; une mêlée de quelques minutes s'ensuit; les vestes rouges et les boubous jaunes confondus, en désordre, luttent corps à corps, puis les musulmans prennent la fuite de toutes parts; les spahis les poursuivent, les tirailleurs s'avancent de leur côté en faisant des feux de peloton et achèvent la déroute. Le terrain dans les environs est accidenté et couvert de cailloux sur lesquels les chevaux non ferrés et déjà fatigués par une longue étape ne peuvent marcher; aussi plusieurs cavaliers mallinkés, pour fuir plus vite, abandonnent leurs chevaux. En une demi-heure, la troupe de Fassina avait complètement disparu, éparpillée à droite et à gauche, et cherchait un refuge vers les rochers des monts de Sibi. Elle laissait à peu près vingt-cinq morts sur le terrain, son étendard, une quinzaine de prisonniers et autant de chevaux.

La poursuite ne dura guère qu'une heure, car la nuit était proche et il était impossible de rejoindre les fuyards dans les rochers où ils avaient cherché un abri à une dizaine de kilomètres du lieu du combat.

Les Bambaras de Mari Siré, qui à la prise de Daba avaient été si peu hardis, venaient de faire preuve au Boudanko d'un entrain remarquable au moment de l'attaque; ils continuèrent la poursuite avec une audace qui coûta la vie à quelques-uns d'entre eux. Trois furent faits prisonniers par les vaincus et amenés plus tard à Fabou.

Ces nègres sont décidément des gens bien difficiles

à juger. Tantôt d'une prudence qui confine à la lâcheté et tantôt braves jusqu'à la témérité ; aujourd'hui douillets et demain capables de supporter stoïquement les plus vives douleurs; bavards fatigants à l'excès, quand ils ne sont pas sentencieux et laconiques comme des oracles : ces hommes semblent pétris de contradictions. D'où les jugements si divers qu'on a portés sur eux.

L'interrogatoire des prisonniers confirmait pleinement les renseignements que l'on nous avait donnés à Kassaba et à Sibi. C'était bien toute la bande de Fassina que nous avions rencontrée et que nous avions dispersée : Douabougou avait été son quartier général et c'était le chef de ce village, à l'instigation de son parent Ngolo Traouéré, qui avait appelé l'ennemi sur notre ligne de ravitaillement. Le châtiment devait être prompt, et si on le voulait exemplaire, on ne devait pas donner aux rebelles le temps de chercher un abri sur les hauteurs voisines ou d'y cacher ce qu'ils avaient de plus précieux. On pensait que le village résisterait; mais si nous n'étions pas en nombre pour l'enlever d'emblée, nous étions en force pour le maintenir et attendre du secours de Bammako.

Le 6 avril, avant le jour, la petite colonne partit pour Douabougou. Elle ne pouvait, comme Fassina, faire cette longue marche en une journée. Pendant la première étape, elle parcourut ce pays désolé et presque nu qu'elle avait traversé de nuit en allant à Sibi. Elle n'était plus qu'à une vingtaine de kilomètres de Douabougou. C'était assez rapide pour que les habitants ne connussent pas encore la dé-

Douahongou.

faite de leurs hôtes et le danger qui les menaçait.

Le 7, malgré les lenteurs de la marche, malgré les bœufs qu'il fallait pousser, les marigots qu'il fallait traverser, on arrivait vers onze heures dans les environs de Douabougou. La chaleur était réellement torride, le sol brûlant éblouissait les yeux ; les tirailleurs eux-mêmes traînaient la jambe et les Européens, bien que montés sur des chevaux ou des mulets, avançaient comme accablés, épongeant la sueur de leur front, la tête couverte de mouchoirs mouillés sous leur casque.

Douabougou, bâti au pied d'une colline assez jolie, au sud, est entouré au nord et à l'ouest par un ravin large et profond, au fond duquel coule un ruisseau fangeux qui arrose ses jardins.

Du bord opposé du ravin, on aperçut le village ; les habitants étaient encore dans une complète sécurité. On voyait, hors des murs, des femmes occupées à égrener les épis de mil ; d'autres pilaient le couscous ; les hommes causaient, assis à l'ombre d'un arbre, dans le camp abandonné de Fassina. Dès qu'ils aperçurent les casques blancs des Français, tout le monde se leva en criant et se précipita dans le village.

Aussitôt nos cavaliers franchissent le ravin au galop, et l'infanterie les suit au pas de course, pour se reformer sur l'autre bord. Mais les habitants ne songeaient guère à résister. La plupart fuyaient déjà du côté opposé. Les spahis, arrivés à temps pour leur couper la retraite, les rejettent vers le ravin où la foule en désordre se précipite, après que chaque guerrier eût tiré sur nous son coup de fusil. Mais là elle trouve un nouvel ennemi : c'étaient les Bambaras de Mari Siré, dont la plupart avaient longé le bord du marigot. Les fuyards éperdus, fusillés du haut du ravin par les tirailleurs, sabrés et assommés par nos alliés, se jettent dans le ruisseau, le traversent ou essayent de se cacher au milieu de l'épaisse végétation de ses bords. Le chef de Douabougou réussit à le franchir. Il était accompagné de deux ou trois fidèles et il parvint jusque près de la lisière d'un bois voisin. Mais là son groupe, vivement pressé, s'arrêta pour faire face à l'ennemi qui le poursuivait. Il devint aussitôt le point de mire d'une dizaine de nos Bambaras et en un clin d'œil le chef et ses trois hommes tombèrent frappés à mort. A midi, tout était fini. Il y avait eu moins de sang répandu qu'on n'aurait pu le croire à l'aspect de cette fuite désordonnée et de la mêlée qui s'en était suivie au fond du ravin. Les tirailleurs n'avaient pas sérieusement donné et nous eûmes quelques Bambaras blessés.

Le Bélédougou était donc délivré de nos ennemis et la révolte comprimée. La sévérité nous avait été commandée par notre situation critique à Bammako, où le détachement français était rappelé dès le lendemain pour prendre part aux opérations contre les troupes de Fabou.

Quand à Ngolo Traouéré, dont l'ambition avait causé la ruine de son village, il avait réussi à se sauver. Il compte encore dans les troupes de Samory.

BAMMAKO

BAMMAKO

Situation politique du village. — Le chef Titi. — Les Maures commerçants. — Accueil fait à la mission Gallieni. — Karamako-bilé. — Divisions suscitées par Samory. — Relations avec le poste de Kita. — Attitude hostile des Maures. — Progrès de Samory. — Le camp français. — Situation critique de la colonne. — Combat du 2 avril sur le Oueyako. — Conséquences. — Déroute du 12 avril. — Fin de la campagne.

Après la prise de Daba et la pacification du Bélédougou, la colonne française avait marché sur Bammako en suivant la même route que la mission Gallieni trois années auparavant. Le colonel Desbordes avait voulu montrer notre drapeau victorieux et respecté dans les villages mêmes où ses précurseurs, insultés et pourchassés, avaient été victimes de la perfidie des indigènes. Ouoloni, Guinina, Dio, Diako se montrèrent soumis, dociles, et heureux d'obtenir leur pardon moyennant une légère amende, la restitution de tous les objets qui avaient appartenu à la mission Gallieni et des excuses solennellement faites devant toute la colonne en armes. Le colonel ne se montra pas sévère dans ces revendications, suivant en cela son principe constant de douceur et de conciliation. Le succès fut encore plus grand qu'il n'aurait osé l'espérer : la pacification fut complète et définitive, nos convois purent sans escorte traverser tous ces villages dans la sécurité la plus grande, et même on trouva peu après dans le pays des secours importants en hommes et en vivres. C'est ainsi qu'on arriva à Bammako.

Cette ville est située sur la rive gauche du Niger, dans la plaine étroite qui sépare son lit de la montagne. Le grand fleuve, venant des monts Loma, coule dans un lit souvent coupé de gués et semé de rochers, vers la direction nord-est jusqu'aux monts de Bammako. A partir de là, sa direction se courbe vers l'est et il devient en toute saison navigable aux petits bateaux à une faible distance en aval du village. Les monts de Bammako se dressent à pic d'une hauteur de 300 mètres au-dessus de la plaine du Niger : la ligne de leur base, presque parallèle à la berge du fleuve, en est à deux kilomètres environ. Presque à mi-distance, s'élève le tata de Bammako, grand rectangle de 450 et 550 mètres de côté. Le long de la rivière et sur une largeur variable s'étendent des terrains marécageux complètement recouverts par les eaux d'hivernage.

Bammako est depuis longtemps connu par les relations des voyageurs et les récits des nègres, qui en parlaient autrefois comme d'une grande cité très commerçante. Le commerce en effet y a été longtemps florissant; c'était, sur le Niger, l'entrepôt le

Bammako.

plus lointain où arrivaient les caravanes des Maures du Sahara, qui y trafiquaient avec les Mandingues de l'ouest.

Vers le commencement de ce siècle, probablement à une époque postérieure au second voyage de Mungo-Park (1805), une famille de Maures s'y établit et accapara bientôt tout le commerce de la contrée. Cette famille y acquit, par suite, de grandes richesses et une influence capable de contre-balancer celle des anciens chefs du pays, les Niaré. Lorsque le Bélédougou se soumit pendant quelques années à l'autorité d'Al-Hadj Oumar, Bammako, avec ses vingt villages, maintint son indépendance, grâce aux Maures surtout, qui, bien que musulmans eux-mêmes, ne voulurent subir à aucun prix le joug des Toucouleurs. Mais dès ce moment tout son commerce avec le Sahara et avec Tombouctou par le fleuve, tomba et avec lui son influence prépondérante sur les petits pays voisins. Lorsque le Bélédougou se révolta contre les Toucouleurs et reconquit son indépendance, c'est à ses guerriers sauvages que passa la suprématie. La décadence de Bammako avait été rapide ; la dépopulation s'ensuivit ; dans l'intérieur de l'enceinte, les ruines s'accumulèrent.

Bammako est le point du Niger le plus proche quand on part de Kita pour rejoindre le grand fleuve. C'est donc ce village que nous devions y occuper d'abord. Depuis longtemps, le général Faidherbe l'avait désigné comme notre premier port de commerce d'où nos traitants devaient rayonner en amont et en aval. La mission Gallieni avait pour but principal de le reconnaître et de se lier d'amitié avec ses habitants.

On a vu dans un récit précédent [1] dans quel état lamentable elle y était parvenue. A cette époque, le chef du village était Birama Niaré, pauvre homme à l'esprit borné et de caractère faible, qui s'effaçait complètement devant son frère Titi. Il est mort dans les premiers mois de 1883 et c'est ce même Titi qui lui a succédé. Celui-ci est un grand bambara à la figure longue et osseuse, assez intelligent, bavard et facétieux, qui n'a que deux passions : l'amour du dolo et la haine du Toucouleur. Et encore, dans son esprit, ces deux traits essentiels de son caractère ne sont pas distincts et se tiennent par un lien assez inattendu, car, dit-il, il déteste les Toucouleurs comme ennemis de sa race et comme buveurs d'eau intolérants ; il aime le dolo, parce que cette liqueur lui paraît exquise et parce que les Toucouleurs la proscrivent : s'il en boit tant, c'est pour insulter tous les jours à la religion de ses ennemis, de manière qu'il s'enivre, ajoute-t-il en riant, par patriotisme.

Titi peut d'ailleurs boire à son aise et copieusement, car il est riche : il a vu du pays dans sa jeunesse et il est allé jusque sur la côte, à Sierra-Leone, où il a fait du commerce ; il en est revenu avec une petite fortune. Ce voyage fructueux lui a ouvert un peu l'intelligence et donné sur ses compatriotes un ascendant incontesté. Même du vivant de son

---

1. Dio, page 200.

frère, il était le vrai chef de Bammako. Il aime à raconter ses voyages, il est fier d'être allé si loin de son pays et il me disait :

« N'ai-je pas raison ? Toi-même quand tu seras de retour dans ton village, est-ce que tu ne réuniras pas tes amis pour leur raconter ce que tu as vu ici ? »

On voit que Titi se pique de connaître le cœur humain et qu'il y réussit quelquefois.

Il avait d'abord promis, comme j'annonçais l'arrivée de la mission Gallieni, toute son amitié pour les Blancs et son dévouement le plus complet. Dans un grand palabre, avec l'approbation de tous les chefs des villages de Bammako, il avait donné carte blanche pour traiter à Karamako-bilé, l'un des trois frères Maures, le plus riche des commerçants. Celui-ci est un homme grave et réfléchi, intelligent, très fin même, connaissant les Européens pour avoir fait plusieurs voyages à la côte, vers Sierra-Leone. De plus il est instruit, parle et écrit l'arabe, conserve toujours dans ses manières quelque chose de réellement digne et trouve souvent des attentions délicates pour ses hôtes ; c'est un Maure, en somme, semblable à quelques-uns de ceux que Barth rencontra dans ses voyages et dont il devint l'ami.

Karamako, bien qu'il fût le plus jeune des trois frères qui avaient en main tout le commerce, en était le plus influent. Il avait compris, dès le premier moment, tout le profit que sa famille retirerait de notre présence dans le pays, et il était devenu notre partisan. Titi aussi, plus sensible que lui certainement aux beaux cadeaux qui lui étaient promis, se montrait plein d'amitié pour nous et attendait avec impatience le convoi porteur de tant de richesses.

L'attaque de la mission Gallieni à Dio et le pillage qui s'ensuivit furent cause d'une déception générale. Plus de cadeaux possibles, les promesses furent oubliées, l'amitié s'envola, rien de plus naturel. Titi, par un manque de générosité dont on ne saurait beaucoup s'étonner, sans doute aussi par crainte de se compromettre avec le Bélédougou, accueillit le capitaine Gallieni avec une froideur hostile et, assis à la porte de son tata, déclara qu'il lui permetrait seulement de garder ce qui lui restait : il faut dire que la mission n'avait à peu près plus rien. Et comme il sentait que Karamako restait notre ami malgré tout, il se tourna vers lui à la fin de son discours et lui dit durement :

« C'est moi qui suis le maître ici. »

Pourtant il n'empêcha pas Karamako de nourrir les Français et leur suite pendant les deux jours qu'ils séjournèrent sous le figuier de Bammako. A leur départ, le Maure leur donna même deux barres de sel, objets de grande valeur dans le pays et qui leur furent du plus grand secours pour les tirer des premiers embarras de la route.

Ainsi quand la mission Gallieni quitta Bammako, les Maures nous étaient dévoués et Titi nous était manifestement hostile.

Le colonel Desbordes, pendant sa première campagne en 1881, songeait déjà à se renseigner sur l'état des esprits à Bammako et à préparer notre établissement pacifique dans ce pays, dans le cas où le gouvernement se déciderait à le tenter. Après avoir fait tâter le terrain par un Bambara en qui il pouvait avoir confiance, il envoya à Titi deux de ses interprètes, munis des instructions les plus précises et porteurs d'un traité qu'ils devaient proposer à ce chef et au triumvirat maure.

Dans le grand palabre où le principe de notre occupation et de notre protectorat fut proposé, la discussion fut orageuse.

« Si le colonel vient ici en ennemi de Ségou, nous ouvrirons nos portes et nous irons au-devant de lui; mais s'il est ami de Ségou, qu'il ne compte pas sur notre amitié, nous nous défendrons. »

Et comme nos interprètes insistaient, Titi ajouta :

« Nous n'avons pas confiance dans les Français ; ce sont les alliés de Ségou et par conséquent nos ennemis. Vous cherchez à nous tromper. »

Un des chefs, Dianké, déclara même qu'en bonne politique les amis et les envoyés des Français devraient être mis à mort, puis quitta l'assemblée avec éclat.

Cependant la plupart des chefs étaient loin de partager la méfiance de Titi et la haine de Dianké. Ils finirent par faire entendre raison au premier, qui se décida à signer le traité qu'on lui présentait et qui plaçait son pays sous notre protectorat. Les principaux chefs signèrent aussi; mais parmi les Maures il n'y eut que Karamako-bilé qui osât les imiter.

Des événements importants s'accomplissaient vers le sud, qui allaient bientôt modifier complètement la situation des partis à Bammako.

Nous avons déjà raconté l'origine et les progrès de

Samory dans le Ouassoulou. Sa défaite à Kéniera en 1882 [1], que malheureusement le colonel Desbordes n'avait pas pu compléter par la destruction de sa cavalerie, avait été célébrée par ses partisans comme une victoire éclatante. On n'en parla au delà du Niger que pour représenter le retour des Français à Kita comme une retraite honteuse, une vraie déroute. On montrait avec orgueil les quelques manteaux rouges des spahis, abandonnés par mégarde au pied d'un arbre, comme de véritables trophées de victoire. Pour mieux prouver sa force, Samory résolut de passer le Niger, d'envahir le Manding et de menacer Kita.

Dès ce moment, Bammako trembla pour lui-même. Titi, qui ne voulait pas des Toucouleurs pillards et buveurs d'eau, repoussait tout autant le joug des Mallinkés musulmans. Au contraire, les Maures qui voyaient, dès que cette hostilité serait nettement déclarée, se fermer pour eux le dernier débouché de leur commerce, accueillirent avec faveur les émissaires du nouveau prophète. Ils ne se brouillèrent pas encore avec Titi, mais comme la guerre, pour eux, était la ruine, ils travaillèrent sous main à le renverser ou tout au moins à lui imposer leur volonté. Pendant ce temps, ils envoyaient à Samory des cadeaux, l'assurance de leur amitié et des avis pour agir de concert avec lui dans leurs projets d'usurpation.

Titi ne tarda pas à être au courant de tout ce qui se tramait. Il sut de plus que les Maures faisaient partir leurs fils et leurs esclaves pour grossir l'armée des

---

1. Voir Kéniera, page 273.

musulmans; mais il ne pouvait l'empêcher, parce que, contrairement à ce qu'il avait dit au capitaine Gallieni, il n'était pas le plus fort à Bammako. Il vivait donc dans des inquiétudes continuelles, craignant tout de ses ennemis et appelant de tous ses vœux ces Français pour qui il avait montré tant de méfiance et dont le secours lui était nécessaire maintenant pour conjurer sa chute.

Pendant l'hivernage de 1882, les musulmans franchirent le Niger à Kangaba qui se livra à eux, établirent dans cette ville leur quartier général et en firent le point de départ de quelques expéditions dont nous avons parlé dans le récit précédent. Pendant ce temps, Samory, ayant ouvertement rompu avec Ahmadou, envoyait de nombreux partisans le long de la rive droite du Niger, qui enlevaient plusieurs villages au roi de Ségou et livraient combat aux Toucouleurs jusque sous les murs de Tadiana, à une vingtaine de kilomètres du fleuve en face de Bammako. Ce village était donc menacé de deux côtés par Samory, et ne pouvait tarder à succomber.

À cette époque, sa cause semblait à Titi irrévocablement perdue : il se croyait oublié des Français; n'osant résister jusqu'au bout, il cherchait une occasion avantageuse de se donner à Samory; déjà même il avait accepté de lui des cadeaux, entre autres une captive et quelques jolis boubous. Il n'osait même pas espérer que nous pussions prévenir les musulmans à Bammako, puisque le prophète était à ses portes, pendant qu'une nation redoutable et hostile, le Bélédougou, nous séparait de lui. Pourtant un message du commandant du poste de Kita lui montra que les Français ne l'avaient pas oublié, qu'il ne devait pas encore désespérer. L'officier lui annonçait la prochaine arrivée du colonel Desbordes à Kita et lui rappelait le traité qui le liait à nous. Titi, ne sachant pas écrire, n'osait pas se fier aux marabouts pour consigner sur le papier toutes ses craintes et nous envoyer un appel pressant. Il ne voulut même pas que l'on connût à Bammako l'arrivée de notre courrier.

Avec mille précautions, il cacha aux Maures toutes ses démarches, et fit partir pour Kita un de ses fils accompagné de deux serviteurs, afin de dire aux Français tout ce qu'il ne pouvait écrire.

Peu après, le colonel Desbordes arrivait à Kita, en décembre 1882, et, malgré l'hostilité connue du Bélédougou, se décidait à suivre la route qui traversait ce pays, la plus courte pour aller à Bammako et y prévenir les musulmans de Samory. On a vu que Daba ne l'arrêta pas longtemps en route : le 1er février 1883 il débouchait dans la plaine du Niger par le vallon de Sokhnafi et il allait camper à un millier de mètres du village, escorté par Titi, qui était allé à sa rencontre. Le chef bambara était heureux, ravi comme un homme échappé à un naufrage, qui met le pied sur la terre ferme; quant aux Maures, ils étaient consternés.

Ils n'en firent pas moins bonne contenance. Karamako, le plus intelligent, disait même à un de nos officiers :

« C'est vrai, j'ai été en relations suivies avec Samory ; je suis commerçant, je vis de trafic. Mais maintenant que vous êtes ici, je suis heureux de vous y voir; vous nous donnerez la paix, et c'est tout ce que je désire ».

Karamako pouvait être sincère, mais ses deux frères, Tiékoro (*vieil homme*) et Sidikoro (*vieux seigneur*), allaient bientôt nous donner des preuves manifestes de leur duplicité et de leur connivence avec l'ennemi.

Les premiers jours, ils firent au colonel les protestations du dévouement le plus absolu; ils envoyaient le soir de longues files d'esclaves porteurs de calebasses remplies de mets du pays, que l'on distribuait aux tirailleurs et aux ouvriers; ils cherchaient peut-être par là à prévenir quelques actes arbitraires de sévérité, qu'ils redoutaient, car dans l'esprit des Soudaniens le pillage est inséparable de toute occupation. Mais la douceur et l'esprit d'équité dont le chef de la colonne française ne voulait pas se départir, les encouragèrent bientôt à reprendre leurs sourdes menées en faveur de leur coreligionnaire Samory.

Le colonel leur demanda de l'aider dans l'achat du mil nécessaire à ses animaux; ils étaient les plus riches propriétaires du pays et les seuls capables de nous fournir de grandes quantités de céréales. Ils promirent ce qu'on voulut, mais ce fut tout. Quand on arrivait à l'exécution, après avoir reçu d'avance tout l'argent nécessaire, ils venaient seulement se répandre en longues doléances sur leur impuissance et leur pauvreté. Nos chevaux et nos mulets étaient réduits à la demi-ration et commençaient à succomber en grand nombre.

Il fallut menacer sérieusement le village pour en

obtenir un peu de mil et quelques manœuvres nécessaires pour les travaux du fort.

Le poste de Bammako se construisait à 500 mètres environ à l'ouest du village. Le 5 février, le colonel Desbordes en avait posé la première pierre et, devant la colonne en armes, avait prononcé un discours où les inquiétudes du présent n'étaient pas dissimulées :

« J'ai voulu vous faire entendre ces paroles à Bammako, au moment le plus périlleux peut-être de notre campagne, car l'orage gronde tout autour de nous. Cela ne nous empêche pas de voir les choses avec calme et sang-froid ».

Ces paroles n'étaient que trop justifiées. Les Maures, apathiques et dédaigneusement indifférents quand il s'agissait de nous, déployaient au contraire la plus grande activité pour la cause de Samory. Titi, mieux que tout autre, était à même de le voir, ses frayeurs devenaient tous les jours plus vives en sentant venir sourdement, malgré notre présence, cette révolte qu'il croyait comprimée et qui menaçait de le perdre avec nous.

Fabou vers le sud continuait ses progrès. Après avoir accumulé des vivres à Bankoumana, à 80 kilomètres de Bammako, il s'avançait, toujours conduit par le fils de Tiékoro, toujours informé par ce dernier, et occupait successivement Dialiba et Nafadié, les villages frontières du Manding. Ses partisans n'étaient plus qu'à une quarantaine de kilomètres sur la rive gauche et, sur la rive droite, ses coureurs arrivaient jusqu'à Sirakoro, en face de Bammako, au bord du Niger, d'où ils nous bravaient.

Le fort de Bammako.

Pendant ce temps, tout le monde était à l'œuvre dans le camp français pour faire avancer rapidement les travaux de ce fort qui marquait notre prise de possession du grand fleuve. Artilleurs et fantassins, officiers et soldats, travaillaient tout le jour à la charpente, à la pierre et au mortier, pendant que les cavaliers allaient chercher dans les environs le mil indispensable à nos animaux. Sous la direction du capitaine Archinard, les puits se creusaient, les murailles s'élevaient, le bois de construction coupé dans la montagne voisine était traîné au poste, et le soir, après le repas, on se plaisait à circuler au milieu des matériaux en désordre, à considérer les progrès de la journée, à faire des vœux pour le prompt achèvement de l'œuvre entreprise.

Cette activité de tous les jours, cet entrain dont ils n'avaient jamais eu le spectacle, émerveillaient les chefs indigènes et ils se rappelaient ces mots que le colonel Desbordes leur avait dit, en leur demandant des manœuvres pour aider ses ouvriers :

« Le travail n'avilit pas et n'est pas indigne d'un soldat. Faites comme nous ; vous verrez sous peu que les Français, s'ils savent se servir de leurs fusils, savent tout aussi bien manier la pelle et la pioche. »

C'était jour de fête lorsque, tous les quinze jours, le courrier apportait des nouvelles de France, vieilles nouvelles, il est vrai, puisqu'elles dataient de deux mois. On se passait les journaux, on se lisait ses lettres, car on devient communicatif quand on est si loin du pays, et le soir, à la nuit close, c'était le tour des petits potins du camp, des bonnes histoires que l'on se contait, allongés sur une natte en regardant les étoiles et en fumant.

La plupart, pour ménager l'eau-de-vie de la ration, car on n'avait pas de vin, achetaient du dolo au village et s'y étaient habitués. Heureux ceux qui pouvaient de temps en temps acheter une calebasse de lait. Mais la civilisation semblait faire de trop rapides progrès dans le village : moins de deux semaines après notre arrivée, on ne pouvait plus acheter que du dolo falsifié avec le tamarin et du lait fortement trempé. Des coquillages, les cauris, la seule petite monnaie qui eût cours, avaient triplé de valeur en huit jours, notre argent était déprécié d'autant : les poulets, par exemple, étaient hors de prix et il fallait avoir la recommandation de Titi pour en trouver un.

Malgré tout, chacun vivait tant bien que mal, avec la ration réglementaire de viande et de biscuit, car le pain manquait aussi, la farine devant être laissée comme approvisionnement du fort.

Celui-ci s'élevait sans que l'entrain se ralentît, mais les maladies s'étaient mises dans cette colonne fatiguée par le soleil et les longues marches : maladies d'autant plus dangereuses que les Européens étaient de jeunes soldats, trop jeunes pour résister longtemps à d'aussi dures épreuves. Il y eut une véritable épidémie : à la fin du mois de mars, il y avait à peine 150 Blancs valides et 200 tirailleurs capables de combattre.

Le Maure Tiékoro suivait d'un œil attentif les progrès des musulmans et l'affaiblissement graduel de la colonne française. Ses menées à Bammako devenaient de moins en moins secrètes, l'autorité de Titi était complètement méconnue : il était visible qu'au premier mouvement offensif de l'ennemi nos derrières ne seraient plus en sûreté.

Samory ne commandait plus lui-même son armée du Manding. Il avait, disait-on, été rappelé vers le sud pour comprimer la résistance non encore lassée des montagnards du Ouassoulou. D'autres pensaient que, malgré sa victoire de Kéniera, il ne se souciait pas de se retrouver lui-même en face des Français, qui pourraient porter un coup fatal à son prestige divin dans un nouveau combat. Enfin des dioulas affirmaient très sérieusement que le prophète était mort depuis plusieurs mois d'une blessure reçue dans un combat et que les chefs tenaient sa mort secrète dans un intérêt facile à concevoir.

Son frère Fabou était à la tête des troupes qui nous étaient opposées. Au commencement du mois de mars, il y eut une alerte. Le village de Sibi dans le Manding avait depuis longtemps demandé notre protection et le colonel Desbordes avait promis au chef de le secourir s'il lui en donnait le temps. Mais les musulmans en deux jours prirent les trois villages, les brûlèrent et l'on apprit presque en même temps à Bammako l'attaque et la perte de Sibi. Quelques jours après, on vit arriver les fugitifs, qui naturellement venaient chercher un abri à l'ombre de notre drapeau. Tâche souvent ingrate, mais toujours glorieuse qui nous est échue dans bien des pays !

L'agitation fut extrême, non pas dans le camp, mais dans le village. Les partisans de Tiékoro ne dissimulaient plus leur joie : ils croyaient que le moment de leur revanche approchait et ne ménageaient pas les menaces à Titi. Celui-ci, interrogé par le colonel qui se plaignait de son apathie, lui déclara que dès ce jour il n'était plus le maître à Bammako, qu'il ne pouvait plus rien, que Tiékoro avait toute l'autorité.

Le colonel Desbordes fit aussitôt venir les trois chefs maures et leur demanda compte de ce qui se passait dans le village. Devant Titi, avec une habileté prodigieuse, un aplomb sans pareil, Tiékoro expliqua que tous ces renseignements étaient faux ; que si son fils conduisait les troupes de Samory dans le Manding, Bammako n'avait rien à craindre, qu'il savait de source certaine que les musulmans n'attaqueraient jamais les Français. Enfin il demanda à prêter solennellement serment sur le Koran que ses paroles étaient la pure expression de la vérité : et il jura ainsi que ses frères.

Le colonel pouvait donc jusqu'à un certain point croire à la sincérité de ces hommes; pourtant leurs relations avec l'ennemi étaient prouvées. Le 30 mars, des nouvelles plus inquiétantes et désormais certaines arrivaient au camp français et démontraient la duplicité de Tiékoro; il était évident que par la solennelle cérémonie du serment il n'avait voulu qu'endormir la vigilance des Français pendant les dernières opérations de l'ennemi.

En effet, Fabou venait de quitter les derniers villages du Manding; il s'avançait résolument contre notre colonne, disant qu'il l'avait trop longtemps attendue, et que puisque les Français n'allaient pas à lui, il allait à eux. En même temps, il avait envoyé un de ses lieutenants, Fassina, dans le Bélédougou, avec une forte bande, afin de couper notre ligne de ravitaillement et d'enlever notre petit poste de Guinina. Ainsi nous nous trouvions entre trois ennemis diversement dangereux : l'armée de Fabou, forte d'environ trois mille hommes qui s'avançait sur la rive gauche du Niger; Bammako en armes et hostile derrière nous et la colonne de Fassina qu'on disait nombreuse et qui nous coupait la retraite.

Comme nous l'avons dit, les Français comptaient à peine 350 combattants. Il semblait même qu'en ce moment tout concourût à rendre notre situation critique : les nouvelles du Kaarta et du Ségou étaient inquiétantes; on écrivait de Badoumbé et de Kita que les cavaliers de Nioro étaient en route pour le sud, que toute notre longue ligne de Bafoulabé à Koundou était menacée.

Le colonel Desbordes pourvut d'abord, autant qu'il le pouvait, aux événements qui se préparaient dans le Bélédougou et y envoya le capitaine Piétri avec quatre-vingts hommes pour protéger Guinina [1]. Puis, comme Fabou n'était plus qu'à six kilomètres du poste, il fit saisir les deux Maures Tiékoro et Sidikoro et, pour les punir de leur trahison, autant que pour priver les rebelles de leurs chefs, il les fit fusiller au moment même où la colonne s'ébranlait pour marcher à la rencontre de l'ennemi. C'était le 2 avril.

Quelques spahis avaient été envoyés en reconnais-

1. Voir le récit précédent, page 355.

sance du côté de Fabou. Celui-ci était arrivé avec ses troupes sur le marigot Oueyako. Il l'avait pris comme ligne de défense : ce cours d'eau sinueux, bordé d'une épaisse végétation et presque à sec, formait un fossé naturel des mieux choisis, derrière lequel l'ennemi pouvait être inexpugnable. Vers neuf heures la colonne, comprenant 250 hommes, se déployait devant cette position et engageait l'action. Au centre le capitaine Fournier, avec ses tirailleurs, aborde le marigot, malgré un feu très vif, le franchit d'un élan admirable et réussit à se maintenir dans la position conquise. L'infanterie, les canonniers ouvriers, à droite et à gauche, soutiennent la lutte avec un ennemi dix fois supérieur en nombre, caché dans les broussailles, abrité derrière chaque accident de terrain. Aussi notre feu a peu d'effet, la consommation de cartouches devient énorme. L'ennemi, loin de reculer, profite de son grand nombre et nous déborde des deux côtés. Le temps s'écoulait et les musulmans, devenant plus hardis à chaque instant, menacent de nous envelopper entièrement. Sur l'ordre du colonel, les tirailleurs repassent le marigot, et se portent à gauche, où l'ennemi était le plus pressant. Enfin, après un dernier effort, on parvient à se dégager, les musulmans reculent et sont rejetés en désordre au delà du Queyako.

« Il était midi, la chaleur était accablante, et les soldats européens tellement épuisés, que plusieurs n'avaient plus la force de mettre leur fusil en joue. Les chevaux des spahis ne tenaient plus debout. »

Les cartouches commençaient même à manquer.

L'ennemi ne se hasardait plus au delà du ruisseau qui le protégeait : alors on forma le carré et on reprit la route du fort. Mais aussitôt les musulmans quittent leur abri et s'avancent pour nous suivre dans notre retraite. Il fallut encore s'arrêter et combattre pour les repousser quand ils devenaient trop pressants. Leurs cavaliers n'en continuaient pas moins à suivre les Français et à les inquiéter. Le carré marchait lentement, en bon ordre. Après cette trop longue lutte, les Européens se traînaient sous le soleil accablant de midi; quelques-uns, incapables de faire un pas de plus, comme pris de désespoir, se jetaient à terre, sur le bord du sentier, refusaient de se lever, d'aller plus loin malgré les prières et les objurgations des officiers, malgré la mort affreuse qui les attendait s'ils tombaient entre les mains de l'ennemi : il fallait les soulever, les pousser, les sauver malgré eux.

La colonne mit deux heures pour faire les six kilomètres qui séparent le Oueyako du fort; mais elle rentra sans laisser personne en arrière.

Telle fut la première journée; elle était indécise, car, bien que notre retraite fût volontaire, nous n'avions pas réussi à déloger l'ennemi des bords du marigot. Il suffisait à Fabou de n'avoir pas été vaincu pour que son orgueil et sa jactance s'en accrussent démesurément. Malgré les pertes énormes qu'il avait subies et que l'on connut plus tard, il chanta victoire, promit de nous chasser bientôt de Bammako et, en attendant, s'établit solidement sur le Oueyako, en fortifia les rives par des palissades et des murs en pierre sèche et développa son camp depuis le Niger jusqu'à la montagne sur une étendue d'environ trois kilomètres.

Mais le moral de ses troupes avait été fortement atteint dans ce premier combat : nos armes à longue portée les avaient effrayées et les désertions devinrent nombreuses dès le lendemain. Il fut obligé d'établir des postes d'hommes sûrs le long de sa ligne de retraite, une manière de prévôté, afin de couper la route aux fuyards et de les ramener au camp. Il n'en faisait pas moins belle contenance devant nos avant-postes et parlait en vainqueur.

Lorsque Fassina revint du Bélédougou d'où il avait été chassé par le détachement français qui y avait été envoyé, il s'emporta contre son lieutenant et le traita de lâche. Dans sa fureur, il fit exécuter immédiatement deux des Bambaras faits prisonniers après l'affaire du Boudanko et qui, dans la poursuite, s'étaient égarés le soir dans les rochers des monts de Sibi [1]. Le troisième était un griot; il fut reconnu à une griffe qu'il portait suspendue au cou et qui sert à pincer de la guitare. Le meurtre d'un griot porte malheur à celui qui l'ordonne. Fabou n'osa donc pas le faire mourir; il l'envoya comme émissaire au colonel Desbordes; mais pour bien montrer aux Français que cet homme venait de sa part, il le marqua en quelque sorte de son cachet barbare : il lui fit trancher la main gauche d'un coup de sabre, lui mit dans la main droite le membre coupé et lui intima l'ordre de dire aux Français : « Désormais

1. Voir le récit précédent.

nous savons ce que valent vos canons; allez-vous-en. »

Entre le Oueyako et le fort de Bammako, à 1500 mètres environ de ce dernier, la plaine est coupée par le lit d'un ruisseau presque à sec à ce moment de l'année. C'est sur ce ruisseau que veillaient nos avant-postes. Tous les jours on voyait du fort les cavaliers ennemis arriver à une centaine de mètres de là, tirailler, exécuter une fantasia brillante devant nos sentinelles, puis se retirer. C'était leur manière de faire une reconnaissance. Il avait été défendu de tirer sur eux. L'ennemi prenait confiance de plus en plus. Ses cavaliers arrivaient par bandes d'une centaine deux fois par jour à des heures fixes : ils jouaient régulièrement ce qu'on appelait dans le camp français leur petit acte; ils revenaient aussi vers minuit, mais à cette heure-là il était permis à quelques soldats toujours gouailleurs de demander des lampions.

Malgré ces plaisanteries, un énervement général gagnait la colonne; ces coups de feu, ces alertes fréquentes, bien que prévues, fatiguaient outre mesure ceux qui restaient encore en bonne santé et qui veillaient à la sûreté du camp : il fallait en finir. On avait été quelques jours sans nouvelles du détachement qui battait le Bélédougou, au moment où il avait poussé une pointe jusqu'à Sibi. Mais le 9 avril il rentrait, après avoir chassé Fassina, châtié Douabougou, et la colonne se trouvait complète, rassurée maintenant sur ses derrières et sur sa ligne de ravitaillement. Elle pouvait donc livrer un combat décisif aux musulmans.

Le colonel Desbordes ne songea pas à les attaquer de front, se doutant bien que c'est de ce côté-là qu'ils l'attendaient et qu'ils avaient préparé les défenses les plus sérieuses. Nous avons dit que l'ennemi occupait tout le cours du Oueyako, depuis le fleuve jusqu'à la montagne ; mais il était insuffisamment gardé de ce côté. Le ruisseau, après être tombé dans la plaine, passe dans un défilé très étroit compris entre le pied de la montagne et une hauteur isolée, et assez abrupte. On peut traverser le marigot dans ce défilé et l'on devait se trouver, après l'avoir franchi, justement sur les derrières de l'ennemi. Ce défilé était si facile à défendre, que le colonel hésita longtemps avant de se décider à s'y engager. Mais la nécessité s'en imposait : c'était le seul passage praticable à nos animaux et il avait été reconnu depuis un mois par les officiers d'artillerie qui allaient y surveiller la coupe du bois de charpente.

Le 12 à quatre heures du matin on partit; la nuit était encore noire, le sentier à peine visible; au point du jour on arrivait en vue du passage redouté que l'avant-garde devait enlever à tout prix. L'éveil ne semblait pas encore avoir été donné à l'ennemi, on marchait avec prudence, fouillant tous les fourrés où une sentinelle aurait pu se cacher. Enfin on aborde le marigot où l'avant-garde, croyant voir des ennemis au milieu de l'épaisse végétation de ses rives, fait quelques feux de peloton, puis traverse au pas de course.

Un quart d'heure après, toute la colonne s'était formée dans la plaine, au delà du Oueyako et marchait directement sur le camp de Fabou, dont toutes les défenses étaient tournées. Les musulmans, vivement surpris par notre attaque qui leur venait du côté où ils l'attendaient le moins, ne réussirent même pas à se mettre en ligne.

Dès les premiers coups de feu, leurs troupes se dispersèrent, partie du côté de la montagne, partie du côté du fleuve. Fabou lui-même ne se sauva qu'avec la plus grande peine, se cachant dans les rochers de la montagne, où il grimpa lestement et d'où il put le surlendemain gagner Nafadié à pied.

Parmi ses soldats courant en désordre dans la plaine, l'affolement était si grand, qu'on en vit venir se précipiter au milieu de nos spahis, qui les sabrèrent. Une seule bande de trois à quatre cents hommes fit mine de résister de loin; mais elle n'attendit pas l'attaque et deux coups de canon suffirent pour la disperser. Elle prit sa course en désordre vers le sud-ouest.

La poursuite immédiate était impossible et n'aurait abouti d'ailleurs qu'à une course inutile; nos cavaliers explorèrent pendant une heure les sentiers vers Nafadié et Dialiba et ne purent ramener que deux ou trois prisonniers.

La colonne campa au bord du fleuve, dans le camp des musulmans. Les gens de Bammako, aujourd'hui tous ralliés, y ramassèrent quantité d'effets et de calebasses de mil et de riz que l'ennemi n'avait pas pu emporter dans la précipitation de sa fuite. Ils se hasardèrent même à poursuivre sur l'autre rive du fleuve quelques valets de l'armée qui, partis au fourrage avant l'attaque, rentraient après la défaite.

Bammako était donc dégagé, grâce à une manœuvre hardie, sans perte aucune. La victoire fut célébrée par les indigènes d'une manière solennelle. Titi lui-même vint le lendemain sur la place du poste avec ses femmes et ses griots, et offrit aux vainqueurs une grande représentation chorégraphique, un grand tamtam, où il ouvrit le bal à la mode bambara. Karamako-bilé y assistait et tenait à montrer, par sa présence, qu'il répudiait les intrigues passées de ses frères et qu'il épousait franchement notre cause.

Mais la campagne ne devait pas finir là. Fabou occupait, menaçant encore, plusieurs villages du Manding, sur la frontière du Bammako. Dans une expédition de dix jours, la colonne occupa successivement ces villages, les brûla avec tous les approvisionnements qu'ils contenaient et poursuivit l'ennemi jusqu'à Bankoumana, à vingt lieues de notre fort. Là Fabou passa sur la rive droite. Comme adieu on le bombarda dans un village riverain du fleuve où il s'était réfugié et qu'il quitta en toute hâte pour chercher vers l'intérieur du pays un abri plus sûr.

CONCLUSION

Nous sommes loin du temps où Mungo-Park lançait sur le Niger à Sansandig la grossière embarcation qu'il appelait : *Sa Majesté le Dioliba*. Aujourd'hui une canonnière à vapeur, *le Niger*, transportée par pièces jusqu'à Bammako, flotte sur le grand fleuve et pourra peut-être porter notre pavillon jusqu'à Tombouctou. Le cours du Niger sera donc à nous, si nous voulons. Mais est-ce à dire pour cela qu'il n'y ait plus d'efforts à faire?

Sans parler du chemin de fer qui reste interrompu, c'est maintenant au contraire que l'œuvre proprement dite de colonisation doit commencer et qu'il faut continuer plus que jamais avec persévérance les travaux d'exploration.

La quatrième campagne du Haut-Sénégal (1883-84), dirigée par le colonel Boilève, a affermi notre ligne de communication du Sénégal au Niger. Un nouveau poste, celui de Koundou, a été fondé; de larges sentiers carrossables ont été pratiqués et traversent les régions où, il y a deux ans, nos bêtes de somme avaient peine à passer ; une ligne télégraphique relie depuis un an Bammako à Bakel.

Les caravanes peuvent circuler sans crainte sous la protection de nos forts et le Bélédougou commence à entrer dans le rayon d'action du Sénégal : grâce à la paix, le travail reprend, le pays devient productif.

Mais la situation politique se modifie rapidement au delà du Niger. Le roi de Ségou et Samory sont maintenant en guerre ouverte. Les hostilités commencées entre les musulmans des deux races ennemies, il est difficile de prévoir à qui restera définitivement l'avantage ; cependant on peut prédire à coup sûr que la lutte sera longue et désastreuse pour le pays qui en est le théâtre. Le résultat le plus clair, quel que soit le vainqueur, ce sera la ruine complète de ces populations déjà si fortement éprouvées par la conquête toucouleure.

Pillage et massacres d'abord, misère et esclavage ensuite, tant que la rive droite du Niger ne sera pas un désert comme le Fouladougou, et que nous resterons spectateurs impassibles de ces bouleversements. Fort heureux encore si le Bélédougou, aujourd'hui entièrement soumis à notre influence, ne se laisse pas gagner par les promesses de Samory en haine des Toucouleurs et ne se lasse de notre immobilité et de notre apparente impuissance.

Il faut donc nous hâter de prévenir tous ces maux ; il faut surtout se convaincre que Bammako n'est que l'entrée du Soudan. C'est le Niger qui appelle les grandes entreprises industrielles et agricoles; c'est dans son vaste bassin que se feront les exploitations minières les plus avantageuses et les transactions commerciales les plus importantes.

Les renseignements que l'on a sur ce pays ne permettent pas d'en douter. Mais ces renseignements doivent être étendus, complétés ; c'est ce qui exige de longues études, des explorations multipliées, afin de ne rien laisser au hasard et de permettre à nos traitants et à nos ouvriers de s'y avancer à coup sûr, sans tâtonnements.

L'œuvre est laborieuse sans doute et de longue haleine. Mais qui a jamais pu penser qu'une colonie, même d'exploitation, pût se créer en quatre ans? Les Anglais, qu'on cite comme des maîtres en fait de colonisation, ne retiraient encore que quelques livres de laine de l'Australie après quarante ans d'occupation. Et ils n'avaient pas eu à vaincre d'abord les obstacles que nous avons dû surmonter au Soudan!

Il se passera donc encore quelques années avant que l'occupation du Niger produise tous les fruits qu'on doit en attendre. Encore faut-il que ces travaux d'exploration longue et minutieuse soient accomplis.

Car, tant qu'on se contentera des résultats acquis aujourd'hui, tant qu'une bonne route ne rejoindra pas le Niger à l'Océan, les hommes à courte vue, les détracteurs systématiques, pourront se croire le droit de dire, comme ils font, que le jeu n'en vaut pas la chandelle.

FIN

NOTES

NOTE I

Pendant que ce livre était sous presse (décembre 1884), quelques événements importants se sont passés sur les bords du Niger. Le roi Ahmadou aurait réuni une forte armée et aurait pris la route du nord vers Nioro, comme en 1873. Les habitants du Bélédougou auraient essayé cette fois de lui barrer le passage, et lui auraient livré bataille en rase campagne, dans les environs de Niamina. Les Toucouleurs auraient réussi à passer, mais ce n'aurait pas été sans de grandes pertes. Un grand nombre de leurs chefs, parmi lesquels Abdoul Hamadi et Tierno Alassane, dont nous avons parlé dans notre récit de Nango (page 229), auraient péri. Actuellement le roi de Ségou serait dans le nord du Bélédougou ou peut-être dans le Nioro. Il aurait laissé la garde de sa capitale à son fils Madani et au kountigui Baffi.

Pendant ce temps, la guerre vers le sud-ouest continue toujours avec Samory; ce n'est pour le moment qu'une guerre de razzias. Mais tous les petits combats qui s'y livrent semblent favorables au prophète mallinké, qui s'avance lentement vers Ségou.

NOTE II

SUR LA COMMUNAUTÉ D'ORIGINE
DE LA LANGUE DES PHOULS ET DE CELLE DES WOLOFS

Dans l'aperçu historique (page 18), j'ai donné comme certaine la similitude du poular (langue des Phouls) et du wolof. Cette assertion est nouvelle et doit être prouvée.

Le général Faidherbe, dans son *Essai sur la langue Poul*, a posé la question en indiquant un certain nombre de points de contact entre ces deux langues et celle des Sérères, peuplade voisine des Wolofs. Le *sérère-none*, qui est incontestablement une langue sœur du wolof, présente même des analogies plus nombreuses que celle-ci avec le poular. Je ne cite ce fait que pour mémoire, ne connaissant pas assez le sérère pour y chercher des arguments qui pourraient s'ajouter à ceux que je donne : je ne m'occuperai donc ici que du poular et du wolof.

La phonétique des deux langues est la même, l'accentuation des mots identique. Mais les Wolofs ont un son de plus, le *kh* (*jota* espagnol). Ce son existe en mandingue.

J'emploie ici des lettres qui laissent peut-être à désirer au point de vue phonographique, mais elles sont familières au lecteur français [1].

Les consonnes inconnues au français sont, outre le *kh* : le D et le T mouillés, que j'écrirai ici : *Dj* et *Tj*. — J, consonne qui devra se prononcer comme *y*, ou comme le *j* italien ; — W anglais.

---

[1]. Il existe un alphabet phoul (arabe modifié) en aval de Tomboucton dans les royaumes de Gands et de Sokoto. Rien de tel dans le Massina jusqu'au Sénégal.

Le G est toujours dur comme dans *gâter*.

Le son *u* (français) n'existe pas.

Le fouds des deux langues se compose de radicaux monosyllabiques et clos, c'est-à-dire formés d'une voyelle entre deux consonnes. Les exceptions sont rares en poular et le plus souvent apparentes. Chez les Wolofs, elles sont plus nombreuses; on peut constater que plusieurs d'entre elles proviennent d'emprunts faits au mandingue.

Le wolof emploie souvent le radical tel quel, surtout sous forme de verbe, et il en marque les temps et les modes au moyen de particules ou de pronoms toujours isolés du radical.

Le poular use beaucoup plus rarement du radical isolé. Ce dernier, tout en restant invariable, est suivi presque toujours par des terminaisons qui marquent les temps, et précédé par un pronom isolé pour indiquer la personne. Lorsque dans les deux langues on veut former un mot avec un radical donné, on y ajoute seulement un ou plusieurs suffixes. C'est là une règle absolument générale et qui permet, étant donné un mot, d'en dégager immédiatement le radical, qui n'est autre chose que la première syllabe close. Cette recherche, souvent compliquée et incertaine dans d'autres langues, se fait donc ici avec la plus grande simplicité.

Le radical n'est soumis à aucune flexion proprement dite : mais il convient de citer une règle commune aux deux langues, d'après laquelle on peut admettre souvent deux et quelquefois quatre formes du même radical.

Lorsque ce dernier contient les consonnes W, H, H (aspiré), J, Ph, R, S, chacune de celles-ci se change respectivement en ses correspondantes B, G, K, Dj, P, D, Tj en poular, en passant du singulier au pluriel et du verbe au nom; et en wolof, en passant du singulier au pluriel rarement, du verbe au dérivé le plus souvent.

Ainsi *Dan* et *Ran* sont les deux formes du radical qui veut dire *blanc*; *Rew* et *Deb* sont les deux formes du radical qui veut dire *suivre* ou *obéir*; *Sew*, *Tjew*, *Tjeb* et (probablement) *Seb* sont quatre formes du même radical dont le sens est : *mince, délié*, etc.

Ces consonnes correspondantes ne permutent jamais qu'entre elles; nous avons pourtant une exception à signaler. Le W de certains radicaux est si faiblement accentué, qu'il disparaît et ne se retrouve que dans la forme du pluriel ou d'un dérivé. Dans ce cas, il se confond quelquefois avec l'H très faiblement aspiré, ce qui a amené pour certains mots qui le contiennent l'usage de sa corrélative G.

Ainsi le radical WOD (rouge) se confond quelquefois avec HOD, ce qui lui permet de revêtir les deux autres formes BOD et GOD correspondantes.

On dit :
 imbé *wod*ébé.   hommes rouges.
 houderé *hod*dioudé.   pagne rouge.
 djarli *bod*ehi.   juments rouges
 neddo *god*dioudo.   homme rouge.
 etc.

(Faidherbe, *Essai sur la langue Poul*).

C'est l'usage de ces consonnes correspondantes et d'une espèce de rime voulue et cherchée entre le mot et l'adjectif qui donne au poular sa douceur et sa sonorité si remarquables.

Le wolof, le plus souvent, ne possède pas toutes les formes variées du poular, et la règle de l'accord par rime, notamment, lui est inconnue.

Ce radical presque toujours isolé donne les verbes; la règle de la correspondance des consonnes ne s'y retrouve qu'en germe pour ce qui regarde le changement de nombre, mais elle y est très développée pour les noms dérivés du verbe :

 Phal, établir chef.   *Mpal,* dignité, emploi.
 Sop, aimer.   *Ntjophel,* amour.

De plus, il emploie ces mêmes consonnes à un usage connu aussi en poular. Il forme avec elles des mots dont les sens ont plus ou moins d'affinité, mais où l'association d'idées pour passer de l'un à l'autre est très simple :

Ex :   *Ladjdé*, boiter.   *Ladjal*, délai (Poular).
           Daw, courir.   *Raw*, dépasser (Wolof).

quelquefois les sens des deux mots sont complètement opposés :

    Bondo, sauvage.   *Wonadé*, apprivoiser (Poular).
    Damou, se vanter.   *Ramou*, s'humilier (Wolof).

Ces exemples sont à citer, et nous aurons à y revenir lorsque nous comparerons les deux vocabulaires. C'est aussi pour cet objet que nous avons développé avec quelques détails ces considérations sur les consonnes correspondantes.

Le wolof possède un article ; mais ce n'est pas, comme dans notre langue, une particule qui donne au nom un sens général dans l'espèce. Ce n'est à proprement parler qu'un pronom démonstratif, avec une indication un peu plus générale que *ce, cette* : Ainsi *gor gi, gor ga* veut dire : l'homme ici près ou qui est là-bas.

En poular, l'article semble avoir été agglutiné avec le nom pour former un mot unique. *Gorko*, l'homme ou un homme.

« Les conjugaisons des verbes, dit le général Faidherbe, ont bien une analogie générale, parce qu'il s'agit de langues sans flexions ; mais il n'y a pas identité dans les détails. »

La conjugaison en wolof ne dépend que de quelques particules isolées du verbe proprement dit, que l'on trouve invariable presque à tous les temps et à tous les modes. En poular, il y a des désinences qu'à l'oreille on peut croire jointes au radical. Celui-ci n'en est pas moins invariable sous ses deux formes, celle du singulier et celle du pluriel.

Il n'y a rien à signaler dans les règles de syntaxe ; il n'y en a pour ainsi dire pas. Les mots se suivent dans l'ordre logique : sujet, verbe, attribut.

La comparaison des pronoms nous amènera à celle du

vocabulaire. Je ne considérerai que les pronoms personnels, ceux qu'un peuple oublie le plus difficilement à travers toutes les vicissitudes qu'il a traversées et malgré toutes les conquêtes.

En wolof, si l'on ne tient pas compte des particules qui servent à la conjugaison du verbe, on trouve *man*, moi; *yo* ou *ya* (dans certaines provinces) ou *nga*, toi; *mom*, lui, dont les correspondantes en poular sont : *min*, *a* ou *ka*, *ombo*, *ommo* ou *mo*.

Il y a identité pour la première et la troisième personne, doute pour la deuxième.

Cependant il faut remarquer que le pronom de la deuxième personne usité avec le verbe est *nga* pour le wolof et *ka* pour le poular : *Wolof nga*, tu es wolof; *handé ka paydo*, aujourd'hui tu es gras (dicton poular pour reprocher à quelqu'un son ingratitude).

Ces deux pronoms ont un air de parenté très visible.

Quant au pluriel des pronoms, les formes en sont très nombreuses; elle varient d'une langue à l'autre, et il est difficile d'y trouver un élément commun. Ajoutons que ces personnes, surtout la deuxième du pluriel, sont assez peu usitées.

Avant d'aborder le vocabulaire, considérons la numération parlée, qui nous offrira des analogies remarquables.

Un, en poular, se dit *goo*; en wolof, *ben*, *wen*, *gen*: c'est plutôt un adjectif qu'un nom de nombre; il n'y a pas identité, mais on retrouve la racine *goo* dans le mot wolof *gew* qui veut dire *unir*, aussi bien que dans ce mot français *on* trouve la racine *un*.

Les noms des nombres suivants sont : *didi*, *tati*, *nahi djot* en poular, *njar*, *njat*, *njanent*, *djorom* en wolof.

Si l'on ne tient pas compte pour les trois premiers de la consonne *nj* destinée seulement à accentuer fortement la voyelle initiale du mot, il reste comme partie essentielle du mot *ar*, *at*, *anent* (l'accent est sur l'*a*), caractérisés de même que le poular : deux par la consonne *d* ou sa correspondante *r*, trois par *t*, quatre par *n*.

Quant au nombre *cinq*, les deux mots ont la même racine que l'on trouve dans *djongo*, main.

De cinq à dix, on compte dans les deux langues : Cinq et un, cinq et deux, etc. — Dix a un nom particulier et différent pour les deux langues; celui du wolof *fouk* vient du berbère *fous* (mains.) — Vingt se dit en wolof *nit*, qui veut dire aussi homme dans la même langue, et en poular *nogass*, forme adverbiale de la racine *gass*, qui veut dire : être complet, fini. Ce mot serait donc une abréviation pour : un homme complet (les deux mains et les deux pieds).

Les nombreuses analogies que nous avons remarquées jusqu'à présent entre les deux langues, si elles ne donnent pas encore la preuve certaine de leur commune origine, fournissent au moins quelques présomptions. En tout cas, remarquons que nous n'avons trouvé aucune différence radicale qui, *à priori* et sans même s'occuper des vocabulaires puisse faire rejeter notre hypothèse.

La comparaison des vocabulaires va maintenant compléter notre démonstration. D'après la manière dont sont formés les radicaux du poular, étant donné le nombre de consonne et les six voyelles dont dispose cette langue, il est visible qu'il ne peut pas en exister plus de sept cent vingt-six distincts, en tenant compte de la propriété des consonnes correspondantes.

Parmi ces radicaux, le vocabulaire du général Faidherbe en fournit un peu moins de trois cents, qui sont les plus usités de la langue; ce nombre a pu être porté jusqu'à trois cent cinquante environ, au moyen du vocabulaire de Barth. C'est donc la moitié à peu près des radicaux poulars qu'on a pu comparer avec les mots wolofs pris dans le vocabulaire du général Faidherbe et dans le dictionnaire des RR. PP. de Saint-Joseph de Ngasobil.

Je dois énoncer d'abord le principe qui a servi de base à cette comparaison. Qu'en se rappelle la règle qui régit, dans les deux langues, la permutation des consonnes correspondantes. D'après cela, il est logique d'appliquer la même règle pour deux radicaux en passant d'un idiome à l'autre, c'est-à-dire d'admettre qu'un radical contenant une consonne d'une série en poular se retrouve en wolof avec la consonne correspondante de l'autre série.

Je vais en donner un exemple :

En poular, *Wadadé poutjou* veut dire aller à cheval; en wolof, *War phas* exprime la même idée.

Les radicaux *Wad* et *War* sont identiques, malgré le changement du *d* en *r*, qui est sa consonne correspondante, en passant d'une langue à l'autre.

Les mots *poutjou* et *phas* (cheval) vont nous donner une autre preuve de la légitimité de nos déductions. Ainsi, d'après le général Faidherbe, le mot poular *poutjou* aurait été fourni par les Berbères, dont les Phouls ont reçu le cheval. Il en est de même des Wolofs, qui, en transportant dans leur langue le même mot berbère, ont employé les consonnes correspondantes à celles du poular. En effet, *ph* correspond au *p* et l'*s* au *tj* comme nous l'avons vu : de manière que la même racine donne *poutj* en poular et *phas* en wolof. Les Sérères ont adopté un mot intermédiaire, *pis*.

Je ne puis, dans cette courte note, citer tous les mots communs aux deux langues. Je me contenterai de les diviser en quatre classes et de donner des exemples pris dans chacune d'elles.

1° Mots identiques ayant le même sens;

2° Radicaux formés de consonnes correspondantes et ayant le même sens ou un sens analogue;

3° Radicaux formés de même, et ayant des sens dérivant d'une même idée primitive.

4° Radicaux formés de même, et ayant des sens absolument opposés.

1° Le radical identique dans les deux langues est le plus souvent isolé en wolof et suivi, en poular, d'un suffixe.

Poular. *Bondé*, être mauvais.   Wolof. *Bon*, être mauvais (verbe).
       Bondo, sauvage.   mauvais (adjectif).
       Gorko, homme, mâle.   *Gor*, homme, mâle.
       Mounjdé, attendre.   *Mounj*, être patient, patience.
       Mounjal, patience.

Il est bon de remarquer que, pour cette classe de mots comme pour les autres, le sens d'un mot dans une langue donne souvent une explication naturelle de certaines dénominations dans l'autre. Ainsi, le chat s'appelle dans le Fouta *Oulloundou* (Faidherbe) et sur le Niger *Mousourou* (Barth). En wolof, le même animal s'appelle *Oundou* et *Mous* et ce radical veut dire : rusé, hypocrite.

Nous avons trouvé quarante radicaux de cette première classe.

2° Le nombre des radicaux de la deuxième classe est à peu près double.

En voici quelques exemples :

Poular. *Bardé*, appuyer.
    Bourdé, valoir mieux.
    Horé, kowhé, tête.
    Kawnido, extraordinaire.
    Phaltadé, distinguer.

Wolof: *Wer*, appuyer.
    Bour, roi, *borom*, chef.
    Kaw, sommet, dessus.
    Kawtef, prodige.
    Phal, établir chef.
    Phouli, être établi chef.
    Phoul, prudence.

Il ne serait pas impossible que nous eussions avec cette dernière racine le sens même du nom qui sert à désigner la nation des Phouls. Tous les peuples, on le sait, se sont donné la dénomination qui s'appliquait à la qualité la plus admirée chez eux.

Les *Torodos* portent un nom dont la racine *tor, ter, ted*, se retrouve en wolof avec le sens de fétiche, vénérable, honorable; et en poular *ted* forme *teddindé*, honorer, et *torurel*, vénérable (Barth).

Le vocabulaire wolof peut nous donner la signification de quelques autres noms de peuples ou tribus du Sénégal.

Djoli, célèbre, *djaloré*, belle action, ont une racine commune, qui existe aussi dans *Djallo*, nom de la première des tribus phoules et dans *Djola* et *Djolof*, noms de peuples wolofs.

Le radical *ser, tjer, tjed* existe en poular dans *tjerno*, marabout, homme grave et dévot; en wolof dans *serigne*, chef et *tjerigne*, marabout. Ces titres si considérés doivent très probablement leur origine au même radical que l'on trouve dans le nom des *Sérères* et dans celui des *Tjedos*, guerriers très renommés du Kayor, bien que ces derniers ne soient pas musulmans.

Le nom des *La(w)obé* veut dire à peu près vagabonds, hommes du sentier. Car *law* veut dire en wolof s'étendre en rampant de tout côté et *la(w)ol* en poular veut dire sentier.

Nous avons attribué plus haut au mot *Phoul* le sens de prudence et de supériorité. Pour Barth au contraire, *Phoul* voudrait dire rouge, par opposition à *Wolof* qui voudrait dire noir.

Rouge se dit *bodedjo* en poular et *khonkh* en wolof, et *Phoul* veut si peu dire rouge, qu'il existe sur les bords du Sénégal une tribu phoule de teint plus clair que les autres dont on appelle les membres *Wodebés*, c'est-à-dire les rouges. Quant au mot *noir*, il se dit en wolof *njoul* et en poular *baledjo*, pluriel *walebé*. Le radical du poular peut en effet être considéré comme semblable à celui du wolof, *Walo*; mais *njoul* s'en éloigne sensiblement.

3° Dans cette classe, les sens des radicaux dans les deux langues ont un lien commun, dérivent d'une idée commune qui, dans la langue originelle, devait être exprimée par ce même mot dont l'acception est aujourd'hui un peu différente.

Ex : *Mourtoudé*, se révolter.   Wolof : *Mer*, colère.
                                                         Meré, se fâcher.
        Moumdé, être muet.   *moumin*, enfant qui ne
        Moumel, animal.   sait pas encore parler.
        Nangé, soleil.   *nanj*, briller.
        Sawrou, bâton.   *tjaw*, donner des coups
                                                     de bâton.

Parmi ces mots, il y en a en poular dont la désinence est *gal*, réservée spécialement à tout outil, à tout ce qui sert d'instrument : *kabirgal*, arme, *djardougal*, pipe, etc.; la règle est générale. Plusieurs parties du corps humain portent des noms avec cette même terminaison : *demgal*, langue; on trouve en wolof le même radical *dem* sous les formes suivantes : *do dom*, langue pesante (*do* particule négative); *damu* (emphatique), se vanter : c'est la langue qui est employée à cet usage; d'où l'on peut conclure que le mot poular *demgal* veut dire : l'instrument de la parole. Il est curieux de comparer ce radical *dem* ou *dom* avec le nom de l'enfant, *dom* en wolof, qui voudrait dire bavard, sens identique avec celui du mot *biddo*, enfant, en poular, ce dernier mot ayant été formé du verbe *Widdé*, dire.

Nous citerons encore les exemples suivants :

En poular, femme se dit : *Debbo*, de *Rewdé*, suivre ou obéir.

Cette même racine se retrouve en wolof dans les mots : *Rewli*, assister une femme en couches; *Raw*, virginité; *Debbaouel*, animal domestique; *Rawandou*, chien en poular, et en wolof *Rab*, animal.

En wolof, femme se dit : *Djigen*; dans la même langue, *djih* veut dire : être bon, *djek*, être beau, charmant; le même radical en poular avec les consonnes correspondantes est *Jihdé*, aimer, vouloir; *djikou*, caractère.

Nous avons compté quarante-deux radicaux de ce genre dans la troisième classe.

4° Dans celle-ci, le nombre en est très faible : nous ne pourrions en citer plus de sept ou huit; mais, parmi les radicaux des trois premières classes, on en trouve un certain nombre qui, outre les sens plus ou moins voisins dont nous avons déjà parlé, ont encore des acceptions absolument opposées. Ici nous citerons :

Madé, bâtir (*Mawdé*, *a* long).	Wolof : *Mab*, s'écrouler.
Timtoudé, se découvrir (en parlant du ciel).	*Timou*, être obscur, ténébreux.
Tidjadé, espérer.	*Todjlé*, désespérer.

En faisant la somme, nous trouvons que sur les trois cent cinquante radicaux comparés, il y en a au moins cent soixante-dix communs ayant un sens identique, analogue ou dérivé. Et parmi ces derniers, on trouve les plus usuels, ceux qui composent pour ainsi dire la langue courante.

Nous ne doutons pas que le nombre des radicaux communs ne puisse être augmenté de beaucoup ; il suffira pour cela de mieux étudier le poular ou de recueillir le vocabulaire des différents dialectes. C'est ainsi que le vocabulaire de Barth, composé entre le Niger et le lac Tchad, nous a permis de constater un certain nombre de ressemblances que le vocabulaire du Fouta ne pouvait nous donner.

Ainsi le mot *bedgol*, aube (Barth), nous permet de classer parmi les racines communes aux deux langues les mots wolofs *bir*, clair (employé dans cette phrase : *bet bir*, l'œil est clair, à l'aube); *ber*, jour (clarté); *ver*, lune, dont la clarté a un certain rapport avec celle de l'aube.

Tous ces mots que nous venons de comparer ont un grand nombre de composés, dont les sens dérivés ne peuvent être compris quelquefois qu'en se reportant aux usages des indigènes.

Ce qui au premier abord semble établir une grande différence entre les deux idiomes, tellement que les indigènes eux-mêmes n'en voient pas les points de contact, c'est que chacun des deux peuples a pris dans le fonds commun un mot différent pour désigner souvent le même objet, après avoir fait subir au radical une légère altération de sens.

Ainsi, en poular, soleil se dit *Nangé* et en wolof *Djent*. Les deux mots diffèrent, mais le radical *nan* n'en est pas moins resté en wolof, où l'on trouve *nanj*, briller vivement; et le poular s'est servi du radical *Djen* pour former le mot *Djengol*, feu. Du reste le wolof lui-même possède *jendj*, flamber fortement, et *djandjaj*, flamme.

De même, pour désigner la lune, nous avons vu que le wolof l'a caractérisée par la clarté qu'elle donne, *Ver*, tandis que le phoul, déjà nomade peut-être aux temps antiques et plus exposé aux intempéries et aux froids de la nuit, lui a donné un nom qui rappelle la fraîche température inséparable d'un ciel serein : le même radical rappelle les grands feux qu'il était obligé de faire pour se réchauffer. Aussi, en poular, lune se dit-il : *lewrou*; *lewlewndou*, flamme; *leggal* (*lewgal*), bois à brûler.

En wolof, *liw* veut dire froid et un mot très proche *lahi*, (*lawi*), rosée, serein.

Ces différences me semblent une preuve qu'il n'y a pas eu d'emprunts d'une langue à l'autre; car le caractère constant d'un mot qui passe dans une langue étrangère, c'est que, bien ou mal prononcé, il est admis en bloc et on ne prend pas le soin d'en extraire le radical pour en user et le modifier comme s'il appartenait au fonds même de la langue. On peut trouver des mots qui ont passé à une époque récente du poular dans le wolof. Les Phouls, on le sait, ont introduit le bœuf dans le Soudan occidental; les Wolofs l'ont reçu d'eux; ils leur ont pris aussi le nom *nag* et certaines dénominations relatives à la couleur du poil. Ainsi un bœuf noir s'appelle *balé* en wolof; ce n'est que le mot poular *baledjo* tronqué sans souci d'isoler le radical.

Les divergences que nous avons constatées dans l'emploi des divers radicaux prouvent au contraire que les deux peuples les ont puisés à une source commune dont les deux langues sont issues, les développant ensuite chacun d'eux suivant leur génie propre.

Le wolof, nous l'avons vu, contient toutes les règles du poular, mais non pas développées avec autant de généralité. On les y trouve pourtant toutes en germe. La prédominance du monosyllabe, la conjugaison du verbe à peine esquissée lui donnent l'apparence d'un poular archaïque qu'un événement extraordinaire aurait brusquement arrêté dans son développement naturel. Nous savons par d'autres exemples que, lorsqu'un peuple se fractionne et qu'une de ses parties émigre au loin de manière qu'elle n'ait plus aucune relation avec la souche-mère, elle conserve la langue primitive avec beaucoup moins d'altération que le peuple dont elle s'est séparée; chez celui-ci le langage continue son développement normal, tandis que l'idiome isolé reste comme un témoin de l'état primitif. C'est ainsi que les Canadiens ont conservé les mots et les tournures usités en France au xvii® siècle, et maintenant vieillis chez nous et oubliés.

Le wolof a conservé notamment une espèce de mots sans analogues en poular : ce sont des monosyllabes qui par eux-mêmes n'ont qu'un sens très vague, ne sont jamais employés isolés, et ne prennent un sens bien défini que lorsqu'ils sont précédés par la particule *né*, avec laquelle ils entrent dans la phrase dont ils renforcent l'idée. Ce devaient être là ces radicaux types inventés par ces hommes à l'origine du langage, mots qui exprimaient par un son monosyllabique très simple une idée assez vague et qui devait suffire à des êtres naissant à peine à la société humaine.

Ces monosyllabes joints à *né* forment à peu près ce que nous appelons un adverbe. Ainsi *koutj* ne donne par lui-même qu'une idée très vague de faim ; *né koutj* devient presque un adverbe et sert à renforcer l'idée, comme dans la phrase suivante : *Lek bé bir*, qui veut dire manger jusqu'à satiété ; *Lek bé bir né koutj* devient : manger gloutonnement.

Ces monosyllabes se retrouvent en poular, mais agglutinés à des suffixes qui leur donnent un sens précis. *Koutj* a formé *hodjédé*, avoir faim, et *kodjado*, affamé.

Quant à la particule *né*, le poular en offre l'analogue *no*, qui sert à former des adverbes : ainsi de *fotdé*, être égal (en quantité), on a tiré *nofoti*, combien.

La conclusion de cette comparaison, ainsi que je l'ai dit dans l'aperçu historique, c'est que les deux langues ont une souche commune : on peut même ajouter, à en juger par la différence des progrès réalisés par l'une et par l'autre, que la scission entre les deux peuples doit dater d'une époque très lointaine et que, pendant de longs siècles, les Wolofs se sont trouvé complètement isolés des Phouls.

C'est pendant cette longue période que, sur les bords de

l'océan Atlantique, les nombreux mélanges occasionnés par les déplacements, les invasions, le voisinage des Mandingues, la promiscuité avec les captifs sans cesse renouvelés de la race aborigène, ont fait perdre aux Wolofs toute trace du type originel. Les quelques gouttes de sang phoul restées pures pendant la migration se sont noyées dans celui de la race mandingue.

C'est ainsi qu'on pourrait expliquer d'une manière plausible ce phénomène d'une race nègre parlant la langue des hommes rouges. Et d'ailleurs, lorsque les Wolofs se sont séparés des Phouls, ne pouvait-il pas déjà y avoir chez eux un fort mélange avec d'autres races nègres? Rappelons-nous à ce sujet cette tradition existant chez les Phouls, d'après laquelle les Wolofs et les Sérères ne seraient que leurs anciens esclaves révoltés et fugitifs, comme le furent plus tard les Déniankés, qui, on le sait, n'étaient pas des Phouls de race pure.

On ne peut pas admettre, comme le suppose Barth, que le Fouta fut le berceau de la race phoule, non seulement parce que c'est contraire à toutes les traditions, mais aussi parce que l'état actuel des deux langues que nous avons comparées montre que les Phouls ont dû vivre pendant longtemps complètement séparés des Wolofs. A moins pourtant que l'on ne suppose qu'ils aient été chassés du Fouta à une époque très reculée vers l'est, d'où ils seraient revenus ensuite à leur point de départ après avoir essaimé jusqu'au Darfour et au Nil Bleu. Mais ce serait là une supposition gratuite, dont l'idée peut seulement être suggérée par le retour actuel vers l'ouest et sur le Niger des peuplades du Sénégal, après avoir rencontré la barrière infranchissable de l'océan Atlantique.

Pour nous, cette communauté d'origine des deux langues n'est qu'une preuve des migrations des races phoules vers l'ouest du Soudan, antérieurement à celles des Torodos et des Déniankés.

TABLE DES MATIÈRES

APERÇU HISTORIQUE
SUR LES RACES ET LES PEUPLES DU SOUDAN OCCIDENTAL

Uniformité des mœurs chez toutes les peuplades sédentaires de la Sénégambie et du Niger. — Race des Phouls. — Race mandingue, empire de Malli. — Métis Mandingo-Phouls. — Migrations des Phouls. — Wolofs, Sérères et Torodos. — Empire de Soni. — Dispersion des Soni-nkés. — Conquête du Fouta par les Phouls Déniankés. — Les Phouls se répandent dans le bassin du Haut-Niger et en Sénégambie. — Les Bamanas. — Empires musulmans fondés par les Mandingo-Phouls. — Situation actuelle des peuplades sénégambiennes.. 1

VOYAGES ANTÉRIEURS A 1880

Mungo-Park. — Premier et second voyage. — Sa mort. — René Caillié. — Son apprentissage chez les Maures du Sénégal. — Voyage à travers le bassin du Niger. — Tombouctou. — Raffenel. — Le Kaarta. — Retour forcé. — Ses idées sur la colonisation de l'Afrique. — Le général Faidherbe, gouverneur du Sénégal. — Premiers travaux. — Mage et Quintin sur le Niger. — Leur séjour à Ségou. — L'empire toucouleur.. 37

MÉDINE

Le prophète Al-Hadj Oumar. — Son voyage à la Mecque. — Retour dans le Fouta-Diallon. — Conquête du Kaarta. — Le Khasso est menacé. — Duranton et Sadioba. — Sambala. —

Fondation du poste de Médine. — Paul Holle. — Siège entrepris par les Toucouleurs. — Prise de l'îlot. — Blocus du village et du fort. — Héroïsme des défenseurs de Médine. — Leur délivrance.................................... 63

LES FILS DU PROPHÈTE

Mort d'Al-Hadj Oumar. — Ahmadou, roi de Ségou. — Abibou et Moctar, fils d'Aïssata. — Déclaration de guerre d'Abibou. — Il se joint à Moctar. — Indécision de Mountaga. — Marche d'Ahmadou sur Nioro. — Moctar à Birou. — Abibou s'avance pour délivrer son frère. — Le salam de l'armée. — Bataille de Birou. — Les deux rebelles prisonniers............ 95

TOKONTA

Le massif de Kita. — Les confédérations mallinkés. — Relations de Tokonta avec les caravanes et avec les Toucouleurs. — Le dolo. — Les Griots. — Une fête à Kita. — Origine et progrès de Goubanko. — Pillages réciproques avec Kita. — Siège de Goubanko. — Défaite de l'almamy de Mourgoula et de Tokonta. — Une palabre orageuse.................. 125

OUALIHA

La palabre. — Départ pour Oualiha. — Attaque. — Le siège. — Arrivée du capitaine Gallieni à Bafoulabé. — Tiécoro. — Prise du village.. 149

DIO

La mission du Haut-Niger. — Kita et le Fouladougou. — Entrée dans le Bélédougou. — Guisoumalé. — Daba. — La mission à Guinina. — Préparatifs de Nampa. — Arrivée de la mission à Dio. — Inquiétudes et départ. — L'embuscade. — Combat de Dio. — Occupation des ruines. — Convoi perdu. — La poursuite. — Halte pendant la tempête. — Arrivée à Guiningoumé. — Bammako.................................. 171

NANGO

Passage du Niger par la mission Gallieni. — Son arrivée à Nango. — Premières déceptions. — La vie chez les nègres du Ségou. — L'ânesse sacrée. — Le dolo. — Nama. — Condition des femmes. — L'armée du roi de Ségou. — Situation critique des Toucouleurs à Ségou. — Les expéditions vers le

Sud. — Négociations avec le roi. — Arrivée de son favori à Nango. — Fête et palabres. — Lenteurs. — Retour de la mission Gallieni.. 205

KOUMO

Niagassola. — Les tribus nègres. — Mambi. — Désordres de Koumo. — Sa fuite de Niagassola. — Séjour à Goubanko. — Son voyage à Nioro. — Arrivée à Médine. — Les maîtres de langue. — Koumo tirailleur. — Première expédition du colonel Desbordes. — Epidémie à Médine. — Arrivée à Kita. — Hostilité manifeste de Goubanko. — Désertion de Koumo. — Palabre nocturne. — Attaque et prise de Goubanko. — Mort des capitaines Pol et Marchi................... 239

KÉNIERA

Le prophète Samory. — Voyage du lieutenant Alakamessa à Galaba. — Siège de Kéniera. — La colonne française à travers le Manding. — Passage du Niger. — Découragement des indigènes. — Prise de Kéniera par les musulmans. — Les vainqueurs sont surpris par les Français. — Combat. — État de la ville après le siège......................... 271

SAMBOU

L'esclavage au Soudan. — Captivité de Sambou. — Ses fuites fréquentes. — Voyage de la caravane. — Les marchands d'esclaves. — Sambou vendu au Toucouleur Birama. — Travaux des champs. — Révolte des esclaves. — Leur fuite. — Les esclaves dans le désert. — Découragement. — Leur capture par des Mallinkés. — Leur arrivée à Kita. — La justice française... 304

DABA

Situation du Bélédougou. — Les Français sur le Ba-Oulé. — Les tirailleurs. — Mari Siré. — Marche sur Daba. — Préparatifs de ce village. — Arrivée de la colonne à Sognimabougou. — L'avant-garde à Daba. — La brèche. — L'assaut. Résistance énergique des habitants. — La crémation des morts. — Epilogue............................... 329

DOUABOUGOU

Les Dosémanas. — Ngolo Traouéré chez Samory. — Invasion du Manding. — Fassina dans le Bélédougou. — Attaque de la ligne de ravitaillement des Français. — Affaire de Falani. Détachement français à la poursuite de Fassina. — Sibi et Kassaba. — Combat du Boudanko. — Marche sur Douabougou. — Destruction de ce village.................. 353

BAMMAKO

Situation politique du village. — Le chef Titi. — Les Maures commerçants. — Accueil fait à la mission Gallieni. — Karamako-bilé. — Divisions suscitées par Samory. — Relations avec le poste de Kita. — Attitude hostile des Maures. — Progrès de Samory. — Le camp français. — Situation critique de la colonne. — Combat du 2 avril sur le Oueyako. — Conséquences. — Déroute du 12 avril. — Fin de la campagne.. 385

Conclusion.. 415

FIN DE LA TABLE DES MATIÈRES

Coulommiers. — Typog. P. BRODARD et GALLOIS.

Les Français au Niger

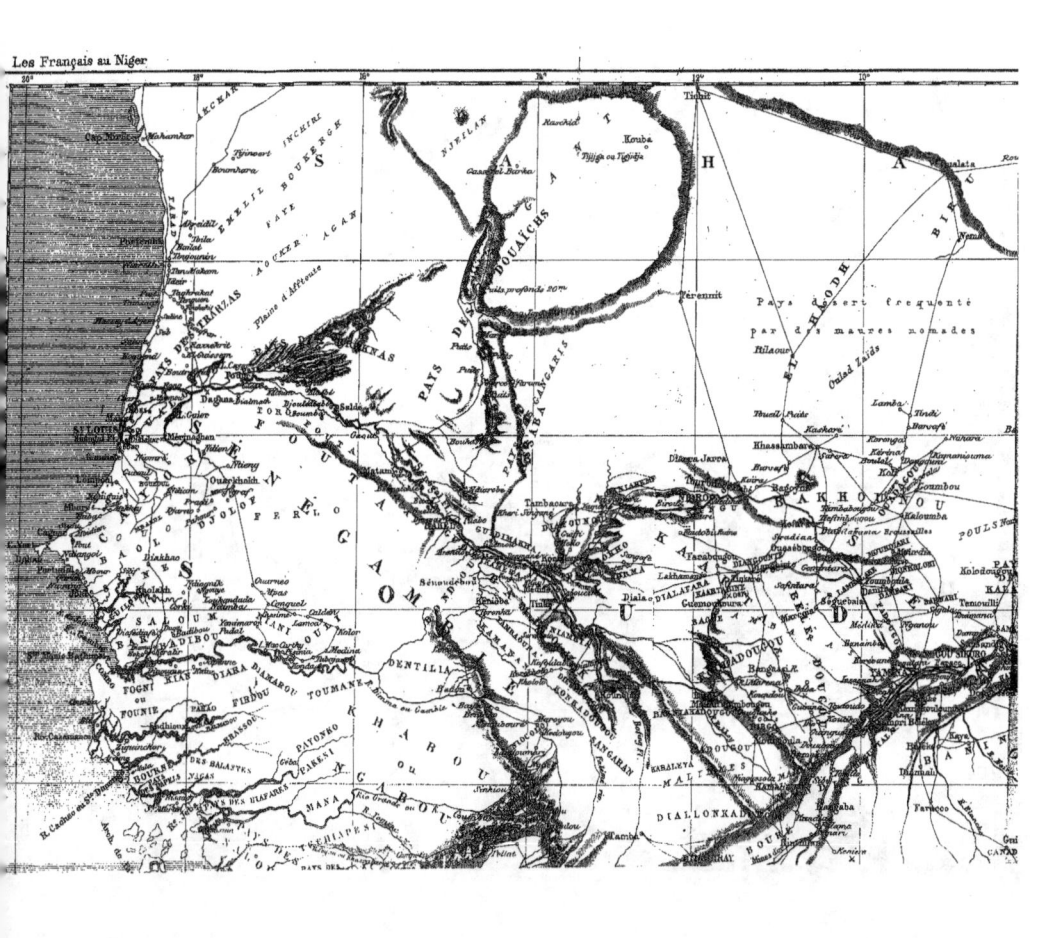

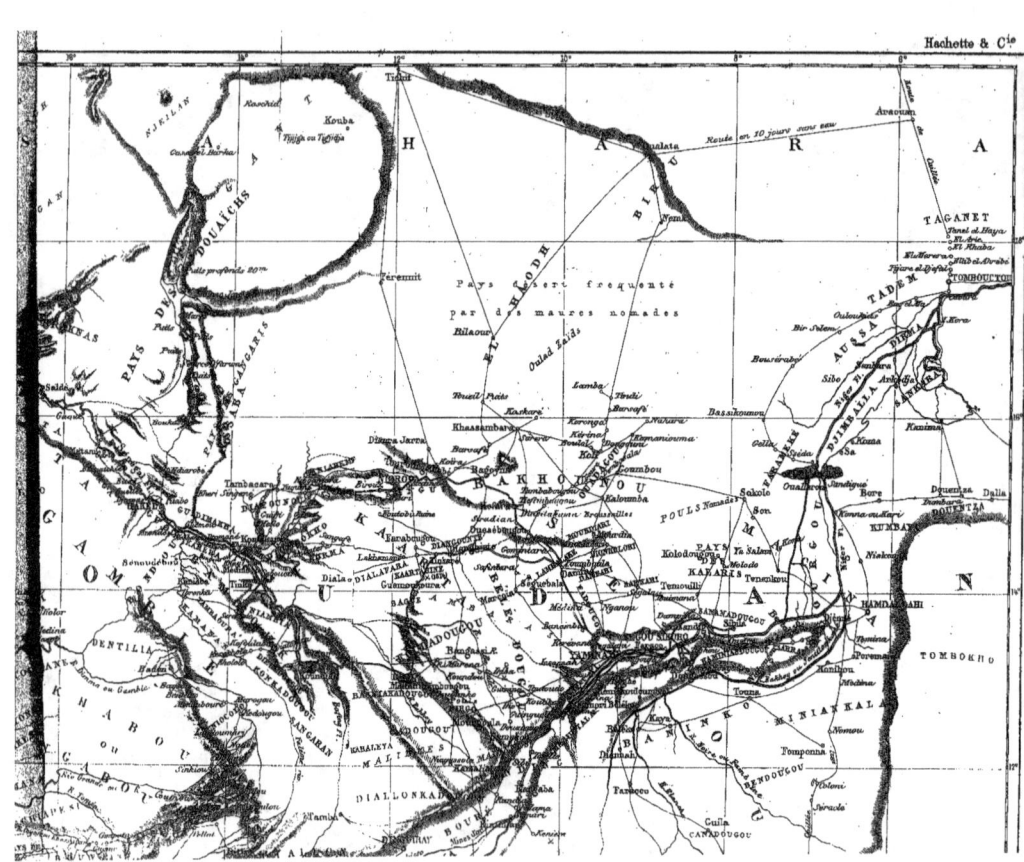

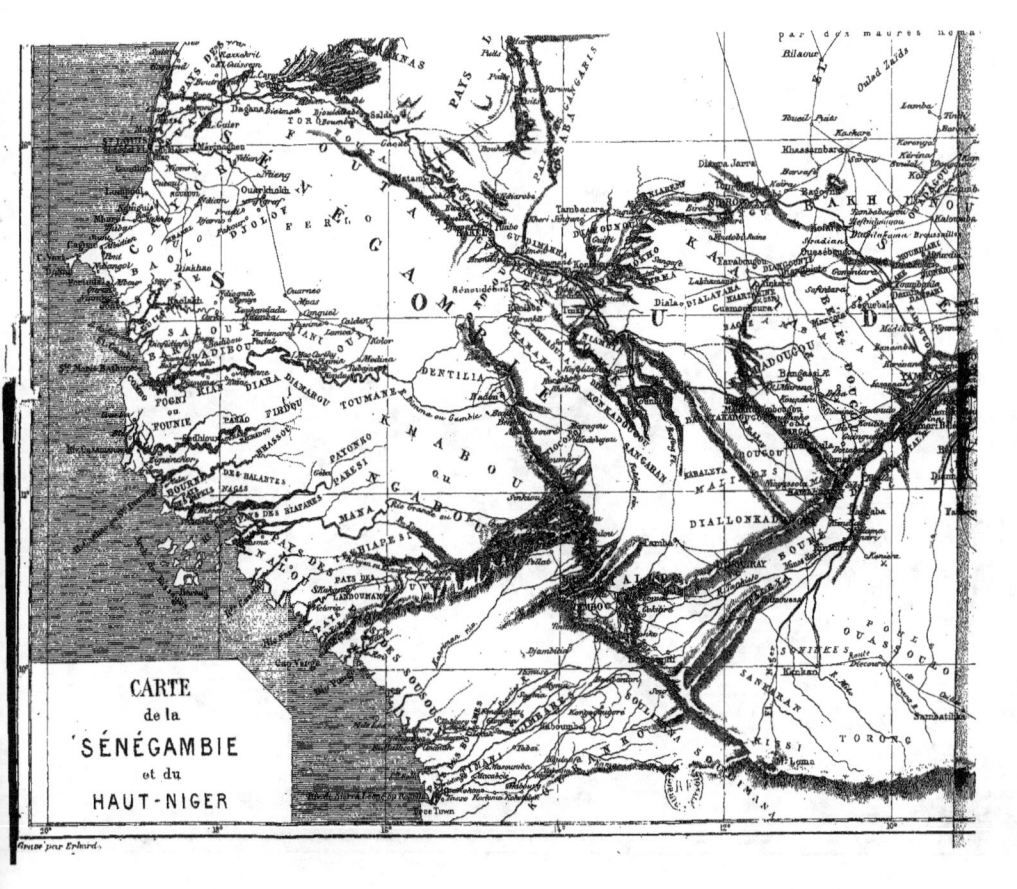

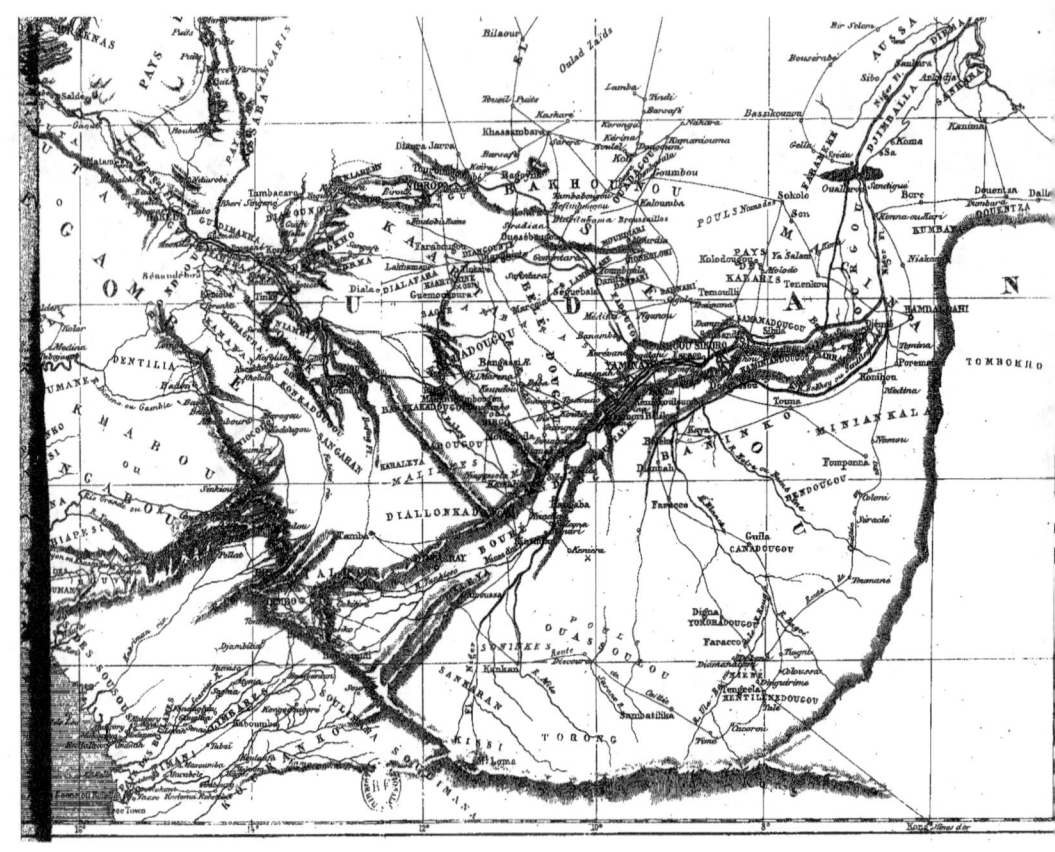

Juillet 1884

CATALOGUE

DES

PUBLICATIONS

GÉOGRAPHIQUES

DE

LA LIBRAIRIE

HACHETTE ET CIE

PARIS, BOULEVARD SAINT-GERMAIN, 79

LONDRES, 18, KING WILLIAM STREET, STRAND

EXPOSITION DE GÉOGRAPHIE DE 1875
LETTRE DE DISTINCTION

EXPOSITION UNIVERSELLE DE 1878
Classe XVI (Géographie), GRANDE MÉDAILLE

CONGRÈS GÉOGRAPHIQUE DE VENISE (1881)
Classe VII (Enseignement), HORS CONCOURS
Classe VIII, MÉDAILLE DE 1re CLASSE

DIVISIONS DU CATALOGUE

I. Publications périodiques.
    Le Tour du Monde... 3
    Nouvelle géographie universelle, par Elisée Reclus....... 4
    Nouveau dictionnaire de géographie universelle, par Vivien de Saint-Martin et L. Rousselet............... 5
    Atlas universel de géographie, par Vivien de Saint-Martin et Fr. Schrader.. 6

II. Atlas manuel de géographie moderne..................... 7

III. Carte de France au 1/1.250.000......................... 8

IV. Dictionnaires et atlas.................................. 9

V. Nouvelle carte de France au 1/100.000 dressée par le service vicinal par ordre du Ministre de l'Intérieur..... 10

VI. Collection des Guides Joanne........................... 15

VII. Voyages... 17

VIII. Géographie et ouvrages divers........................ 23

IX. Ouvrages d'enseignement. — § 1. Livres classiques...... 25
       —   § 2. Atlas................. 27
       —   § 3. Cartes murales....... 29

X. Bons points géographiques. — Cartes muettes ardoisées... 31

I
PUBLICATIONS PÉRIODIQUES

LE
TOUR DU MONDE

NOUVEAU JOURNAL HEBDOMADAIRE DES VOYAGES

PUBLIÉ SOUS LA DIRECTION DE M. ÉDOUARD CHARTON

ET TRÈS RICHEMENT ILLUSTRÉ PAR NOS PLUS CÉLÈBRES ARTISTES

Les vingt-quatre premières années sont en vente (1860-1883).
Les années 1870 et 1871 ne formant ensemble qu'un seul volume, la collection se compose actuellement
de vingt-trois volumes, qui contiennent plus de 13,500 gravures.

CONDITIONS DE VENTE ET D'ABONNEMENT

Un numéro comprenant 16 pages in-4, plus une couverture réservée aux nouvelles géographiques, paraît le samedi de chaque semaine. — Prix du numéro : 50 centimes. — Les 52 numéros publiés dans une année forment 2 volumes qui peuvent être reliés en un seul. Prix de chaque année brochée en un ou deux volumes, 25 fr. Prix de l'abonnement pour Paris et pour les départements : un an, 26 fr.; six mois, 14 fr. — Prix de l'abonnement pour les pays étrangers qui font partie de l'Union générale des postes : un an, 28 fr.; six mois, 15 fr. — Les abonnements se prennent du 1er de chaque mois.

Le cartonnage en percaline se paye en sus : en 1 volume, 3 fr.; en 2 volumes, 4 fr. — La demi-reliure chagrin, tranches dorées : en un volume, 6 fr.; en 2 volumes, 10 fr. — La demi-reliure chagrin, tranches rouges semées d'or : en 1 volume, 7 fr.; en deux volumes, 12 fr.

Une table analytique et alphabétique des 20 premiers volumes est en préparation.

NOUVELLE GÉOGRAPHIE UNIVERSELLE

LA TERRE ET LES HOMMES

PAR

ÉLISÉE RECLUS

Environ 15 volumes grand in-8

EN VENTE

Tome I : **L'Europe méridionale** (*Grèce, Turquie, Roumanie, Serbie, Italie, Espagne et Portugal*), contenant 4 cartes tirées à part et en couleurs, 75 gravures sur bois et 174 cartes insérées dans le texte.

Tome II : **La France**, contenant une grande carte physique de la France, 10 cartes en couleurs, 200 cartes insérées dans le texte et 69 grav. sur bois.

Tome III : **L'Europe centrale** (*Suisse, Autriche-Hongrie et Empire d'Allemagne*), contenant 10 grandes cartes tirées à part et en couleurs, environ 200 cartes insérées dans le texte et 78 gravures sur bois.

Tome IV : **L'Europe septentrionale**. Première partie : Nord-Ouest (*Belgique, Hollande, Îles Britanniques*), contenant 8 grandes cartes tirées à part et en couleurs, 205 cartes insérées dans le texte et 81 grav. sur bois.

Tome V : **L'Europe scandinave et russe**, contenant 9 cartes tirées à part et en couleurs, 200 cartes insérées dans le texte et 76 gravures sur bois.

Tome VI : **L'Asie russe**, contenant 8 cartes tirées à part et en couleurs, 182 cartes insérées dans le texte et 80 gravures sur bois.

Tome VII : **L'Asie Orientale**. 1 vol. contenant 7 cartes tirées à part et en couleurs, 162 cartes insérées dans le texte et 90 gravures.

Tome VIII : **L'Inde et l'Indo-Chine**. 1 vol. contenant 7 cartes tirées à part et en couleurs, 203 cartes insérées dans le texte et 90 gravures.

Tome IX : **L'Asie antérieure**. 1 vol. contenant 1 carte d'ensemble, 5 cartes tirées à part et en couleurs, 200 cartes insérées dans le texte et 90 grav.

Prix de chaque volume, broché, 30 fr.; richement relié avec fers spéciaux, tranches dorées, 37 fr.

EN COURS DE PUBLICATION

Tome X : **L'Afrique septentrionale**, 1 vol.

Mode et conditions de la publication :

La *Nouvelle Géographie universelle* de M. Élisée Reclus se composera d'environ 900 livraisons, soit quinze beaux volumes grand in-8. Chaque volume, comprenant la description d'une ou de plusieurs contrées, formera pour ainsi dire un ensemble complet et se vendra séparément.

Les souscripteurs, selon leurs ressources ou leurs études, pourront donc se procurer isolément les parties de ce grand ouvrage dont ils auront besoin, sans s'exposer au regret de ne posséder que des volumes dépareillés.

Chaque livraison, composée de 16 pages et d'une couverture, et contenant au moins une gravure et une carte tirée en couleurs, et généralement plusieurs cartes insérées dans le texte, se vend 50 centimes.

Il paraît régulièrement une ou deux livraisons par semaine depuis le 8 mai 1875.

NOUVEAU DICTIONNAIRE
DE
GÉOGRAPHIE UNIVERSELLE

CONTENANT

1º LA GÉOGRAPHIE PHYSIQUE :

Description des grandes régions naturelles, des bassins maritimes et continentaux, des plateaux des chaînes de montagnes, des fleuves, des lacs, de tous les accidents terrestres ;

2º LA GÉOGRAPHIE POLITIQUE :

Description circonstanciée de tous les États et de toutes les contrées du globe ; tableau de leur province et de leurs subdivisions ; description des villes et en particulier de toutes les villes de l'Europe ; vaste nomenclature de tous les bourgs, villages et localités notables du monde ; population d'après les dernières données officielles ; forces militaires ; finances, etc., etc. ;

3º LA GÉOGRAPHIE ÉCONOMIQUE :

Indication des productions naturelles de chaque pays, de l'industrie agricole et manufacturière ; du mouvement commercial, de la navigation, etc. ;

4º L'ETHNOLOGIE :

Description physique des races ; nomenclature descriptive des tribus insulées, études sur les migrations des peuples, la distribution des races et la formation des nations ;

5º LA GÉOGRAPHIE HISTORIQUE :

Histoire territoriale des États et de leurs provinces ; description archéologique des villes et de toutes les localités notables ;

6º LA BIBLIOGRAPHIE :

Indication des sources générales et particulières, historiques et descriptives ;

PAR
M. VIVIEN DE SAINT-MARTIN
Président honoraire de la Société de géographie de Paris.
ET L. ROUSSELET

Mode et conditions de la publication :

Le *Nouveau Dictionnaire de géographie universelle* formera quatre magnifiques volumes in-4, même format que le *Dictionnaire de la Langue française de M. Littré*, imprimés sur trois colonnes. Chaque volume contiendra environ 100 feuilles, soit 800 pages.

La publication a lieu par fascicules de 10 feuilles (80 pages). — Chaque fascicule se vend 2 fr. 50 c. — Il paraît environ 4 fascicules par an depuis 1877. Vingt-quatre fascicules sont en vente.

Le tome Iᵉʳ, comprenant 11 fascicules (lettres A-C), forme un volume in-4. — Prix, broché : 27 fr. 50 c. ; relié : 32 fr. 50 c.

Le tome II comprenant 13 fascicules (lettres D-J) forme un volume in-4. Prix : broché, 32 fr ; relié, 37 fr.

ATLAS UNIVERSEL
DE GÉOGRAPHIE

MODERNE, ANCIENNE ET DU MOYEN AGE

CONSTRUIT D'APRÈS LES SOURCES ORIGINALES ET LES DOCUMENTS
ACTUELS, VOYAGES, MÉMOIRES, TRAVAUX
GÉODÉSIQUES, CARTES PARTICULIÈRES ET OFFICIELLES

AVEC UN TEXTE ANALYTIQUE

PAR M. VIVIEN DE SAINT-MARTIN
Président honoraire de la Société de géographie de Paris,

ET FR. SCHRADER

Environ 110 cartes in-folio

GRAVÉES SUR CUIVRE PAR NOS MEILLEURS ARTISTES SOUS LA
DIRECTION DE MM. ET. COLLIN ET DELAUNE

Mode et conditions de la publication :

L'Atlas universel de géographie moderne, ancienne et du moyen âge est publié par livraisons. Chaque livraison contient trois cartes accompagnées de notices sur les documents qui auront servi à leur construction et se vend 6 francs.

Le prix de chaque carte prise séparément variera selon l'importance des frais de fabrication. — Ce prix, en aucun cas, ne sera inférieur à 2 fr. 50.

Les quatre premières livraisons qui sont en vente comprennent les cartes suivantes :

Livraison	Carte	Prix de chaque carte séparément
1re LIVRAISON	Carte du ciel................................	2 fr. 50
	Turquie d'Europe...........................	2 fr. 50
	Région polaire arctique.....................	2 fr. 50
2e LIVRAISON	Géographie astronomique...................	2 fr. 50
	Suisse......................................	4 fr. »
	Grèce......................................	3 fr. »
3e LIVRAISON	Iles Britanniques (1re feuille, Angleterre)...	3 fr. »
	— (2e feuille, Ecosse, Irlande)	3 fr. »
	Monde connu des Grecs avant Alexandre....	2 fr. 50
4e LIVRAISON	Région polaire antarctique..................	2 fr. 50
	Russie occidentale et Roumanie.............	3 fr. »
	Mexique....................................	3 fr. »

D'autres livraisons sont sous presse.

II

OUVRAGE COMPLET

ATLAS MANUEL

DE GÉOGRAPHIE MODERNE

CONTENANT 54 CARTES IMPRIMÉES EN COULEURS

Un volume in-folio, relié..................... 32 fr.

LISTE DES CARTES COMPOSANT L'ATLAS MANUEL

*(Les cartes doubles sont précédées du signe *.)*

- 1. Système planétaire. — Lune.
- *2. Terre eu deux hémisphères.
- 3. Volcans et coraux.
- 4. Pôle antarctique. — Archipels de Polynésie.
- *5. Pôle arctique.
- 6. Océan Atlantique.
- 7. Grand Océan.
- *8. Europe politique.
- 9. Europe physique hypsométrique. — Massif du Mont-Blanc.
- 10. Côtes méditerranéennes de la France. — Bassin de Paris.
- *11. France physique hypsométrique.
- 12. France. (Partie Nord-Ouest.)
- 13. France. (Partie Nord-Est.)
- *14. France politique.
- 15. France. (Partie Sud-Ouest.)
- 16. France. (Partie Sud-Est.)
- *17. Grande-Bretagne et Irlande.
- 18. Pays-Bas.
- 19. Belgique et Luxembourg.
- *20. Allemagne politique.
- 21. Danemark.
- 22. Suède et Norvège.
- *23. Suisse.
- 24. Italie du Nord.
- 25. Italie du Sud.
- *26. Espagne et Portugal.
- 27. Méditerranée occidentale.
- 28. Méditerranée orientale.
- *29. Presqu'île des Balkans.
- 30. Grèce.
- 31. Hongrie.
- *32. Monarchie Austro-Hongroise.
- 33. Alpes Franco-Italiennes.
- 34. Caucasie.
- *35. Russie d'Europe.
- 36. Pologne.
- 37. Asie Mineure et Perse.
- *38. Asie physique et politique.
- 39. Chine et Japon.
- 40. Indo-Chine et Malaisie.
- *41. Asie centrale et Inde.
- 42. Palestine.
- 43. Région du Nil.
- *44. Afrique physique et politique.
- 45. Algérie.
- 46. Sénégambie. — Côte de Guinée. Afrique du Sud.
- *47. Amérique du Nord.
- 48. Amérique du Sud. (Feuille septentrionale.)
- 49. Amérique du Sud. (Feuille mérid.)
- 50. États-Unis d'Amérique.
- *51. États-Unis. (Partie occidentale.)
- 52. États-Unis. (Partie orientale.)
- 53. Australie et Nouvelle Zélande.
- 54. Amérique centrale et Antilles. — Isthme de Panama.

III

CARTE DE FRANCE

A L'ÉCHELLE DE 1/1,250,000

COMPRENANT LE RELIEF DU SOL
LES VOIES DE COMMUNICATION, CHEMINS DE FER
ROUTES ET CANAUX
LES DIVISIONS ADMINISTRATIVES, ETC.

DRESSÉE

D'APRÈS LES DOCUMENTS OFFICIELS

SOUS LA DIRECTION

DE

VIVIEN DE SAINT-MARTIN

4 FEUILLES COLORIÉES

Prix : 15 francs.

La même, collée sur toile avec gorge et rouleau et vernie.
Prix : 20 fr.

IV

DICTIONNAIRES

ET ATLAS

Bouillet : *Dictionnaire universel d'histoire et de géographie*, contenant : 1° l'histoire proprement dite ; 2° la biographie universelle ; 3° la mythologie ; 4° la géographie ancienne et moderne. Ouvrage revu et continué par M. A. Chassang, inspecteur général de l'Université ; 28° édition entièrement refondue. 1 vol. grand in-8 de 2084 p. à deux colonnes, pouvant se diviser en deux parties, br. 21 fr.

Le cartonnage en percaline gaufrée se paye en sus 2 fr. 75 c. ; la demi-reliure en chagrin, 4 fr. 50 c.
Voir pour l'*Atlas* qui fait suite au Dictionnaire, page 27.

Joanne (P.) : *Dictionnaire géographique, administratif, postal, statistique et archéologique de la France, de l'Algérie et des colonies*, contenant pour chaque commune la condition administrative, la population ; la situation géographique, l'altitude ; la distance des chefs-lieux de canton, d'arrondissement et de département ; les bureaux de poste, les stations et correspondances des chemins de fer et le bureau de télégraphie ; la cure ou succursale ; l'indication de tous les établissements d'utilité publique ou de bienfaisance ; tous les renseignements administratifs, judiciaires, ecclésiastiques, militaires, maritimes, le commerce ; l'industrie ; l'agriculture ; les richesses minérales ; la nature du terrain ; enfin les curiosités naturelles ou archéologiques ; les collections d'objets d'art ou de sciences ; avec la description détaillée de tous les cours d'eau, de tous les canaux, de tous les phares, de toutes les montagnes, et des notices géographiques, administratives, statistiques sur les 86 départements, une introduction sur la France, etc. Nouvelle édition, entièrement refondue (*en préparation*).

— *Petit Dictionnaire géographique de la France*, ouvrage abrégé du précédent ; nouvelle édition. 1 vol. in-16, cartonné en percaline gaufrée. 6 fr.

Vivien de Saint-Martin : *Nouveau dictionnaire de géographie universelle*, contenant : 1° la Géographie physique ; 2° la Géographie politique ; 3° la Géographie économique ; 4° l'Ethnologie ; 5° la Géographie historique ; 6° la Bibliographie.

L'ouvrage formera quatre magnifiques volumes in-4, format du *Dictionnaire de la langue française* de M. E. Littré, imprimés sur trois colonnes. Chaque volume contiendra environ 100 feuilles, soit 800 pages.
La publication a lieu par fascicules de 10 feuilles (80 pages). — Chaque fascicule se vend 2 fr. 50 c. Il en paraît environ 4 par an.
En vente : les vingt-quatre premiers fascicules.
Tome Ier (lettres A-C), 1 vol. comprenant 12 fascicules, broché. 27 fr. 50
Relié. 32 fr. 50
Tome II (lettres D-J), 1 vol. comprenant fascicules, broché. 32 fr.
Relié. 37 fr

— *Atlas universel de géographie moderne, ancienne et du moyen âge*, construit d'après les sources originales et les documents actuels, mémoires, voyages, travaux géodésiques, cartes particulières et officielles, avec un texte analytique. Environ 110 cartes in-folio gravées sur cuivre, sous la direction de MM. Et. Collin et Delaune, et publiées par livraison. Chaque livraison contiendra 3 cartes et se vendra 6 fr. Les quatre premières sont en vente. Le prix de chaque carte variera selon l'importance de la fabrication. Ce prix, en aucun cas, ne sera inférieur à 2 fr. 50.
Voir, pour plus de détails, p. 6.

V

NOUVELLE CARTE DE FRANCE

AU 1/100,000

DRESSÉE PAR LE SERVICE VICINAL
Par ordre du Ministre de l'Intérieur

Cette carte formera environ 600 feuilles de 28 centimètres sur 38.

L'échelle adoptée se prête à une évaluation prompte des distances.

L'emploi de quatre couleurs, le rouge pour les voies de communication et la population, le bleu pour les cours d'eau, le vert pour les bois et les forêts, le noir pour les autres indications, permet de faire ressortir avec une grande netteté les nombreux renseignements que l'on est en droit de demander à une carte à grande échelle.

Il est essentiel, pour qu'un pareil document ne perde pas de sa valeur au bout d'un certain temps, qu'il représente toujours fidèlement et complètement l'état actuel des voies de communication, en lacunes ou construites. L'organisation du personnel du service vicinal, composé de 5,000 agents répartis sur tout le territoire de la France, permet d'assurer la *mise à jour constante* de la carte au 1/100,000.

Un tableau d'assemblage, tenu à la disposition des personnes qui en feront la demande, indique l'état actuel d'avancement de la carte. 134 planches sont actuellement en vente. D'autres feuilles paraîtront à bref délai et la publication suivra un cours régulier.

Chaque feuille se vend séparément 75 centimes.

On peut se procurer, au prix de 5 francs, un carton spécialement établi pour renfermer les feuilles de la Carte.

LISTE DES FEUILLES PARUES AU 1er MAI 1884

Ain.......................	....
Aisne.....................	*Chauny, — Château-Thierry, — Fismes, — Guise, — Laon, — Saint-Quentin, — Soissons, — Vervins.*
Allier....................	....
Alpes (Basses-)..........	....
Alpes (Hautes-)..........	....
Alpes-Maritimes	....
Ardèche..................	....
Ardennes.................	*Château-Porcien, — Givet, — Hautes-Rivières, — Mézières-Charleville, — Rethel, — Sedan, — Vouziers.*
Ariège....................	....
Aube......................	*Aix-en-Othe, — Arcis-sur-Aube, — Nogent-sur-Seine, — Romilly.*
Aude......................	....
Aveyron..................	....
Belfort (territoire de)...	....
Bouches-du-Rhone	....
Calvados.................	*Bayeux, — Douvres-La Délivrande, — Vire.*
Cantal....................	....
Charente.................	*Confolens, — Mansle, — Ruffec.*
Charente-Inférieure..	*Aulnay, — Ré (île de), — Rochelle (La).*
Cher......................	....
Corrèze...................	....
Corse.....................	....
Cote-d'Or.................	....
Cotes-du-Nord...........	....
Creuse....................	*Aubusson, — Bourganeuf, — Souterraine (La).*
Dordogne.................	*Nontron.*
Doubs.....................	....
Drome.....................	....
Eure......................	*Andelys (Les), — Evreux, — Gisors, — Pont-Audemer, — Verneuil.*

Eure-et-Loir............	Chartres, — Châteaudun, — Dreux, — Illiers, — Nogent-le-Rotrou.
Finistère..............	....
Gard...................	....
Garonne (Haute-)......	....
Gers...................	....
Gironde................	....
Hérault................	....
Ille-et-Vilaine.........	....
Indre..................	Aigurande, — Blanc (Le), — Châtillon-sur-Indre, — Valençay.
Indre-et-Loire.........	Amboise, — Chinon, — Loches, — Sainte-Maure, — Tours.
Isère..................	....
Jura...................	....
Landes.................	....
Loir-et-Cher...........	Blois Ouest, — Romorantin, — Vendôme.
Loire..................	....
Loire (Haute-).........	....
Loire-Inférieure.......	Nantes, — Pornic.
Loiret.................	Pithiviers.
Lot....................	....
Lot-et-Garonne........	....
Lozère.................	Florac.
Maine-et-Loire.........	Angers, — Cholet, — Doué-la-Fontaine, — Durtal, — Saumur.
Manche................	Saint-Lô.
Marne..................	Châlons-sur-Marne, — Montmirail, — Reims, Nord, — Reims, Sud, — Sainte-Menehould, — Suippes, — Vertus, — Vitry-le-François.
Marne (Haute-)........	Chaumont, — Langres, Est, — Langres Ouest, — Nogent, — Saint-Dizier, — Wassy.
Mayenne...............	Evron, — Mayenne.
Meurthe-et-Moselle...	Longuyon, — Lunéville, — Metz, — Nancy, — Sarrebourg, — Pont-à-Mousson, — Thionville.
Meuse.................	Bar-le-Duc, — Commercy, — Montmédy, — Stenay, — Vaucouleurs, — Verdun.

Morbihan..................	....
Nièvre....................	....
Nord.....................	Avesnes, — Cambrai, — Cateau (Le).
Oise.....................	Crépy-en-Valois, — Senlis.
Orne.....................	Alençon, — Argentan, — Domfront, — Laigle, — Mortagne.
Pas-de-Calais............	....
Puy-de-Dome.............	....
Pyrénées (Basses-).......	....
Pyrénées (Hautes-).......	....
Pyrénées-Orientales.....	....
Rhone....................	....
Saone (Haute-)..........	Jussey.
Saone-et-Loire...........	....
Sarthe...................	Bonnétable, — Château-du-Loir, — Flèche (La), — Mans (Le) Nord, — Mans (Le) Sud, — Sablé, — Saint-Calais.
Savoie....................	....
Savoie (Haute-)..........	....
Seine.....................	Paris, Est, — Paris, Ouest).
Seine-Inférieure.........	Fécamp, — Havre (Le) Nord, — Havre (Le) Sud.
Seine-et-Marne...........	Château-Landon, — Fontainebleau, — Meaux, — Melun, — Montereau, — Provins.
Seine-et-Oise............	Dourdan, — Etampes, — Mantes, — Pontoise.
Sèvres (Deux-)..........	Bressuire, — Mothe-Saint-Héraye (La), — Niort, — Parthenay.
Somme....................	....
Tarn.....................	....
Tarn-et-Garonne.........	....
Var......................	....
Vaucluse.................	....
Vendée...................	Challans, — Chantonnay, — Fontenay-le-Comte, — Herbiers (Les), — Luçon, — Montaigu, — Noirmoutier (Ile de) Nord, — Noirmoutier (Ile de) Sud, — Roche-sur-Yon (La), — Sables-d'Olonne (Les), — Saint-Gilles-sur-Vie, — Yeu (Ile d').

Vienne................	*Châtellerault, — Lussac-les-Châteaux, — Mirebeau, — Montmorillon, — Poitiers, Est, — Poitiers, Ouest.*
Vienne (Haute-).......	*Bellac, — Limoges, — Rochechouart, — Saint-Yrieix.*
Vosges................	*Neufchâteau.*
Yonne.................	*Sens.*

ATLAS
DU DÉPARTEMENT DE L'AISNE
ET DE SES ABORDS

Composé de 16 feuilles de la Nouvelle carte de France. 1 vol. in-4, cartonné.. 15 fr.

ATLAS
DU DÉPARTEMENT DE LA VENDÉE
ET DE SES ABORDS

Composé de 17 feuilles de la Nouvelle carte de France. 1 vol. in-4, cartonné.. 15 fr.

CARTE
DES ENVIRONS DE PARIS
D'APRÈS LA CARTE DE FRANCE AU 1,1000,000°

Une feuille en couleur.. 1 fr. 50
La même collée sur toile et pliée avec cartons............ 3 fr. 50

VI

COLLECTION DES GUIDES JOANNE

VOLUMES CONSTAMMENT TENUS A JOUR
ET
Accompagnés de nombreuses Cartes, de Plans et de Panoramas.

I. GUIDES DIAMANT

FORMAT IN-32 JÉSUS

FRANCE

Aix-les-Bains, Marlioz et leurs environs. 2 fr.
Biarritz, Bayonne et leurs environs. 2 fr.
Bordeaux, Arcachon, Royan, Soulac-les-Bains. 2 fr.
Boulogne, Berck, Calais, Dunkerque. 2 fr.
Bretagne. 4 fr.
Dauphiné et Savoie. 6 fr.
Dieppe, Le Tréport, Ault, Cayeux-sur-Mer, Le Crotoy et Saint-Valéry-sur-Somme. 2 fr.
Eaux minérales des Vosges. 3 fr.
Environs de Paris. 2 fr. 50
France. 6 fr.
Le Havre, Étretat, Fécamp, Saint-Valéry-en-Caux. 2 fr.
Lyon et ses environs. 2 fr.
Marseille et ses environs. 2 fr.
Mont-Dore (Le), La Bourboule, Royat, Chatelguyon, Saint-Nectaire, Saint-Alyre. 2 fr.
Normandie. 4 fr.
Paris, en français. 2 fr. 50
Paris, en anglais. 3 fr. 50
Pyrénées. 5 fr.
Stations d'hiver de la Méditerranée et Ajaccio. 3 fr. 50
Trouville-Deauville, Honfleur, Villerville, Villers-sur-Mer, Houlgate-Beuzeval, Dives, Cabourg, Lion-sur-Mer, Luc-sur-Mer, Langrune, Saint-Aubin, Courseulles, Asnelles, Arromanches, Port-en-Bessin. 2 fr.
Vals et le Vivarais. 2 fr.
Vichy et ses environs. 2 fr.
Vosges, Alsace, Ardennes, Lorraine, Champagne. 5 fr.

ÉTRANGER

Belgique. 5 fr.
Espagne et Portugal. 5 fr.
Hollande et Bords du Rhin. 5 fr.
Italie et Sicile. 4 fr.
Londres et ses environs. 5 fr.
Rome et ses environs. 6 fr.
Suisse. 6 fr.
Tyrol, Bavière, Autriche, Hongrie. (*Sous presse.*)

II.
GUIDES GRAND FORMAT

1º GUIDES POUR LA FRANCE ET L'ALGÉRIE

Itinéraire général de la France, par A. Joanne :

I. — Paris illustré. 15 fr.
II. — Environs de Paris illustrés. 10 fr.
III. — Jura et Alpes françaises. 15 fr.
IV. — Provence. 7 fr. 50
V. — Corse. 5 fr.
VI. — Loire. 7 fr. 50

VII. — **De la Loire à la Gironde.**
(Sous presse).
VIII. — **Gascogne et Languedoc.**
Prix. 7 fr. 50
IX. — **Pyrénées.** 15 fr.
X. — **Auvergne, Morvan, Velay.**
Prix. 10 fr.
XI. — **Les Cévennes.** (Sous presse).
XII. — **Bretagne.** 10 fr.
XIII. — **Normandie.** 12 fr.
XIV. — **Nord.** 12 fr.
XV. — **Vosges et Ardennes** (Nouvelle édit. en préparation.)
Guide du voyageur en France, par Richard. 12 fr.
Algérie, Tunis, Tanger, par Piesse. 15 fr.
Versailles, par Joanne. 3 fr.
Fontainebleau, par Joanne. 3 fr.
Vernet-les-Bains, Amélie-les-Bains, etc. 2 fr.

2° ITINÉRAIRES ILLUSTRÉS
DES CHEMINS DE FER FRANÇAIS

De Paris à Lyon. 5 fr.
De Lyon à la Méditerranée. 5 fr.
De Paris à la Méditerranée. 9 fr.
Atlas du Chemin de fer de Marseille à Gênes. 1 fr. 50
De Paris à Bordeaux. 4 fr. 50

3° GUIDES ET ITINÉRAIRES POUR
LES PAYS ÉTRANGERS

ESPAGNE ET PORTUGAL
Itinéraire descriptif, historique et artistique de l'Espagne et du Portugal, par A. Germond de Lavigne.
Prix. 18 fr.

EUROPE
Les Bains d'Europe, par A. Joanne et Le Pileur. 12 fr.

SUISSE
Itinéraire descriptif et historique de la Suisse, par P. Joanne. 2 volumes. 15 fr.

ITALIE
Itinéraire descriptif, historique et artistique de l'Italie et de la Sicile, par A. J. Du Pays et P. Joanne.
Italie du Nord. 12 fr.
Italie du Centre. (Sous presse.)
Italie du Sud et Sicile. 15 fr.

ORIENT
Itinéraire de l'Orient, par M. Isambert:
1re partie. — *Grèce et Turquie d'Europe.* 25 fr.
2e partie. — *Egypte, Malte, Nubie, Abyssinie, Sinaï.* 30 fr.
3e partie. — *Syrie et Palestine* (1 vol. et 1 atlas.) 36 fr.

CARTES ET PLANS

Plan de Paris, imprimé en couleur, cartonné. 2 fr. 50
Le même, collé sur toile et plié.
Prix. 4 fr. 50
Carte des environs de Paris, d'après la carte de France au 1/100,000, dressée par le service vicinal, 1 feuille en couleur, collée sur toile et pliée. 3 fr. 50
Carte des chemins de fer français (1883). 1 feuille de 80 cent. de hauteur sur 1 mètre 5 cent. de largeur, collée sur toile. 7 fr.
Carte de France administrative et des voies de communication, dressée sous la direction de Vivien de Saint-Martin. 4 feuilles coloriées, 15 fr.
La même, collée sur toile et vernie. 20 fr.
Carte de la forêt de Fontainebleau, d'après la carte de France au 1/100,000, dressée par le service vicinal, collée sur toile et pliée. 3 fr.
Carte de la Suisse, par Vivien de Saint-Martin, collée sur toile et pliée. 6 fr.
Carte de la Palestine et du Liban, comprenant en outre les régions situées à l'est de l'Anti-Liban, du Jourdan et de la mer Morte, par L. Thuillier, avec le concours de MM. E. Rey et Ad. Chauvet. 1 feuille de 90 cent. de hauteur sur 60 cent. de largeur, collée sur toile. 10 fr.
Les Plages de Normandie : de Cabourg à Yport, d'après la carte de France au 1/100,000 dressée par le service vicinal. 1 carte collée sur toile et pliée. 3 fr.

VII
VOYAGES
§ I. NOUVELLE COLLECTION FORMAT IN-16
AVEC GRAVURES ET CARTES

Chaque vol. : broché, 4 fr. — Relié en percaline, tr. rouges, 5 fr. 50

About (Ed.) : *La Grèce contemporaine* ; 8ᵉ édition. 1 vol. avec 24 gravures.

Albertis (d') : *La Nouvelle-Guinée*, traduit de l'anglais par Mᵐᵉ Trigant. 1 vol. avec 64 gravures et 2 cartes.

Amicis (de) : *Constantinople*, traduit de l'italien par Mᵐᵉ J. Colomb ; 2ᵉ édition. 1 vol. avec 24 gravures.
— *L'Espagne*, traduit par la même ; 2ᵉ édition. 1 vol. avec 24 gravures.
— *La Hollande*, traduit par F. Bernard ; 2ᵉ édit. 1 vol. avec 24 grav.

Belle (H.) : *Trois années en Grèce*. 1 vol. avec 32 gravures et 1 carte.

Cotteau (E.) : *De Paris au Japon à travers la Sibérie*. Voyage exécuté du 6 mai au 7 août 1881. 1 vol. avec 28 gravures et 3 cartes.
— *Un touriste dans l'extrême-Orient*. Japon, Chine, Indo-Chine. 1 vol. avec 24 gravures.

Cameron (V.-L.) : *Notre future route de l'Inde*. 1 vol. avec 29 gravures.

Daireaux (E.) : *Buenos-Ayres, la Pampa et la Patagonie* ; 2ᵉ édition. 1 vol. avec 24 gravures et 1 carte.

David (l'abbé) : *Journal de mon troisième voyage d'exploration dans l'Empire chinois*. 2 vol. avec 32 gravures et 3 cartes.

Garnier (F.) : *De Paris au Tibet*. 1 vol. avec 30 gravures et 1 carte.

Hübner (baron de) : *Promenade autour du monde* ; 7ᵉ édition. 2 vol. avec 48 gravures.

Lamothe (de) : *Cinq mois chez les Français d'Amérique*. Voyage au Canada et à la Rivière Rouge du Nord ; 2ᵉ édition. 1 vol. avec 24 gravures et une carte.

Largeau (V.) : *Le Pays de Rirha-Ouargla*. Voyage à Radamès. 1 vol. avec 12 gravures et une carte.
— *Le Sahara algérien ; les Déserts de l'Erg* ; 2ᵉ édition. 1 vol. avec 17 gravures et 3 cartes.

La Selve (E.) : *Le Pays des nègres*. Voyage à Haïti. 1 vol. avec 24 gravures et une carte.

Marche (A.) : *Trois voyages dans l'Afrique occidentale*. Sénégal, Gambie, Casamance, Gabon, Ogooué ; 2ᵉ édition. 1 vol. avec 24 gravures et une carte.

Markham : *La Mer glacée du pôle* ; souvenirs d'un voyage sur l'*Alerte* (1875-1876), traduit de l'anglais par Frédéric Bernard. 1 vol. avec 32 gravures et 2 cartes.

Montégut (E.) : *En Bourbonnais et en Forez* ; 2ᵉ édition. 1 vol. avec 24 gravures.
— *Souvenirs de Bourgogne* ; 2ᵉ édition. 1 vol. avec 24 gravures.

Pfeiffer (Mᵐᵉ) : *Voyage d'une femme autour du monde* ; 5ᵉ édition. 1 vol. avec 42 gravures et une carte.
— *Mon second voyage autour du monde* ; 4ᵉ édition. 1 vol. avec 32 gravures et une carte.
— *Voyage à Madagascar*. 1 vol. avec 24 gravures et une carte.

Reclus (A.) : *Panama et Darien*. Voyages d'exploration (1876-1878). 1 vol. avec 60 gravures et 4 cartes.

Reclus (E.) : *Voyage à la Sierra-Nevada de Sainte-Marthe*. Paysages de la nature tropicale ; 2ᵉ édition. 1 vol. avec 21 gravures et 1 carte.

Simonin (L.) : *Le Monde américain* ; 3ᵉ édition. 1 vol. avec 24 gravures.

Taine (H.), de l'Académie française : *Voyage en Italie* ; 4ᵉ édition. 2 vol. avec 48 gravures.
— *Voyage aux Pyrénées* ; 9ᵉ édition. 1 vol. avec 24 gravures.
— *Notes sur l'Angleterre* ; 7ᵉ édition. 1 vol. avec 24 gravures.

Weber (de) : *Quatre ans au pays des Boërs*. 1 vol. avec 25 gravures et une carte.

Way (Fr.) : *Dick Moon en France*. 2ᵉ édition. 1 vol. avec 24 gravures.

§ II

FORMATS DIVERS

Abbadie (Arnaud d') : *Douze ans de séjour dans la Haute-Éthiopie (Abyssinie)*. Tome Ier. 1 vol. in-8. 7 fr. 50

Agassiz (M. et Mme) : *Voyage au Brésil*, traduit de l'anglais, par F. Vogeli et abrégé par J. Belin de Launay. 1 vol. in-16, avec 16 gravures et 1 carte. 2 fr. 25
Le même ouvrage, avec 4 gravures. 1 vol. 1 fr. 25

Amicis (de) : *Constantinople*. 1 vol. gr. in-8, avec 183 gravures. 15 fr.
— *Le Maroc*. 1 vol. in-4, avec 200 gravures. 30 fr.
— *Souvenirs de Paris et de Londres*, 1 vol. in-16. 3 fr. 50

Augé : *Voyage aux sept merveilles du monde*. 1 vol. in-16, avec 21 gravures. 2 fr. 25

Aunet (Mme L. d') : *Voyage d'une femme au Spitzberg*. 1 vol. in-16, avec 34 gravures. 2 fr. 25
Le même, avec 4 grav. 1 vol. 1 fr. 25

Baines (Th.) : *Voyages dans le sud-ouest de l'Afrique*, traduits et abrégés par J. Belin de Launay, 1 vol. in-16, avec 22 grav. et 1 carte. Prix. 2 fr. 25
Le même, avec 4 gravures. 1 fr. 25

Baker (W.) : *Découverte de l'Albert N'yanza*, traduit de l'anglais par Gustave Masson. 1 vol. in-8, avec 8 gravures et 2 cartes.
Épuisé, sera réimprimé.
Le même ouvrage, abrégé par J. Belin de Launay. 1 vol. in-16, avec 16 gravures et 2 cartes. 2 fr. 25
Le même, avec 4 gravures. 1 fr. 25
— *Ismaïlia*. Récit d'une expédition dans l'Afrique centrale pour l'abolition de la traite des noirs, traduit par H. Vattemare. 1 vol. in-8, avec 56 grav. et 2 cartes. 10 fr.

Baldwin : *Du Natal Zambèse*. (1861-1866.) Récits de chasse. Traduction de Mme Henriette Loreau, abrégée par J. Belin de Launay. 1 vol. in-16, avec 14 grav. et 1 carte. 2 fr. 25
Le même, avec 4 gravures. 1 fr. 25

Basterot (de) : *De Quebec à Lima*, journal d'un voyage dans les deux Amériques en 1858 et 1859. 1 vol. in-16. 2 fr.

Blunt (Lady) : *Voyage en Arabie*. Pèlerinage au Nedjed berceau de la race arabe. Tome Ier. 1 vol. in-8, avec 60 gravures. 10 fr.

Bousquet : *Le Japon de nos jours et les échelles de l'Extrême Orient*. 2 v. in-8, avec 3 cartes. 15 fr.

Burton (le C.) : *Voyage aux grands lacs de l'Afrique orientale*, traduit de l'anglais par Mme H. Loreau. 1 vol. in-8, avec 37 gravures.
Épuisé, sera réimprimé.
— *Voyages à la Mecque, aux grands lacs d'Afrique et chez les Mormons*, abrégés par J. Belin de Launay. 1 vol. in-16, avec 12 gravures et 3 cartes. 2 fr. 25
Le même, avec 4 gravures. 1 fr. 25

Cameron (le commandant) : *A travers l'Afrique*. Voyage de Zanzibar à Benguela, trad. de l'anglais par Mme Loreau. 1 vol. in-8, avec 139 grav., 1 carte et 4 fac-simile. Prix. 10 fr.

Crevaux (D^r) : *Voyages dans l'Amérique du sud*, 1 volume in-4, avec 253 gravures, 4 cartes et 6 fac-similés. 50 fr.

Deville (L.) : *Excursions dans l'Inde*. 1 vol. in-16. 3 fr. 50

Dixon : *La Russie libre*, traduit de l'anglais par Em. Jonveaux. 1 vol. in-8, avec 75 grav. et 1 carte. 10 fr.
— *La Conquête blanche*, traduit par

H. Vattemare. 1 vol. in-8, avec 118 gravures. 10 fr.

Du Camp: *Le Nil; Egypte et Nubie.* 1 vol. in-16. 3 fr. 50

Estournelles de Constant (d') : *La Vie de province en Grèce.* 1 volume in-16. 3 fr. 50

Garnier (F.) : *Voyage d'exploration en Indo-Chine.* 2 vol. in-4, contenant 158 gravures sur bois, avec 1 atlas in-folio cartonné, renfermant 12 cartes, 10 plans, 2 eaux-fortes, 10 chromo-lithographies, 4 lithographies à 3 teintes et 31 lithographies à 2 teintes. 200 fr.

Gobineau (comte de) : *Trois ans en Asie* (1856-1858). 1 vol. in-8. 3 fr.

Gourdault (J.) : *Voyage au pôle nord des navires* la Hansa *et la* Germania, rédigé d'après les relations officielles. 1 vol. in-8, avec 80 gravures et 3 cartes. 10 fr.
— *L'Italie*, description de toute la péninsule depuis les passages alpestres exclusivement, jusqu'aux régions extrêmes de la grande Grèce. 1 beau vol. in-4, avec 400 gravures. 50 fr.
— *La Suisse.* Etudes et voyages à travers les 22 cantons. 1re partie : cantons de Genève, Vaud, Valais, Berne, Unterwalden, Lucerne, Zug, Schwyz et Uri. 1 vol. in-4 avec 450 gravures. 50 fr.
— 2e partie : Cantons d'Appenzell, Argovie, Bâle, Fribourg, Glaris, Grisons, Neuchatel, Saint-Gall, Schaffouse, Soleure, Tessin, Thurgovie et Zurich. 1 vol. in-4 avec 375 gravures. 50 fr.

Ouvrage couronné par l'Académie française.

— *La Suisse pittoresque.* 1 vol. in-8, avec gravures. 3 fr.
— *L'Italie pittoresque.* 1 vol. in-8, avec gravures. 3 fr.

Grandidier : *Histoire physique, naturelle et politique de Madagascar.* Environ 28 vol. grand in-4, avec 500 planches en coul. et 700 planches en noir. En cours de publication, par livraisons.

Demander le prospectus.

Hayes (le Dr) : *La mer libre du pôle*, voyage de découvertes dans les mers arctiques (1860-1864), traduit de l'anglais par M. F. de Lannoye. 1 vol. avec 70 gravures et 3 cartes. Epuisé, sera réimprimé.
Le même ouvrage, abrégé par J. Belin de Launay. 1 vol. in-16, avec 14 grav. et 1 carte. 2 fr. 25
Le même, avec 4 gravures. 1 fr. 25
— *La terre de désolation*, excursion d'été au Groënland, trad. par J.-M.-L. Reclus. 1 vol. in-8, avec 430 gravures et 1 carte. 10 fr.

Hervé et de Lanoye : *Voyage dans les glaces du pôle arctique.* 1 vol. in-16, avec 40 gravures. 2 fr. 25

Hübner (le baron de) : *Promenade autour du monde.* Nouvelle édition. 1 vol. in-4, avec 300 gravures. 50 fr.

Hugo (Victor) : *Le Rhin.* 3 volumes in-16. 10 fr. 50

Kanitz : *La Bulgarie danubienne et le Balkan*, études de voyage (1860-1880). Edition française. 1 vol. in-8, avec 100 grav. et 1 carte. 25 fr.

Koschlin-Schwartz : *Un touriste en Laponie.* 1 vol. in-16. 3 fr. 50

Lamartine : *Voyage en Orient.* 2 vol. in-8, avec gravures sur acier. 15 fr.
Le même ouvrage, sans gravures. 2 vol. in-16. 7 fr.

Lanoye (F. de) : *Le Nil et ses sources.* 1 vol. in-16, avec 32 gravures et cartes. 2 fr. 25
Le même, avec 4 gravures. 1 fr. 25
— *La Sibérie.* 1 vol. in-16, avec 48 gravures. 2 fr. 25
— *La mer polaire*, voyage de *l'Erèbe* et de *la Terreur*, et expédition à la recherche de Franklin. 1 vol in-16, avec 29 gravures et des cartes. 2 fr. 25

Laure (Mme D.-F.) : *De Marseille à Shang-Hai et Yédo.* Récits d'une Parisienne. 1 volume in-16 avec 1 carte. 3 fr. 50

Legrelle : *Le Volga.* Notes sur la Russie. 1 vol. in-16. 3 fr. 50

Lejean (G.) : *Voyage en Abyssinie.* 1 vol. in-4 et atlas. 20 fr.

Le Tour du monde. Voyez p. 3.) *Table décennale du Tour du monde* (1860-1869). Brochure in-4. 1 fr.

Lenthério. *La région du Bas-Rhône.* 1 vol. in-16. 3 fr. 50

Liégeard (Stéphen) : *Vingt journées d'un touriste au pays de Luchon.* 1 vol. in-16. 3 fr. 50

— *A travers l'Engadine, la Valteline, le Tyrol du Sud et les lacs de l'Italie supérieure.* 1 vol. in-16. 3 fr. 50

— *Une visite aux Monts-Maudits (ascension du Néthou).* 1 vol. in-16. 1 fr.

Livingstone (David) : *Explorations dans l'intérieur de l'Afrique australe*, traduit de l'anglais par Mme H. Loreau. 1 vol. in-8, avec 45 gravures et 2 cartes. 10 fr.

— *Dernier journal,* voyage au centre de l'Afrique (1866-1873), suivi du récit des derniers moments de l'illustre voyageur et du transport de ses restes. Traduit par Mme H. Loreau. 2 vol. in-8, avec 45 gravures et 2 cartes. 20 fr.

Le même ouvrage, abrégé par J. Belin de Launay. 1 vol. in-16, avec 14 gravures et 1 carte. 2 fr. 25

Le même, avec 4 gravures. 1 fr. 25

Livingstone (David et Charles) : *Explorations du Zambèse et de ses affluents,* et découverte des lacs Chiroua et Nyassa (1858-1864), traduit de l'anglais par Mme H. Loreau. 1 vol. in-8 avec 47 gravures et 4 cartes. 10 fr.

Le même ouvrage, abrégé par J. Belin de Launay. 1 vol. in-16, avec 20 gr. et 1 carte. 2 fr. 25

Le même, avec 4 gravures. 1 fr. 25

Lortet (Dr) : *La Syrie d'aujourd'hui.* 1 vol. in-4 avec 350 gravures et 5 cartes. 50 fr.

Mage (le L.) : *Voyage dans le Soudan occidental* (Sénégambie et Niger, 1866-1868). Édition abrégée par J. Belin de Launay. 1 vol. in-16, avec 16 gravures et 1 carte. 2 fr. 25

Le même, avec 4 gravures. 1 fr. 25

Marbeau : *Slaves et Teutons,* notes et impressions de voyage. 1 vol. in-16. 3 fr. 50

Marcoy (Paul) : *Voyage à travers l'Amérique du Sud, de l'océan Atlantique à l'océan Pacifique.* 2 vol. in-4, avec 626 gravures et 20 cartes. 50 fr.

Marmier (X.), de l'Académie française : *Lettres sur le Nord.* 1 vol. in-16. 3 fr. 50

— *Un été au bord de la Baltique et de la mer du Nord.* 1 vol. in-16. 3 fr. 50

— *De l'Est à l'Ouest.* 1 volume in-16. 3 fr. 50

— *Nouveaux récits de voyages.* 1 vol. in-16. 3 fr. 50

Milton et Cheadle : *Voyage de l'Atlantique au Pacifique, à travers le Canada, les montagnes Rocheuses et la Colombie anglaise,* traduit de l'anglais par J. Belin de Launay. 1 vol. in-8, avec 22 gravures et 2 cartes. 10 fr.

Le même ouvrage, édition abrégée. 1 vol. in-16 avec 16 gravures et 2 cartes. 2 fr. 25

Le même, avec 4 gravures. 1 fr. 25

Molinari (G. de) : *Lettres sur les États-Unis et le Canada.* 1 volume in-16. 3 fr. 50

Montégut (Émile) : *L'Angleterre et ses colonies australes (Australie), Nouvelle-Zélande), — Afrique australe).* 1 vol. in-16. 3 fr. 50

Mouhot (Charles) : *Voyage dans les royaumes de Siam, de Cambodge et de Laos.* 1 vol. in-16, avec 28 gravures et une carte. 2 fr. 25

Le même, avec 4 gravures. 1 fr. 25

Nachtigal (Dr) : *Sahara et Soudan,* traduit de l'anglais. Tome Ier : Tripolitaine, Fezzan, Tibesti, Kanen, Borkou et Bornou. 1 vol. in-8, avec 99 gravures et 1 carte. 10 fr.

Nares : *Un voyage à la mer polaire,* traduit de l'anglais. 1 vol. in-8, avec 62 gravures. 10 fr.

Nordenskiöld : *Voyage de la Vega autour de l'Asie et de l'Europe,* un

— 21 —

duit du suédois. Tome Ier, 1 vol., avec 293 gravures sur bois, 3 gravures sur acier et 18 cartes. 15 fr.

L'ouvrage complet formera 2 vol.

Palgrave (W. G.) : *Une année de voyage dans l'Arabie centrale (1861-1863)*, traduit de l'anglais par E. Jonveaux. 2 vol. in-8, avec 1 carte et 4 plans. 10 fr.

Le même ouvrage, abrégé par J. Belin de Launay. 1 vol. in-16, avec 12 gravures et 1 carte. 2 fr. 25

Le même, avec 4 gravures. 1 fr. 25

Payer (le lieutenant : *L'expédition du Tegetthof*, voyage de découvertes aux 80°-83° degrés de latitude nord, traduit de l'allemand par J. Gourdault. 1 vol. in-8, avec 68 gravures et 2 cartes. 10 fr.

Perron d'Arc : *Aventures d'un voyageur en Australie*. 1 vol. in-16, avec 25 gravures. 2 fr. 25

Pey : *L'Allemagne d'aujourd'hui, 1861-1881*. 1 vol. in-16. 3 fr. 50

Pfeiffer (Mme) : *Voyages autour du monde*, abrégés par J. Belin de Launay. 1 vol. in-16, avec 16 grav. et 1 carte. 2 fr. 25

Le même, avec 4 gravures. 1 fr. 25

Piassetsky : *Voyage à travers la Mongolie et la Chine*, traduit du russe. 1 vol., avec 80 gravures et 1 carte. 10 fr.

Prjéwalski : *Mongolie et pays des Tangoutes*. Voyage de trois années dans l'Asie centrale, traduit du russe par G. Du Laurens. 1 vol. in-8, avec 42 grav. et 4 cartes. 10 fr.

Raynal (F.-E.) : *Les naufragés, ou vingt mois sur un récif des îles Auckland*, récit authentique. 1 vol. in-8, avec 40 grav. et une carte. 10 fr.

Ouvrage couronné par l'Académie française.

Rousselet (L.) : *L'Inde des Rajahs*. Voyages dans l'Inde centrale et dans les présidences de Bombay et du Bengale ; 2e édit. 1 vol. in-4, avec 517 grav. et 6 cartes. 50 fr.

Rousset : *A travers la Chine*. 1 vol. in-16. 3 fr. 50

Schweinfurth (G.) : *Au cœur de l'Afrique*. Voyages et découvertes dans les régions inexplorées de l'Afrique centrale de 1868 à 1871, traduit de l'anglais, par Mme H. Loreau. 1 vol. in-8, 139 grav. et 2 cartes. 20 fr.

Le même ouvrage, édition abrégée, par J. Belin de Launay. 1 vol. in-16 avec 16 grav. et 1 carte. 2 fr. 25

Le même, avec 4 gravures. 1 fr. 25

Serpa Pinto (le major) : *Comment j'ai traversé l'Afrique*, traduit sur l'édition anglaise et collationné avec le texte portugais. 2 vol. in-8, avec 160 gravures. 20 fr.

Simonin : *Les grands ports de commerce de la France*. 1 volume in-16. 3 fr. 50

— *Les ports de la Grande-Bretagne*. 1 vol. in-16. 3 fr. 50

Speke : *Journal de la découverte des sources du Nil*. 1 vol. in-8, avec 3 cartes et 78 gravures d'après les dessins du capitaine Grant. 10 fr.

Le même ouvrage, édition abrégée par J. Belin de Launay. 1 vol. in-16, avec 24 gravures et 3 cartes. 2 fr. 25

Le même, avec 4 gravures. 1 fr. 25

Stanley (H.) : *Comment j'ai retrouvé Livingstone*, traduit de l'anglais par Mme H. Loreau. 1 vol. in-8, avec 60 gravures et 6 cartes. 10 fr.

Le même ouvrage, édition abrégée, par J. Belin de Launay. 1 vol. in-56 avec 16 grav. et 1 carte. 1 fr. 25

Le même, avec 4 gravures. 1 fr. 25

— *A travers le continent mystérieux, ou les sources du Nil, les grands lacs de l'Afrique équatoriale, le fleuve Livingstone et l'océan Atlantique*. Voyage traduit sous la direction de Mme H. Loreau. 2 vol. in-8, avec 150 gravures et 9 cartes. 20 fr.

Taine (H.) : *Voyage aux Pyrénées ;* 2e édit. 1 vol. in-8, tiré sur papier teinté, avec 350 gravures d'après les dessins de Gustave Doré. 10 fr.

Thomson (J.) : *Dix ans de voyages dans la Chine et l'Indo-Chine*, traduit de l'anglais, par A. Talandier et Vattemare. 1 vol. in-8, avec 128 gravures. 10 fr.

Thomson (W.) : *Les abîmes de la mer*. Récits des croisières du *Porc-Epic* et de l'*Eclair* et des résultats obtenus par les dragages faits à bord de ces navires en 1868, 1869, 1870, traduit de l'anglais par le Dr Lortet. 1 vol. in-8, avec 94 gravures. 15 fr.

Trémaux (P.) : *Voyage en Egypte et en Ethiopie*. 1 vol. in-8. 4 fr.

— *Voyage au Soudan*. 1 vol. in-8. 4 fr.

Ujfalvy-Bourdon (Mme de) : *De Paris à Samarkand*, le Ferghanah, le Kouldja et la Sibérie occidentale. 1 vol. in-4, avec 273 gravures et 5 cartes. 50 fr.

Vambéry : *Voyages d'un faux derviche dans l'Asie centrale*, de Téhéran à Khiva, à Bokhara et à Samarcand, par le grand désert Turkoman, traduit de l'anglais par M. E.-D. Forgues. 4 vol. in-8, avec 31 gravures et une carte. 20 fr.

Le même ouvrage, abrégé par J. Belin de Launay. 1 vol. in-16, avec 18 gravures et une carte. 2 fr. 25

Le même, avec 4 gravures. 1 fr. 25

Viardot (L.) : *Espagne et beaux arts*. 1 vol. in-16. 3 fr. 50

Wey (Fr.) : *Rome, description et souvenirs*, 5e édit. 1 vol. in-4, avec 370 grav. et un plan de Rome. 50 fr.

— *Rome italienne*. Chapitre complémentaire. 1 vol. in-4. 5 fr.

— *La Haute-Savoie*. In-16. 3 fr. 50

Wiener : *Pérou et Bolivie*. Récit de voyage, suivi d'études archéologiques et ethnographiques. 1 vol. in-8, avec plus de 1100 gravures, 27 cartes et 18 plans. 25 fr.

Whymper (E.) : *Escalades dans les Alpes*, traduit de l'anglais par Ad. Joanne. 1 vol. in-8, avec 75 gravures. 10 fr.

Whymper (Fr.) : *Voyages et aventures dans l'Alaska*, traduit de l'anglais par M. Emile Jonveaux. 1 vol. in-8, avec 37 gravures et 1 carte. 10 fr.

Yriarte (Ch.). *Les bords de l'Adriatique* (Venise, l'Istrie, le Quarnero, la Dalmatie, le Monténégro et la rive italienne). 1 vol. in-4, avec 257 gravures. 50 fr.

Zurcher et Margollé : *Les ascensions célèbres* aux plus hautes montagnes du globe. 1 vol. in-16, avec 39 gravures. 2 fr. 25

VIII

GÉOGRAPHIE
ET
OUVRAGES DIVERS

Boissière : *L'Algérie romaine.* 2 vol. in-16. 7 fr.

Carapanos : *Dodone et ses ruines.* 1 vol. in-4, avec un album. 75 fr.

Club alpin-français : *Annuaire de 1883.* 1 vol. in-8, avec gravures et cartes. 18 fr.

Cortambert (Richard) : *Voyage pittoresque à travers le monde.* 1 vol. in-8, avec 81 gravures. 5 fr.
— *Mœurs et caractères des peuples.* (Europe, Afrique.) Morceaux extraits de divers auteurs. 1 vol. in-8, avec 60 gravures. 5 fr.
— *Mœurs et caractères des peuples.* (Asie, Amérique et Océanie. 1 vol. in-8, avec 60 gravures. 5 fr.

Daubrée : *La mer et les continents.* 1 vol. in-18. 25 c.

Delon : *Cent tableaux de géographie pittoresque.* 1 vol. in-4, avec 234 gravures, cart. 4 fr.

Desjardins (Ernest), membre de l'Institut, maître de conférences à l'Ecole normale supérieure : *Atlas géographique de l'Italie ancienne*, composé de 7 cartes et d'un dictionnaire de tous les noms qui y sont contenus, avec l'indication de leurs positions et les renvois aux cartes de l'atlas. In-folio, demi-reliure. 4 fr.
— *Table de Peutinger*, d'après l'original conservé à Vienne, précédée d'une introduction historique et critique, et accompagnée : 1° d'un index alphabétique des noms et de la carte originale avec les lectures des éditions précédentes ; 2° d'un texte donnant, pour chaque nom, le dépouillement des auteurs anciens, des inscriptions, des médailles et le résumé des discussions touchant son emplacement; 3° d'une carte de redressement, comprenant tous les noms à leur place et identifiés, quand cela est possible, avec les localités modernes correspondantes ; 4° d'une seconde carte rétablissant la conformité des indications générales de la table avec les connaissances présumées des Romains sous Auguste (*Orbis pictus d'Agrippa*). L'ouvrage complet forme 18 livraisons in-folio, du prix de 10 fr. chacune.

La *Table de Peutinger*, dont l'original unique est conservé à la bibliothèque impériale de Vienne, est la copie faite au treizième siècle d'un document beaucoup plus ancien, remontant même, très certainement, à l'époque de l'empire romain et à la période comprise entre Auguste et les fils de Constantin. Cette carte représente l'*Orbis Romanus*. La copie du treizième siècle est exécutée sur onze feuilles de parchemin. Elle représente les régions provinciales, les provinces, les peuples et le réseau des routes de l'empire au quatrième siècle, avec les distances qui les séparent, distances exprimées en lieues gauloises.

— *Géographie historique et administrative de la Gaule romaine.* 4 vol. grand in-8 jésus. Ouvrage contenant une carte d'ensemble de la Gaule romaine, des cartes, eaux-fortes et gravures en couleurs tirées à part, et des gravures intercalées dans le texte.

Tome I. — *Introduction et géographie physique comparée :* Époque romaine ; époque actuelle. 1 vol. grand in-8 avec cartes. 20 fr.

Tome II. — *La conquête*, avec cartes et gravures. 1 vol. grand in-8. 20 fr.

L'ouvrage comprendra quatre volumes qui seront vendus séparément, ainsi que la grande carte comparée de la Gaule romaine. Les tomes III et IV sont sous presse.

Duval (Jules) : *Notre planète*. 1 vol. in-16. 3 fr. 50

— *Notre pays*. 1 vol. in-16. 1 fr. 25

Lacombe : *L'Angleterre*, géographie, climat, industrie. 1 vol. petit in-16, avec 9 gravures et 1 carte. 50 c.

Longnon : *Géographie de la Gaule au sixième siècle*. 1 vol. grand in-8, avec carte. 15 fr.

Maunoir et Duveyrier : *L'année géographique*, revue mensuelle des voyages de terre et de mer ; 2e série (1876-1878), 3 vol. in-16.

Chaque volume séparément. 3 fr. 50
Voir à *Vivien de Saint-Martin* pour les années 1862 à 1875.

Maury (Alfred), membre de l'Institut : *La terre et l'homme*, ou aperçu de géologie, de géographie et d'ethnologie générales. 1 volume in-16. 6 fr.

Pagézy (Jules), sénateur : *Mémoires sur le port d'Aigues-Mortes*. 1 vol. in-8 avec 3 cartes. 6 fr.

Reclus (Elisée) : *La terre*, description des phénomènes de la vie du globe :

Première partie : *Les continents*. 1 vol. grand in-8, avec 253 fig. et 25 cartes tirées en coul. 15 fr.

Deuxième partie : *L'océan, l'atmosphère, la vie*. 1 volume grand in-8, avec 230 cartes ou figures et 2 grandes cartes tirées à part en couleur. 15 fr.

Reclus (Elisée) : *Les phénomènes terrestres*. 2 vol. in-16 :

I. *Les continents*. 1 vol.
II. *Les mers et les météores*. 1 vol.

Chaque volume séparément. 1 fr. 25

— *Nouvelle géographie universelle :* La terre et les hommes.

(Voir page 4.)

Reclus (Onésime) : *Géographie*. La terre à vol d'oiseau. 1 vol. in-16, avec 370 gravures. 10 fr.

— *France, Algérie et colonies*. 1 vol. in-16, avec 120 gravures. 5 fr. 50

Saint-Paul (A.) : *Histoire monumentale de la France*. 1 vol. in-8, avec gravures. 8 fr.

Schliemann (H.) : *Mycènes*, recherches, fouilles et découvertes faites en 1876 à Mycènes et à Tyrinthe. Ouvrage traduit de l'anglais par J. Girardin. 1 vol. in-8, avec 549 grav. et 8 cartes ou plans. 25 fr.

Strabon : *Géographie*, traduction nouvelle par M. Amédée Tardieu, sous-bibliothécaire de l'Institut. 3 vol. in-16. 10 fr. 50

Vivien de Saint-Martin : *Histoire de la géographie*, et des découvertes géographiques, depuis les temps les plus reculés jusqu'à nos jours. 1 vol. in-8 et atlas in-folio de 12 cartes en couleur. 20 fr.

— *L'année géographique*, revue annuelle des voyages de terre et de mer (1862-1875). 13 vol. in-16.

Chaque volume séparément. 3 fr. 50
Les années 1870-1871 ne forment qu'un volume.
Voir à *Maunoir et Duveyrier* pour les années 1876 et suivantes.

IX

OUVRAGES D'ENSEIGNEMENT

§ 1. LIVRES CLASSIQUES.

Ansart (F.) : *Petite géographie moderne*; nouvelle édition, revue et corrigée par M. Ansart fils. 1 vol. in-18, avec 30 grav., cart.   80 c.

Brouard, inspecteur général de l'instruction publique: *Leçons de géographie*. 4 vol. in-16, cartonnés ;

Cours élémentaire. — Livre de l'élève, pouvant servir en même temps de livre de lecture dans les petites classes. 1 vol. avec 49 grav., cartonné.   75 c.

Livre du maître,   1 fr. 50

Cours moyen, 1 volume in-16, cartonné.   1 fr. 20

Cours supérieur préparatoire au certificat d'études. 1 vol. cartonné.   1 fr. 20

Cortambert : *Petite géographie illustrée du premier âge*, à l'usage des écoles et des familles; 7e édition. 1 vol. in-18, avec 88 gravures ou cartes, cartonné en percaline gaufrée.   80 c.

— *Petite géographie illustrée de la France*, à l'usage des écoles primaires; 5e édit. 1 vol. in-18, avec 75 gravures et une carte, cartonné en percaline gaufrée.   80 c.

— *Petit cours de géographie moderne*, avec un appendice pour la géographie de l'histoire sainte ; 22e édit. 1 volume in-16, avec 63 gravures, cartonné.   1 fr. 50

— *Le globe illustré*, géographie générale, à l'usage des écoles et des familles ; 5e édition. 1 vol. in-4, avec 130 gravures, 16 cartes tirées en couleur, cartonné.   4 fr.

— *Petite géographie générale*, 1 vol. grand in-18 de 36 pages, br.   15 c.

— *Nouveau cours complet de géographie*, rédigé conformément aux programmes de 1880, à l'usage des lycées et des collèges. 11 volumes in-16, cartonnés, avec gravures dans le texte, et accompagnés d'atlas in-8 correspondant aux matières enseignées dans chaque classe :

Notions élémentaires de géographie générale et notions sur la géographie physique de la France, suivies d'un aperçu des grands voyages et principales découvertes (classe préparatoire). 1 vol.   80 c.

Géographie élémentaire des cinq parties du monde (classe de Huitième). 1 vol.   80 c.

Géographie élémentaire de la France suivie d'un cadre pour une description de département (classe de Septième). 1 vol.   1 fr. 20

Géographie générale de l'Europe et du bassin de la Méditerranée (classe de Sixième). 1 vol.   1 fr. 50

Géographie générale de l'Asie, de l'Afrique, de l'Amérique et de l'Océanie (classe de Cinquième). 1 volume.   1 fr. 50

Géographie physique et politique de la France (classe de Quatrième). 1 vol.   1 fr. 50

Géographie physique, politique et économique de l'Europe (classe de Troisième). 1 vol.   2 fr.

Géographie physique, politique et économique de l'Asie, de l'Afrique, de l'Amérique et de l'Océanie (classe de Seconde). 1 vol.   3 fr.

Géographie physique, politique et économique de la France et de ses possessions coloniales, précédée de notions générales de géographie (classe de Rhétorique). 1 vol. 3 fr.

Éléments de géographie générale (classe de Mathématiques préparatoires). 1 vol. 1 fr. 50

Géographie générale (classe de Mathématiques élémentaires). 1 volume. 5 fr.

Voir pour les atlas, page 27.

Cortambert: *Cours de géographie*, comprenant la description physique et politique, et la géographie historique des diverses contrées du globe; 16ᵉ édition, avec de nombreuses gravures. In-16, cart. 4 fr. 25

— *Cours de géographie*, rédigé conformément aux programmes de l'enseignement spécial. 4 vol. in-16, avec gravures et accompagnés d'atlas in-8 cartonnés :

Géographie élémentaire du globe terrestre et de la France, suivie d'un cadre pour une description de département (année préparatoire). 1 vol. 90 c.

Géographie physique, politique et économique, de l'Afrique, de l'Asie, de l'Amérique et de l'Océanie (1ʳᵉ année). 1 vol. 1 fr. 50

Étude générale de l'Europe (2ᵉ année). 1 vol. 2 fr.

Géographie physique, politique, administrative et économique de la France et de ses possessions coloniales (3ᵉ année). 1 vol. 3 fr.

— *Cours de géographie*, rédigé conformément aux programmes de l'enseignement secondaire des jeunes filles. 4 vol. in-16, avec gravures, cartonnés en percaline gaufrée :

Notions élémentaires de géographie générale (1ʳᵉ année). 1 vol. 1 fr.

Géographie de l'Europe (2ᵉ année). 1 vol. 2 fr.

Géographie de la France et de ses possessions coloniales (3ᵉ année). 1 vol. 3 fr.

Géographie physique, politique, administrative et commerciale de l'Afrique, de l'Asie, de l'Amérique et de l'Océanie (4ᵉ année). (En préparation).

Erhard: *Géographie* accompagnée de 14 cartes. In-16 oblong, cartonné. 1 fr. 25

Fillias: *Géographie de l'Algérie*. 1 vol. in-16. 1 fr. 50

Joanne (Adolphe): *Géographie des départements de la France*, avec un dictionnaire des communes. 86 vol. in-16, cartonnés.

Chaque département, accompagné d'une carte et de gravures dans le texte, se vend séparément 1 fr.

La Géographie de la Seine. 1 vol. 1 fr. 50

Lemonnier, professeur au lycée Louis-le-Grand, et **Schrader** : *Éléments de géographie*, rédigés conformément aux programmes de 1882. 3 vol. in-4, cartonnés :

Ouvrage inscrit sur la liste des livres fournis gratuitement par la Ville de Paris à ses écoles communales.

Cours élémentaire. Premières notions de géographie. 1 vol. avec 33 cartes et 61 gravures. 1 fr.

Cours moyen. Géographie de la France, de l'Algérie et des colonies françaises. 1 vol. avec 34 cartes et 9 gravures. 1 fr. 60

Cours supérieur. Géographie des cinq parties du monde. Revision et développement de la géographie de la France. 1 vol. avec 44 cartes et 48 gravures. 2 fr. 40

Meissas et Michelot: *Petite géographie méthodique*, à l'usage des jeunes enfants. 1 vol. in-18, cartonné. 60 c.

— *Géographie sacrée*, avec un plan de Jérusalem. 1 vol. in-18, cartonné. 1 fr. 25

— *Tableaux de géographie*, 28 tableaux de 49 cent. de hauteur sur 34 cent. de largeur. 3 fr.

— *Manuel de géographie*, reproduisant les tableaux. In-18, cartonné. 75 c.

— *Géographie ancienne*, comparée avec la géographie moderne. 1 vol. in-16, cartonné. 2 fr. 50

— *Petite géographie ancienne*, comparée avec la géographie moderne. 1 vol. in-18, cartonné. 1 fr.

— *Nouvelle géographie méthodique*, suivie d'un petit traité sur la construction des cartes. 1 vol. in-16, cartonné. 2 fr. 50

Pape-Carpantier (Mᵐᵉ): *Premières notions de géographie et d'histoire naturelle* (Cours d'éducation et d'in

‑truction primaire; 1re année préparatoire). 1 vol. in-18, cartonné. 75 c.

Pape-Carpantier (Mme): *Géographie; premières notions sur quelques phénomènes naturels* (2e année préparatoire). 1 vol. in-18, cartonné. 75 c.

— *Premiers éléments de cosmographie; géographie* (période élémentaire). 1 vol. in-18, cartonné. 1 fr. 50

Pape-Carpantier (Mme): *Eléments de cosmographie; géographie de l'Europe* (période moyenne). 1 vol. in-18, cartonné. 2 fr. 50

Reclus (Elisée): *Nouvelle géographie universelle.* (Voir page 4.)

Reclus (Onésime): *La terre à vol d'oiseau.* 2 vol. in-16, avec 370 gravures, br. 10 fr.

— *France, Algérie et colonies;* 1 vol. in-16, avec 120 gravures. 5 fr. 50

§ 2. ATLAS.

Atlas départemental de la France, de l'Algérie et des Colonies (Petit). 1 vol. petit in-8, cart. contenant 103 cartes coloriés. 1 fr.

Bouillet: *Atlas universel d'histoire et de géographie.* Ouvrage servant de complement au *Dictionnaire d'histoire et de géographie* du même auteur, et comprenant : 1. LA CHRONOLOGIE : la concordance des prinpales ères avec les années avant et après Jésus-Christ, et des tables chronologiques universelles; 2. LA GÉNÉALOGIE : des tableaux généalogiques des dieux et de toutes les familles historiques, et un traité élémentaire de l'art héraldique, qui comprend 12 planches coloriées; 3. LA GÉOGRAPHIE : 88 cartes de géographie ancienne et moderne, avec un texte explicatif indiquant les ressources et les divisions de chaque pays; nouvelle édition. 1 vol. grand in-8, broché. 30 fr.

Le cartonnage en percaline gaufrée se paye en sus 3 fr. 25 c.; la demi-reliure en chagrin, 5 fr.

Cortambert: *Petit atlas élémentaire de géographie moderne,* à l'usage des écoles et des familles, composé de 22 cartes tirées en couleur. 1 vol. in-4, broché. 90 c.

Inscrit sur la liste des livres fournis gratuitement par la ville de Paris à ses écoles communales.

Le même ouvrage, accompagné d'un texte explicatif en regard de chaque carte. 1 vol. in-4, cart. 1 fr. 10

L'Atlas, sans texte, suivi d'une carte du département demandé. 1 fr. 15

L'Atlas, avec texte, suivi d'une carte du département demandé. 1 fr. 35

Cortambert: *Petit atlas géographique du premier âge,* contenant 9 cartes color. 1 vol. gr. in-18, cart. 80 c.

— *Petit atlas de géographie moderne,* contenant 21 cartes, grand in-8, imprimées en couleur, savoir : 1. Cosmographie; 2. Mappemonde sur la projection de Mercator; 3. Europe physique ; 4. Europe politique ; 5. Asie ; 6. Afrique ; 7. Amérique du Nord ; 8. Amérique du Sud; 9. Océanie ; 10. France physique ; 11. France par anciennes provinces comparées aux départements actuels ; 12. France par départements ; 13. France : Versant de la mer de Nord; 14. Versant de la Manche ; 15. Versant de la mer de France ; 16. Versant de la Méditerranée ; 17. Carte des chemins de fer de la France, de l'Allemagne et des pays limitrophes ; 18. France hypsométrique ; 19. France géologique ; 20. Algérie; 21. Colonies. Grand in-8, cartonné. 2 fr. 50

Chaque carte séparément. 15 c.

— *Atlas à l'usage des classes de grammaire et d'humanités.*

Atlas (petit) de géographie ancienne, composé de 16 cartes 1. vol. grand in-8, cartonné. 2 fr. 50

Atlas (petit) de géographie du moyen âge, composé de 15 cartes. 1 vol. grand in-8, cartonné. 2 fr. 50

Atlas (petit) de géographie moderne, composé de 10 cartes. 1 vol. grand in-8, cartonné. 2 fr. 50

Atlas (petit) de géographie ancienne

et moderne, composé de 36 cartes. 1 vol. grand in-18, cart. 5 fr.

Atlas (petit) de géographie ancienne, du moyen âge et moderne, composé de 51 cartes. 1 vol. grand in-8, cartonné. 7 fr. 50

Atlas (nouvel) de géographie moderne, contenant 66 cartes. 1 vol. in-4, cartonné. 10 fr.

Atlas complet de géographie, contenant en 94 cartes la géographie ancienne, la géographie du moyen âge, la cosmographie et la géographie moderne. 1 vol. grand in-4, cartonné. 15 fr.

Chaque carte séparément. 15 c.

Cortambert : *Atlas dressés conformément aux programmes de l'enseignement secondaire classique*, formant in-8, cartonné :

Chaque carte séparément. 15 c.

Classe Préparatoire (8 cartes). 1 vol. 1 fr. 50

Classe de Huitième (20 cartes). 1 vol. 3 fr.

Classe de Septième (16 cartes). 1 vol. 2 fr. 50

Classe de Sixième (26 cartes). 1 vol. 3 fr. 50

Classe de Cinquième (19 cartes). 1 vol. 3 fr.

Classe de Quatrième (24 cartes). 1 vol. 3 fr. 50

Classe de Troisième (34 cartes). 1 vol. 4 fr. 50

Classe de Seconde (40 cartes). 1 vol. 5 fr.

Classe de Rhétorique (20 cartes). 1 vol. 3 fr.

Classes de Philosophie, de Mathématiques préparatoires et élémentaires (62 cart.). 1 vol. in-4. 10 fr.

— *Atlas dressés conformément aux programmes de l'enseignement secondaire spécial*, formant in-8, cart. :

Année préparatoire (21 cartes). 1 volume. 2 fr. 50

Première année (29 cartes). 1 volume. 5 fr.

Deuxième année (20 cartes). 1 volume. 4 fr.

Henry (Gervais), instituteur primaire à Paris : *Cartographie de l'enseignement*, méthode pour apprendre la géographie de la France à l'aide de nouv. cartes muettes à écrire :

Méthode inscrite sur la liste des livres fournis gratuitement par la ville de Paris à ses écoles communales.

1° Cartes des bassins physiques, format quart de jésus : 1. Bassin du Rhin ; 2. Bassin de la Seine ; 3. Bassin de la Loire ; 4. Bassin de la Garonne ; 5. Bassin du Rhône. Prix de chaque carte : en noir, 5 centimes ; colorié, 10 centimes.

2° Carte d'ensemble des bassins physiques, format grand raisin : en noir, 30 cent.; coloriée, 35 centimes.

3° Cartes des bassins politiques, format quart jésus ; comprenant les bassins du Rhin, de la Seine, de la Loire, de la Garonne et du Rhône. 5 cartes. Chaque carte en blanc, 5 centimes ; coloriée, 10 centimes.

4° Carte d'ensemble des bassins politiques, format grand raisin : en noir, 30 centimes ; coloriée, 35 centimes.

5° France physique écrite ; France politique écrite ; chaque carte, format grand raisin, coloriée, 60 centimes.

Meissas et Michelot : *Atlas*.

Petits atlas format in-octavo.

A. *Atlas élémentaire de géographie moderne*, composé de 8 cartes écrites. 2 fr. 50

B. *Le même*, avec 8 cartes muettes (16 cartes). 3 fr. 50

C. *Atlas universel de géographie moderne*, composé de 17 cartes écrites. 5 fr.

D. *Le même*, avec 8 cartes muettes (25 cartes). 6 fr.

E. *Atlas de géographie ancienne et moderne*, composé de 36 cartes écrites, sur 30 planches. 9 fr.

F. *Le même*, avec 8 cartes muettes (44 cartes). 10 fr.

G. *Atlas universel de géographie ancienne, du moyen âge et moderne, et de géographie sacrée*, composé de 54 cartes écrites. 14 fr.

H. *Le même*, avec 8 cartes muettes (62 cartes). 15 fr.

Atlas de géographie ancienne, composé de 19 cartes écrites, sur 14 planches. 5 fr.

Atlas de géographie du moyen âge et des principales époques des temps modernes, pour servir à l'histoire de l'Europe depuis l'invasion des Barbares jusqu'à nos jours. 10 cartes écrites, précédées de notices historiques. 4 fr. 50

Atlas de géographie sacrée. 8 cartes écrites sur 6 planches. 2 fr.

Chacune des cartes écrites séparément. 35 c.

Grands atlas formant in-folio.

A. *Atlas élémentaire pour la nouvelle géographie méthodique*, composé de 8 cartes écrites. 6 fr.

B. *Le même*, avec 8 cartes muettes (16 cartes). 11 fr. 50

C. *Atlas universel pour la nouvelle géographie méthodique*, composé de 12 cartes écrites. 10 fr. 50

D. *Le même*, avec 8 cartes muettes (20 cartes). 15 fr.

E. *Atlas universel pour la nouvelle géographie méthodique*, composé de 19 cartes écrites. 15 fr.

F. *Le même*, avec 8 cartes muettes (27 cartes). 21 fr.

Chaque carte séparément. 1 fr.

Cartes muettes formant in-folio.

Cartes muettes complètes, non coloriées, pour exercices géographiques sur la Mappemonde, l'Europe, l'Europe centrale, l'Asie, l'Afrique, l'Amérique, l'Océanie et la France.

Chaque carte séparément. 20 c.

§ 3. CARTES MURALES.

1. GRANDES CARTES MURALES

Par MM. Meissas et Michelot.

Chaque carte est coloriée et accompagnée d'un questionnaire qui est donné gratuitement aux acquéreurs de la carte à laquelle il se réfère. Chaque questionnaire se vend en outre séparément, 30 c.

Les cartes en 16 feuilles ont 1 mètre 80 centimètres de hauteur sur 2 mètres 30 centimètres de largeur. Celles en 20 feuilles ont 1 mètre 80 centimètres de hauteur sur 2 mètres 80 centimètres de largeur.

Le collage sur toile avec gorge et rouleau se paye en sus : 1° pour les cartes en 16 feuilles, 12 fr.; 2° pour les cartes en 20 feuilles, 14 fr.

Géographie ancienne.

Empire romain écrit. 16 feuilles. Prix. 10 fr.

Italie et Grèce anciennes écrites. 16 feuilles. 10 fr.

Géographie moderne.

Afrique écrite (Nouvelle édition). 16 feuilles. 10 fr.

Amérique septentrionale et méridionale écrites. 20 feuilles. 12 fr.

L'Amérique septentrionale, séparément, 12 feuilles, 8 fr.

L'Amérique méridionale, séparément, 8 feuilles, 6 fr.

Asie écrite. 16 feuilles. 10 fr.

Europe écrite. 16 feuilles. 9 fr.

France écrite par départements, *Belgique et Suisse.* 16 feuilles. 9 fr.

Mappemonde écrite. 20 feuill. 12 fr.

Mappemonde muette. 20 feuill. 10 fr.

2. NOUVELLES GRANDES CARTES MURALES

Par MM. Achille et Gaston Meissas.

Ces nouvelles cartes imprimées en couleur sur 12 feuilles jésus indiquent le relief du terrain. Elles mesurent 2 mètres de hauteur sur 2 mètres 10 de largeur.

Le collage sur toile avec gorge et rouleau se paye en sus, 12 fr.

Europe muette ou *écrite.* 15 fr.
France muette ou *écrite.* 15 fr.

3. PETITES CARTES MURALES ÉCRITES

Par MM. Achille et Gaston Meissas.

La *France*, l'*Europe*, l'*Asie*, l'*Afrique* et la *Palestine* ont 1 mètre de hauteur sur 1 mètre 30 centimètres de largeur; la *Mappemonde* a 1 mètre 10 centimètres de hauteur sur 1 mètre 70 centimètres de largeur; l'*Amérique* a 1 mètre de hauteur sur 1 mètre 95 centimètres de largeur. Ces cartes sont coloriées.

Le collage sur toile avec gorge et rouleau se paye en sus: 1° pour la *France*, l'*Europe*, l'*Asie*, l'*Afrique* et la *Palestine*, 5 fr.; 2° pour la *Mappemonde* et l'*Amérique*, 7 fr.

Afrique. 4 feuilles jésus.   6 fr.
Amérique septentrionale et méridionale. 6 feuilles jésus.   6 fr.
Asie. 4 feuilles jésus.   5 fr.
France par départements, *Belgique et Suisse*. 4 feuilles jés.   4 fr. 50
Europe. 4 feuilles jésus.   4 fr. 50
Mappemonde. 8 feuilles grand raisin.   6 fr.
Palestine. 4 feuilles jésus.   6 fr.

4. GRANDES CARTES MURALES
Par *M. Ehrard*.

Ces cartes sont imprimées en couleur sur 4 feuilles mesurant 1 mètre 60 centimètres de hauteur sur 1 mètre 78 de largeur. Elles indiquent par des teintes graduées le relief du sol et rendent facile l'étude de la géographie physique.
Le collage sur toile avec gorge et rouleau se paye en sus, 12 fr.

France muette ou *écrite*, d'après la carte oro-hydrographique, publiée sous les auspices du ministère de l'instruction publique, par la Commission de la topographie des Gaules.   20 fr.
Europe écrite.   20 fr.

5. PETITES CARTES MURALES
Par *M. Ehrard*.

Ces cartes sont imprimées en couleur sur une feuille mesurant 90 centimètres de haut sur 1 mètre de large.
Le collage sur toile avec gorge et rouleau se paye en sus, 7 fr.

France muette ou *écrite*, réduction de la grande carte murale, du même auteur.   6 fr.
Europe écrite.   6 fr.

6. PETITES CARTES MURALES ÉCRITES
Par *M. E. Cortambert*.

Ces cartes sont imprimées en couleur; elles mesurent 90 centimètres de hauteur sur 1 mètre 20 centimètres de largeur, et ne se vendent que montées sur gorge et rouleau.

En vente : *Europe, France, Palestine*.
Chaque carte.   8 fr.

7. CARTES MURALES MUETTES SUR TOILE NOIRE ARDOISÉE, POUR EXERCICES GÉOGRAPHIQUES.
Par MM. *A. Meissas* et *Suzanne*.

Ces cartes sont montées sur gorge et rouleau

France, par A. Meissas, 1 mètre 10 de hauteur sur 1 mètre 70 cent. de largeur.   15 fr.
Europe, par A. Meissas. 1 mètre 10 de hauteur sur 1 mètre 70 cent. de largeur.   15 fr.
France, par Suzanne. 1 mètre 75 de hauteur sur 1 mètre 80 cent. de largeur.   35 fr.

8. CARTE MURALE HYPSOMÉTRIQUE

France hypsométrique à 1/1 250 000, 1 feuille mesurant 90 cent. de hauteur sur 1 mètre 20 cent. de larg. avec gorge et rouleau.   14 fr.

9. CARTE MURALE DE LA FRANCE AGRICOLE
Par M. *G. Heusé*.

Imprimée en couleur sur quatre feuilles, ayant ensemble 1 mètre 10 centimètres de hauteur sur 1 mètre 45 de largeur.   6 fr.
Le collage sur toile avec gorge et rouleau se paye en sus, 4 fr.

10. NOUVELLE CARTE DE LA FRANCE au 1/100,000.

dressée par le service vicinal par ordre du Ministre de l'Intérieur. Environ 600 feuilles.
Prix de chaque feuille.   75 c.
Pour plus de détails, voir page 10.

X
BONS POINTS
GÉOGRAPHIQUES
COMPRENANT
TOUS LES DÉPARTEMENTS DE LA FRANCE, L'ALGÉRIE ET LES COLONIES
102 SUJETS
IMPRIMÉS EN CHROMO-LITHOGRAPHIE, AVEC VUES DE VILLES,
MONUMENTS, SITES, ETC.
ET ACCOMPAGNÉS D'UNE NOTICE SPÉCIALE AU VERSO
POUR CHAQUE SUJET

Prix : le cent.................................... 3 fr. 75

CARTES MUETTES
ARDOISÉES NOIRES

Imprimées des deux côtés en rouge sur fort carton
de 0m,23 cent. sur 0m28 cent.

				La pièce.
Europe	d'un côté, France	de l'autre......	» 45
—	—	— avec fleuves	—	» 50
France avec fleuves	—	Seine	—	» 55
—	—	Seine-et-Oise	—	» 55
Europe	—	Grèce	—	» 45
Amérique du Sud	—	Brésil	—	» 45
Europe	—	Asie, Afrique, Amérique du Nord, Amérique du Sud ou Océanie de l'autre côté..................	» 45

En cours de publication :

Tous les départements de la France, chaque département....... » 55

CARTES ARDOISÉES BLANCHES

France d'un côté, Europe de l'autre................ La carte.. » 75

IMPRIMERIE PILLET ET DUMOULIN
Rue des Grands-Augustins, 5, à Paris.

LIBRAIRIE HACHETTE et Cie

Collection de Voyages illustrés (format in-16)

Chaque volume : Broché, 4 fr. — Relié en percaline : 5 fr. 50

ABOUT (Edmond) : La Grèce contemporaine. — 1 vol. contenant 24 gravures.
ALBERTIS (D') : La Nouvelle Guinée. — 1 vol. ; 64 gr.
AMICIS (DE) : Constantinople. — 1 vol. ; 24 grav.
— L'Espagne : 1 vol. contenant 24 gravures.
— La Hollande : 1 vol. contenant 24 gravures.
BELLE (H.) : Voyage en Grèce. — 1 vol. contenant 24 gravures et une carte.
CAMERON : Notre future route de l'Inde. — 1 vol. contenant 20 gravures.
COTTEAU (Edmond) : De Paris au Japon à travers la Sibérie. — 1 vol. ; 28 gravures et 3 cartes.
— Un touriste dans l'Extrême-Orient. — 1 vol. avec 38 gravures.
DAIREAUX (E.) : Buenos-Ayres, la Pampa et la Patagonie. 1 vol. contenant 16 gravures.
DAVID (L'abbé Armand) : L'Empire chinois. 2 vol. 48 gr.
GARNIER (Francis) : De Paris au Tibet. — 1 vol. contenant 40 gravures et une carte.
HUBNER (Baron de) : Promenade autour du monde. — 2 vol. contenant 48 gravures.
LAMOTTE (DE) : Cinq mois chez les Français d'Amérique. Voyage au Canada. 1 vol. ; 24 gr. et 1 carte.
LARGEAU (Victor) : Le pays de Rirha. — 1 vol. contenant 12 gravures et 1 carte.
— Le Sahara Algérien. — 1 vol. 17 gr. et 3 cartes.
LA SELVE (Edgar) : Le Pays des Nègres. — 1 vol. contenant 24 gravures et une carte.
MARCHE (Alfred) : Trois voyages dans l'Afrique Occidentale. — vol. contenant 24 gravures.
MARKHAM : La mer glacée du pôle. — 1 volume contenant 32 gravures et 2 cartes.
MONTÉGUT (E.) : En Bourbonnais et en Forez. — 1 vol. contenant 24 gravures.
— Souvenirs de Bourgogne. 1 vol. 24 grav.
PFEIFFER (Mme Ida) : Voyage d'une femme autour du monde. — 1 vol. contenant 32 gravures.
— Mon second voyage autour du monde. — 1 vol. contenant 32 gravures et une carte.
— Voyage à Madagascar : 1 vol. ; 24 gr. et une carte.
RECLUS (Armand) : Panama et Darien. — 1 vol. contenant 48 gravures et 3 cartes.
RECLUS (Élisée) : Voyage à la Sierra de Sainte-Marthe. — 1 vol. contenant 18 gravures et 1 carte.
SIMONIN : Le monde américain. — 1 vol. 24 grav.
TAINE (H.) : Voyage en Italie. — 2 vol. 48 gravures.
— Voyage aux Pyrénées. — 1 vol. 24 gravures.
— Notes sur l'Angleterre : 1 vol. contenant 24 grav.
WEBER (Ernest de) : Quatre années au pays des Boers. — 1 vol. contenant 87 gravures et 1 carte.
WEY (Francis) : Dick Moon en France. — 1 vol. contenant 24 gravures.

www.ingramcontent.com/pod-product-compliance
Lightning Source LLC
Chambersburg PA
CBHW071624230426
43669CB00012B/2068